本书由"中央民族大学'铸牢中华民族共同体意识'研究专项"资助

先秦司法文明史

XIANQIN SIFA WENMING SHI

陈 煜◎著

中国政法大学出版社

2020·北京

图书在版编目（ＣＩＰ）数据

先秦司法文明史/陈煜著.—北京：中国政法大学出版社，2020.12
ISBN 978-7-5620-9784-6

Ⅰ.①先… Ⅱ.①陈… Ⅲ.①司法制度－法制史－研究－中国－先秦时代 Ⅳ.①D929.2

中国版本图书馆 CIP 数据核字(2020)第 247759 号

出　版　者	中国政法大学出版社
地　　　址	北京市海淀区西土城路 25 号
邮寄地址	北京 100088 信箱 8034 分箱　邮编 100088
网　　　址	http://www.cuplpress.com (网络实名：中国政法大学出版社)
电　　　话	010-58908285(总编室) 58908433 (编辑部) 58908334(邮购部)
承　　　印	固安华明印业有限公司
开　　　本	720mm×960mm　1/16
印　　　张	19
字　　　数	330 千字
版　　　次	2020 年 12 月第 1 版
印　　　次	2020 年 12 月第 1 次印刷
定　　　价	89.00 元

目 录

超越先秦 理解文明

一、何谓司法文明

"文明"，按照《现代汉语规范词典》的解释，有四层含义：一同于广义上"文化"，指人类创造的物质财富和精神财富的综合，如"物质文明"等；二是指社会发展到较高文化的程度，如"文明社会"等，跟"野蛮"相对；三是形容有教养、讲礼貌、言行不粗野的状况，如"举止文明"；四是旧指带有现代色彩的事物，如"文明戏"等。[1]本书主要是在第一层含义上来使用"文明"一词，兼及第二层含义，即凡是能代表人类智慧的成果，与之前时代相比较具有进步色彩的内容，都可谓之"文明"。

而"司法"若按照通行的一般法理学的概念，界定为国家司法机关依据法定职权和法定程序，具体应用法律处理案件的专门活动。那么先秦时代，至少西周之前，很难说有规范的司法活动。是以本书中所谓"司法"，泛指具有权威的强力主体，创制或适用一定的规则，解决特定争讼或纠纷的行为。

由此，本书所谓的司法文明，其内涵可以界定为：通过司法而形成的或者与司法活动有关的秩序和正义的思想、制度、器物及其他价值符号。

至于司法文明的外延或者构成，笔者同意张中秋先生的"三结构"说，即表层、中层和深层三部分：

"所谓表层结构，主要是指内含和体现司法文化观念、原则和价值的法律

---

〔1〕　参见李行健主编：《现代汉语规范词典》，外语教学与研究出版社、语文出版社 2004 年版，第 1364~1365 页。

制度、法律设施和人们行为习惯的外部表现形式，其中法律制度包括法典、法规、判例以及司法的程序等，体现司法文化的法律设施包括司法机构的设置及其附属物，如法庭、监狱、刑具等，人们行为习惯的外部表达形式包括涉及法律事务的说话、行事方式等。中层结构所包含的主要内容是一定的法律知识、法律思想、法律经验与技术以及人与人之间的法律关系。深层结构则是指司法文化自身的原则、价值体系以及人们的司法观念（包括对司法的法律心理、对司法的信仰等）。"[1]

司法文明既具有历史性又具有超越性。所谓历史性，就是一定的历史条件下，只能产生特定的文明，这个文明可以视为此条件下人们理性和智慧的结晶，代表着人类追求美好生活的努力。文明的发展，从一个长时段的历史视角来看，是趋向于进步的。比如商朝的司法，如果按照现在的眼光，算不得文明，怪力乱神，人殉普遍，甚至还可以说比较野蛮。但是如果以历史的视角来看，则其内容与形式，较之于之前的夏及原始时代，无疑文明程度更高。即便司法过程中，"巫谶"和"神判"盛行，那也已经摆脱了随意和无序的状态，是有一套内在的"法"或者标准的，这就是进步与文明。所谓超越性，则是虽然这个文明反映的是一个历史阶段的发展情形，但是其中总有一些价值，会超越这个时代，而具有普遍的意义。先秦司法文明中，这类例子比比皆是，譬如"讼则终凶"，原不过是《易经》中"讼"卦的卦辞，并不是普遍的观念，而是先民占卜的产物，体现了那个时代对于争讼（诉讼）的认识。虽然不能明确地说此卦辞出现在哪个时期，但是不会晚于西周之世。但是后来这个卦辞显然成为了后世对于诉讼这一行为普遍具有的法律（司法）心理，乃至可作成语使用。传统司法思想中屡见不鲜的"畏讼""厌讼""息讼"等，都可以从这里找到影子。故而我们研究先秦司法文明史，既要在历史的语境中，恰如其分地勾勒先秦司法文明样态；又要超越先秦，凸显司法文明的普遍价值。

二、先秦司法文明的重要性

1. 先秦司法文明为中国司法之源，蕴藏着"基因密码"

对事物来源或本源的惊奇和追问，是人类的本能。即便不带有任何功利

---

〔1〕 张中秋主编：《司法文化大辞典》"司法文化总论"部分"司法文化"条，（未刊稿）。

色彩，我们在提到司法文明时，也会下意识地提出一个问题，即我们的司法之源在哪里？它是怎么产生的？又是如何变化发展的？而稍具功利者，则又会追问，司法源头和现代司法之间有何关系？前者能够对后者产生何种作用或影响？我们经常听到所谓"破解中华法制文明基因的遗传密码""将中华传统法文化进行创造性转化"之类的问题，那么这个遗传密码在哪里，对何种法文化进行创造性转化，这一遗传密码是如何对当今的日常生活发生作用的？要解决此类问题，都离不开追根溯源。溯源为什么如此重要？在我看来，它具有心理上、经验上、方法上的多重价值。

先从心理上言之，瑞士著名心理学家荣格创立的"集体无意识"理论，或许有助于我们说明，何以"寻根"或找这"遗传密码"是如此重要。所谓"集体无意识"，简单地说，就是一种代代相传的无数同类经验在某一种族全体成员心理上的沉淀物，而之所以能代代相传，正因为有着相应的社会结构作为这种"集体无意识"的支柱。"集体无意识"理论，可以解释何以一个族群始终带有某些祖先的体貌特征和原始心智，即便环境发生了翻天覆地的变化。诚如脍炙人口的歌曲《我的中国心》所唱的那样，"我的祖先早已把我的一切，烙上中国印"（黄霑作词）。这说明，我们今天的思想和行为，无意识中就受到我们远古祖先的规约，从而将中华儿女与世界别的族群区分开来。正所谓：

"集体无意识是一个储藏所，它储藏着所有那些通常被荣格称之为原始意象（primordialimages）的潜在的意象。原始（primordial）指的是最初（first）或本源（original），原始意象因此涉及心理的最初发展。人从他的祖先（包括他的人类祖先，也包括他的前人类祖先和动物祖先）那儿继承了这些意象的继承。这里所说的种族意象的继承并不意味着一个人可以有意识地回忆或拥有他的祖先所曾拥有过的那些意象，而是说，它们是一些先天倾向或潜在的可能性，即采取与自己祖先同样的方式来把握世界和做出反应。"[1]

故而对于当代司法研究而言，许多司法心理和行为模式，都可以从源头上找到原因，这个源头上蕴含着"破解中华法制文明基因的遗传密码"，甚至

---

〔1〕〔美〕霍尔等：《荣格心理学入门》，冯川译，生活·读书·新知三联书店 1987 年版，第 40~41 页。

可以这样说，对源头掌握得越清晰透彻，则对"去脉"就能更准确地把握。同时，正因为关于中华民族司法的"集体无意识"是一个储藏所，我们有理由相信，其中储藏了我们需要的遗传密码的种种信息，只是有显有隐、真假掺杂而已，这就需要我们去深入甄别和研究，充分利用这储藏所的资源。

次就经验上来说，法律或者司法，学理论证固然重要，但根本上，则是来自生活的逻辑，这生活的逻辑还不能照形式逻辑那样推理，必得诉诸经验，当然经验还不止于一时一地，而是在无数次的生活实践中积累起来的。那么追溯中华民族司法的源头，实际上就是发掘本民族司法的经验，这也是一般法制史的重要意义。诚如陈顾远先生所总结的那样：

"现行法制乃法制史的体系下之后一阶段；欲通其变，挈其要，发其微，存其真，则必以法制史之研核，为主要出发点。世固有喜言法律思想或哲学而轻法制史者，不知法律思想或哲学虽能影响于现行法制，第不必皆然，更不必皆能为有效的影响。苟须推定现行法律之实际的效验，完成现行法制之灵活的运用，则当以经验为可贵，不当专尚学理也。盖历史之进展，有若水波之相推，其起灭皆非偶然，在法制方面则尤著。过去法制不特为现行法制之直接渊源，抑且为现行法制之有效镜鉴。"[1]

先秦法制文明，无论从思想上还是实践上，都给后代留下了大量可资借鉴和利用的资源，且能常用常新，我们完全可以说，先秦司法文明，就是当代司法文明建设的源头活水。

再就方法上言之，先秦时期的思想家已经注意到源头的重要性。我们在后文会提到，他们往往将自黄帝到周文王、周武王的各位"圣人"作为他们讨论的逻辑假定前提，如此，形成了作为方法的"古代"，并以此来论证所讨论事物的合法性和正当性。追索历史的真实诚然重要，但更关键的是，所有的"真实"都是为思想家考虑当下处境或者解决思想焦虑服务的，最终服务于"意义"的需要。为了这个"意义"，思想家不得不诉诸历史。这一历史究竟是否真实，在多大程度上真实，当然是值得怀疑的。思想家本人又何尝不清楚，他们口口声声言谈的上古圣人的事迹，与其说是历史，毋宁说是想

---

〔1〕 陈顾远：《中国法制史概要》，商务印书馆 2011 年版，第 5 页。

象，是他们为了论证自己的思想而创造出来的"理想类型"。因此，先秦时代和此后所有的历史时代都不一样，虽然半是传说半是真，但作为一种文明的源头和理论的基础，无疑对讨论历史和评价现实，具有方法上的意义，这就是"作为方法的先秦"。如日本思想家沟口雄三在《作为方法的中国》中所说：

> "有人认为，从理念上来说，学问应该自立于所有的目的意识，但如果中国学仅仅是为了了解中国，至少我个人是无法满足的……真正自由的中国学，无论采取什么形式，都不会把目的设定在中国或者自己的内部，也就是说，真正自由的中国学的目的不应该被消解于中国或自己的内部，而应该超越中国。换言之，就是以中国为方法的中国学。"[1]

所以我们考察先秦司法文明，不仅仅是追根溯源、考辨历史，而且还是寻求方法，获得史识，在史识中求智慧。而这，更多是方法上的启示。先秦时期思想家将上古作为方法的做法，深刻影响了后世，如明末清初大思想家黄宗羲在《明夷待访录》"原法"一文中开篇就说："三代以上有法，三代以下无法。"[2]他何以能言之凿凿地讲二帝三王（二帝指尧舜，三王指夏商周三代的创始人即禹汤文武）之法？显然"三代"在这里，并非是他研究的目的，而是作为方法来提出的，这一方法贯穿在《明夷待访录》的其他篇章中。无独有偶，历史上许多"托古改制"者，其理论依据，亦大多来自先秦尤其是"三代"。可见，先秦时代已经超越出"历史"的范畴，而进入到了一种"民族文化心理"之域。故"不谈先秦，无以谈中国"绝非是夸张之语。后文我们会谈到，许多关于先秦时的书籍，古今之人明知其伪，却始终不曾抛却。大量材料，凭常理推断显然并非先秦制度之实，但作为司法心理或思想观念，其体现出的我国古代司法文明程度之高，是我们现代人所不能漠然视之的。

此外，扩而广之，研究先秦司法文明，不独对于厘清当代司法有意义且对于"铸牢中华民族共同体意识"，也是非常必要的。历史是铸牢民族共同体

---

[1] ［日］沟口雄三：《作为方法的中国》，孙军悦译，生活·读书·新知三联书店2011年版，第130页。

[2] （明）黄宗羲：《明夷待访录》，中华书局2011年版，第21页。

意识的纽带，司法文明史同样是中华民族共同的"自家记忆"。因此，我们考察的是历史、服务的乃是中华的现实与未来。

2. 先秦司法文明灿烂发达，体现着中华文明的先进和早熟

先秦时代，整体可作为司法文明的源头，但是这个源头，绝对不能以一切草创故而"简陋""粗糙"等语概括之。事实上，先秦本身就是一个漫长且不断发展进步的时期。这其中诞生出的诸多司法思想和制度，不惟不落后于后代，甚至有的已经成为后人无法逾越的高峰，某种程度上，我们可以用它来代表传统司法文明达到的高度。

马克思说过：

"为什么历史上的人类童年时代，在它发展得最完美的地方，不该作为永不复返的阶段而显示出永久的魅力呢？有粗野的儿童和早熟的儿童。古代民族中有许多是属于这一类的。"[1]

毫无疑问，马克思眼中的文明"早熟的儿童"，包括了中国。"早熟"顾名思义，就是成长过快，一定程度上超越了事物发展所必须经历的阶段。早熟的缺点在于它可能会对机体的进一步成长产生抑制作用，阻碍新生力量的形成或者拒斥变革。但是另一方面，恰恰说明了它很早就摆脱了野蛮蒙昧的状态，而进入先进发达的境地。先秦时期的司法文明就是一个典型的体现。后来巍然挺立于世界法系之林的中华法系，其基本特征，几乎都能在先秦司法文明中找到。我们且按陈顾远先生所总结的中华法系的八个特点，[2]稍作调整来加以说明。

第一是礼教中心。中华法系以礼为中心，最重视礼教，表现在司法文明上则是"出礼入刑"和"明刑弼教"。这个思想早在西周之前即现端倪，如《尚书·皋陶谟》即提到：

"天秩有礼，自我五礼有庸哉！"[3]

---

〔1〕〔德〕马克思：《〈政治经济学批判〉序言、导言》，中共中央马克思、恩格斯、列宁、斯大林著作编译局译，人民出版社1971年版，第34页。

〔2〕参见陈顾远：《中国法制史概要》，商务印书馆2011年版，第54~59页。

〔3〕《尚书·皋陶谟》。

即表示礼是则天而行的秩序，是第一位的，人世间的规则首先就表现出礼的形态。礼首先是人区别于禽兽的首要表现，所谓"礼，人之干也。无礼，无以立"[1]。在将人与禽兽区别开来之后，礼接着是区别于人我，形成社会秩序的基础，也就是由人而国，所谓"礼，国之干也……礼不行则上下昏，何以长世"[2]？礼当然有广狭之分，广义的礼当然包括一切仪节规范，但狭义的礼，则指为人之大本和具体制度。这在先秦时期，亦有典型的论述。如鲁昭公二十五年（前517年），郑国的子大叔与晋国的赵简子（赵鞅）之间有一段对话：

"子大叔见赵简子，简子问揖让、周旋之礼焉。

对曰：'是仪也，非礼也。'

简子曰：'敢问何谓礼？'

对曰：'吉也闻诸先大夫子产曰："夫礼，天之经也。地之义也，民之行也。"天地之经，而民实则之。则天之明，因地之性，生其六气，用其五行。气为五味，发为五色，章为五声。淫则昏乱，民失其性，是故为礼以奉之：为六畜、五牲、三牺，以奉五味；为九文、六采、五章，以奉五色；为九歌、八风、七音、六律，以奉五声。为君臣、上下，以则地义；为夫妇、外内，以经二物；为父子、兄弟、姑姊、甥舅、昏媾、姻亚，以象天明，为政事、庸力、行务，以从四时；为刑罚、威狱，使民畏忌，以类其震曜杀戮；为温慈、惠和，以效天之生殖长育。民有好、恶、喜、怒、哀、乐，生于六气，是故审则宜类，以制六志。哀有哭泣，乐有歌舞，喜有施舍，怒有战斗；喜生于好，怒生于恶。是故审行信令，祸福赏罚，以制死生。生，好物也；死，恶物也。好物，乐也；恶物，哀也。哀乐不失，乃能协于天地之性，是以长久。'

简子曰：'甚哉，礼之大也！'

对曰：'礼，上下之纪，天地之经纬也，民之所以生也，是以先王尚之。故人之能自曲直以赴礼者，谓之成人。大，不亦宜乎？'

简子曰：'鞅也请终身守此言也。'"[3]

---

[1]《左传·昭公七年》。

[2]《左传·僖公十一年》。

[3]《左传·昭公二十五年》。

在笔者看来，这可能是先秦时期对礼论述得最为透彻的言论了，且从中可以很明显地看出，刑罚乃是礼的派生。礼是第一性的规则，而法是第二性的规则。后世关于传统礼以及其与刑关系的论述，基本没有突破上述论证的范畴。先秦司法文明的高度，于此典型体现。

第二为义务本位。无论是礼还是由其派生出来的刑，都是要求人们承担一定的义务或责任，只不过前者要求实践道德上义所当为的任务，而后者以强制性力量来逼迫人们实现任务。而逼迫人们实现任务，实际上又是倡导人们自觉履行道德上义所当为的任务。《尚书》对这一层即说得很明白：

"士制百姓于刑之中，以教祗德。穆穆在上，明明在下，灼于四方，罔不惟德之勤，故乃明于刑之中，率乂于民棐彝。"[1]

这个义务本位，在中华法系制度中有许多突出表现，比如法律条款以行政、刑事条款为主，司法过程中调处和刑讯并用，国家视庶民的田土婚姻事务为"细故"而在诉讼制度上设置了诸多的障碍等，这些都发轫于先秦。

第三是家族主义（陈顾远谓"家族观点"）。即国家的法律生活以家族为基本单位，国是家的放大，由家而国，家国一体。而独立于家族的个人和独立于国家的社会，均非法律关注的重点。[2]在司法处理上，也是"家长制"式的，从基层的州县官员一直到最高统治者，前者被视为"父母官"，后者则被称为"君父"，遵循的都是这一家族主义的逻辑。在这个逻辑的影响下，传统定罪量刑之前，先得看诉讼当事人的身份：是官是民？是良是贱？原被两告有无关系？若有关系，是否为亲属？是否在"五服"之内？这实际上都是按照"家族"的方式来处理"国家"的法度的表现。而在对犯罪的处罚上，破坏家族稳定和谐（在国家层面则是侵犯以皇帝为代表的朝廷利益）的犯罪，向来被视为最严重的犯罪（如后来的"十恶"），较之于普通危害社会的犯罪，要受到严苛得多的刑罚处罚。这些司法思想和制度，同样都在先秦时代启其端，如《尚书》提到周公代表王向康叔封发出的诰文中提到：

---

[1] 《尚书·吕刑》。

[2] 关于对传统中国法的家族主义或家族本位的学术史简评以及概括的分析，参见张中秋：《中西法律文化比较研究》，法律出版社2019年版，第38~60页。

"王曰：封，元恶大憝，矧惟不孝不友。子弗祗服厥父事，大伤厥考心；于父不能字厥子，乃疾厥子。于弟弗念天显，乃弗克恭厥兄；兄亦不念鞠子哀，大不友于弟。惟吊兹，不于我政人得罪，天惟与我民彝大泯乱，曰：乃其速由文王作罚，刑兹无赦。"[1]

这直接将"不孝不友"这样的家族伦理，提到"元恶大憝"这样的法律定性上了，由此可见家族在法律中的地位。中华法系的家族主义特色，早在先秦即奠定并且在制度和思想上已经得到了充分的展示。

第四为民本对待。陈顾远先生总结的第四点"保育设施"、第五点"崇尚仁恕"、第六点"减轻讼累"、第七点"灵活其法"及第八点"审断有责"似都可以涵盖在民本之列，民本为其纲，所列五点为细目，民本当然不止这些细目，比如远神近人、矜老恤幼等。本书后文中，对这些民本细目多有叙述，在此不细表，唯独要指出的是，民本一词有多重意蕴[2]，但大体不脱"民为邦本、本固邦宁"这句《尚书·五子之歌》名言的范畴。即便《尚书·五子之歌》作为古文《尚书》中篇目，其文献年代不好厘清，但将之作为先秦思想，是不用怀疑的。而《左传》中有一段对话，则真切地反映出至少在春秋时期，时人已经引民本的古训，来回答神人、君臣、士庶等关系问题。此为鲁襄公十四年（前559年），晋国贤臣师旷回答晋侯关于卫国人驱逐其君的看法时，提到：

"师旷侍于晋侯。
晋侯曰：'卫人出其君，不亦甚乎？'
对曰：'或者其君实甚。良君将赏善而刑淫，养民如子，盖之如天，容之如地。民奉其君，爱之如父母，仰之如日月，敬之如神明，畏之如雷霆，其可出乎？夫君，神之主而民之望也。若困民之主，匮神乏祀，百姓绝望，社稷无主，将安用之？弗去何为？天生民而立之君，使司牧之，勿使失性。有君而为之贰，使师保之，勿使过度。是故天子有公，诸侯有卿，卿置侧室，大夫有贰宗，士有朋友，庶人、工、商、皂、隶、牧、圉皆有亲昵，以相辅

---

[1]　《尚书·康诰》。
[2]　关于民本的含义简要学术史评述及概括分析，参见梁治平：《为政：古代中国的致治理念》，生活·读书·新知三联书店2020年版，第138~208页。

佐也。善则赏之，过则匡之，患则救之，失则革之。自王以下，各有父兄子弟以补察其政。史为书，瞽为诗，工诵箴谏，大夫规诲，士传言，庶人谤，商旅于市，百工献艺。故《夏书》曰："遒人以木铎徇于路，官师相规，工执艺事以谏。"正月孟春，于是乎有之，谏失常也。天之爱民甚矣！岂其使一人肆于民上，以从其淫而弃天地之性？必不然矣。'"[1]

这实际上已经揭橥了"立君为民""民为国本""政在养民"等民本思想的核心要义，尤其是最后一句，更是凸显了后来孟子所谓的"民贵君轻"以及黄宗羲所谓的"不以一己之利为利，而使天下受其利，不以一己之害为害，而使天下释其害"[2]，直接奏出了传统民本思想的最强音，甚至带有不小的革命性色彩。由此可见先秦民本思想的深厚，"良君赏善而刑淫"，正是先秦民本司法观的一个展示。

3. 作为一种文化类型，寄寓着中华民族对美好秩序的憧憬

如下文所述，传世文献中关于先秦的部分，最受人诟病之处，莫过于真伪难辨。除却古文《尚书》《周礼》《列子》《孔子家语》这些已经为前人考证出是伪作或者并非时代的记录之外，其他相对可信的今文《尚书》《周易》等材料中，同样存在大量离奇甚至荒诞不经的内容。若用严格的历史主义眼光来分析，这些内容不惟得不到考古学上的任何证明，甚至用常理来推断，也难以成立。然而，中国古人何以如此看重这些先秦的材料呢？甚至奉为道德与学问的极则。被后世尊崇的"十三经"，都是先秦的典籍或者是对其的权威注释。此外，先秦诸子中，除孔孟外，其余诸子著作虽未能列入"十三经"，但亦早已成为国民心目中的经典，滋养了一代又一代的中国人。

实际上这又回到了上文中所说的"作为方法的先秦"的范畴，或者转化为"义理"与其他学问的关系之理。按照熊十力先生的观点，古代学问大致分"义理""经济""考据""词章"四科，而以"义理"为要：

"然义理之科，特为主脑……要以六经为归……诸子百家之学，一断以六经之义理，其得失可知也。习六经之义理，而自得于躬行之际，则经济诸科之学，乃有依据。夫经济不本于义理，则流为功利，甚者习险诈，以凶于国，

---

[1] 《左传·襄公十四年》。

[2] （明）黄宗羲：《明夷待访录》，中华书局2011年版，第6页。

害于家。考据不本于义理，则唯务支离破碎，而绝无安心立命之地，甚者于有价值之问题，不知留心考察，其思想日益卑陋。词章不本于义理，则性情失其所养，神解无由启发，何足表现人生？只习为雕虫小技而已。故四科之学，义理居宗，而义理又必以六经为宗。"[1]

明乎此，我们就能理解，何以先秦伟大的诸子百家，大多会将无法证实的"历史经验"作为他们阐发思想的重要论据。他们所阐述的"三代圣王"的思想和制度，与其说是历史，毋宁说是由此抽绎出来的普遍"义理"。之所以要抽绎出这样的"义理"，在于为现实的日常人生创造一种价值，从而使得天下人的身心有所安放。就法制和司法文明而言，先秦思想家广引"三代历史"，目的更多是提出一种类似于西方自然法学说中"自然状态"的模型，除法家对古代（"三代"或"三代"之前）颇有微辞（类似于霍布斯）外，其他诸家基本上认为古代就是黄金时代，这像极了格老秀斯、洛克等人笔下的"自然状态"。而即便是法家，亦并不否认"三代"存在仁义，其所主张者，不过是世易时移，"三代"仁义不适用今而已。

由此可见，包括司法文明在内的"三代"，在先秦时期，已经成为一种叙事的"理想类型"，尤其是在春秋战国时期，面临着兵连祸结、礼崩乐坏的局面，思想家在考虑人类命运前途时，自觉不自觉地就"回向三代"，他们不仅仅是这一"理想类型"的引证者，更是这"理想类型"的塑造者。他们塑造的目的，不在于琐屑的历史考证，而在于探讨永恒的"义理"。他们表彰上古如尧舜那样的圣人，不是歌颂作为个人肉身的"尧""舜"，而在于恢宏他们所代表的那种高尚精神。我们仅举数例，来看诸家笔下的"三代"圣人和他们所创造文明世界：

"大哉，尧之为君也！巍巍乎！唯天为大，唯尧则之。荡荡乎！民无能名焉。巍巍乎！其有成功也；焕乎，其有文章！"[2]（孔子）

"舜有天下，选于众，举皋陶，不仁者远矣。汤有天下，选于众，举伊尹，不仁者远矣。"[3]（孔子）

---

[1] 熊十力：《读经示要》，中国人民大学出版社2006年版，第3~4页。
[2] 《论语·泰伯》。
[3] 《论语·颜渊》。

"昔者文王之治岐也，耕者九一，仕者世禄，关市讥而不征，泽梁无禁，罪人不孥。老而无妻曰鳏。老而无夫曰寡。老而无子曰独。幼而无父曰孤。此四者，天下之穷民而无告者。文王发政施仁，必先斯四者。《诗》云：'哿矣富人，哀此茕独。'"〔1〕(孟子)

"尧治天下之民，平海内之政。"〔2〕(庄子)

"故古者圣王甚尊尚贤，而任使能，不党父兄，不偏贵富，不嬖颜色……贤者之治国也，蚤朝晏退，听狱治政，是以国家治而刑法正……故唯昔三代圣王尧、舜、禹、汤、文、武之所以王天下、正诸侯者，此亦其法已。"〔3〕(墨子)

"故文王行仁义而王天下，偃王行仁义而丧其国，是仁义用于古不用于今也。故曰：世异则事异。当舜之时，有苗不服，禹将伐之。舜曰：'不可。上德不厚而行武，非道也。'乃修教三年，执干戚舞，有苗乃服。共工之战，铁铦矩者及乎敌，铠甲不坚者伤乎体，是干戚用于古不用于今也。故曰：事异则备变。上古竞于道德，中世逐于智谋，当今争于气力。"〔4〕(韩非子)

类似的语句在先秦诸子中皆是，而本书后面的讨论中，我们看到六经和诸史中，同样"三代"和圣人占据了很大的比重。如此津津乐道于上古圣人的贡献，自然不是要以古非今，而是表达对美好秩序的憧憬，对人类命运的关切，继而具体探讨什么样的制度才是合乎正义或者善的制度，什么样的生活才是合乎人性的生活，譬如《周礼》的种种职官设计、《仪礼》的种种礼仪指导、《礼记》的种种礼教讨论，都是这一理想的典型体现。

先秦时期思想家们的这些思考，本身也成了后世思想者的标杆。可以这样认为，后来思想者思索天下和人类命运，就是沿着先秦思想家开创的模式继续向前。因此，即便是早期那段并不那么"真实"的历史，在后世的思想运动中，却是无比"真实"的存在。由此，先秦的司法文明，已经突破了简单的、实证的司法措施或制度，而进入到永恒"义理"之境。

---

〔1〕《孟子·梁惠王下》。
〔2〕《庄子·逍遥游》。
〔3〕《墨子·尚贤中》。
〔4〕《韩非子·五蠹》。

三、先秦司法文明研究的困难之处

1. 文献不足征

所谓"文"，一般指有关典章制度的文字资料；而"献"，指熟悉掌故的人，通"贤"、又通"谳"，引申为口耳相传的资料。"文献"，可以泛指流传下来的关于过去的记录，包括书面文字，也包括相关声音或影像等资料。

春秋时期的孔子在讨论夏商及之前的礼时，即已经感叹：

> "夏礼，吾能言之，杞不足征也；殷礼，吾能言之，宋不足征也。文献不足故也。"[1]

以孔子之智、学问之博，再加上其本身处东周之世，都有如此困难，可见文献不足，实为研究先秦各种学问的第一大困难。梁启超先生当年在著《先秦政治思想史》时，对此体会尤为贴切。他先将先秦时期分为三期，第一期为部落期，时间跨度为自唐虞迄殷末约千余年；第二期为封建期，西周约三百年；第三期为霸政期，周公迁后至孔子出生前约二百年。然后就开始叙述其所据资料的情形：

> "第一期可据者最少，自不待言。孔子欲观夏道殷道，亲诣其遗裔杞、宋二国，而慨叹于文献不足征，则其史料之乏可想见，而前乎此者益可想见。后世谶纬诸书言三皇五帝事甚多，皆秦汉间阴阳家言，矫诬不可信。大小戴两《礼记》，屡言夏殷制，亦儒家后学推定之文，孔子明言不足征者，而其徒能征之，诞矣。第二期资料宜较多，实亦不然。除群经外，惟《逸周书》六十篇，然亦真赝参半。盖当时简册流传不易，虽有记载，传后者希矣。第三期资料，当时或甚丰富，自秦始皇焚'诸侯史记'，荡然无复余，惟从《左传》《国语》《史记》中见其什一耳。"[2]

梁任公此书出版于 1923 年，距今将近百年。百年以来，关于先秦的材料有很多大的发展，特别是春秋之前，最重要者就是甲骨文、金文资料陆续出

---

〔1〕《论语·八佾》。
〔2〕 梁启超：《先秦政治思想史》，岳麓书社 2010 年版，第 20 页。

土并在很大程度上被专家释读了出来，这无疑使得今人对先秦时期的理解更加深化。但是出土文献仍旧无法替代传世文献，一者甲骨和青铜彝器上的文字数量极为有限，即便排除文字缺佚的情形，因在这样材质的器物上刻字本就不易，故记载的都是最扼要的也是制作人最关注的信息，注定单凭这类出土文献，我们很难获得一段完整的史实；二者因文字极简而致理解上发生困难，尤其是在缺乏上下文的语境下，单凭出土文献中的只字片言，这种研究无疑是孤立的，则释读的可靠性，就不免存在疑问。最理想的状态，当然是用王国维先生所提倡的"二重证据法"来对先秦材料加以确证，即出土文献和传世文献能对得上，但是遗憾的是，这种情形似乎并不多见。至于战国时期，近年来伴随着简牍资料的日渐丰富，情形相对要好一点，但同样存在着支离破碎的情形。就战国法律而言，除《睡虎地秦墓竹简》及《岳麓书院藏秦简》中部分内容（主要为《奏谳书》、《秦律杂抄》和《秦令杂抄》）相对完整外，其余如包山楚简、清华简、郭店简、上博简等，皆只是零星地涉及法律的问题，若单以此为据讨论战国法律或司法情形，无疑会有"过度诠释"的风险。

故而，当年任公面临的困难，并不因为出土文献的增多而得到根本的解决，就司法文明史而言，尤其对于西周之前的情形，能凭借的还是传世文献中后人对前人的追忆以及出土文献中个别甲骨文字词，这依然属于推测之辞。而西周之后的材料，多而驳杂，存在着"辨伪"的问题，若以最严格、最挑剔的眼光来看司法材料，确然可用者，其实也很有限。

虽然上文在论述"作为方法的先秦"和"作为理想类型的先秦"时，曾经提到带有传说色彩的历史或者不无存疑的文献都有其巨大的意义，但这绝不是要否认追求史料真实性的价值。尽管这史料"真"到何种程度，没有办法做定量的分析，且所谓的"历史真实"，也无非是根据各种材料所做的"论证真实"，与真正的"客观真实"总是会存在差距。这就如同案件侦查一样，非当事人，永远也没有办法完全复原整个经过，只能靠各种证据说话。但是这样客观上存在的困难，不应该成为我们不去寻找证据的理由。相反，正因为如此，我们更得小心翼翼地考察各类材料的证明力度。即便是观念史，也不应该总停留在假说的层面，也得尽量去找证明材料。

总之因为文献不足之故，研究先秦时期的司法文明是困难的。这就注定了先秦司法文明史中很大一部分，带有浓郁的"传说"色彩，既不能信而有征，但也不能蘧然下定论为必无其事。

2. 文献单一，真伪参半

实际上这一问题同样属于"不足征"的范畴，"不足征"主要意味着可靠文献的总体数量较少。而在传统上被认为是可靠的材料中，还存在着单一的倾向。所谓单一，就是侧重于对特定的人物与事件的记载，而不能及于社会的全貌。譬如要研究西周时期平民诉讼情形，若将《周礼》这样真伪参半的作品排除在外，只凭借青铜彝器上的铭文，基本上是一个不可能的任务。而青铜器铭文，涉及司法内容的，往往是大小贵族间的争讼，涉及双方交易情形、纠纷的缘起、法官的判决和处罚、权利的最终确认等内容，很多铭文格式是相同的，表明当时可能存在着一套固定的程序。唯独这些程序是否适用于所有人，我们是很难找到其他的辅佐性材料的。在这种情形下，即便我们发现了难得的且相对详尽的金文材料，也只能说在具体的个案中，是如何处理的，但无法扩展及社会的一般情形。春秋时期的司法文明研究，同样存在这样的问题。所能发现的资料，也大多是诸侯及其他贵族间的往来，期间的司法处理，与其说凭借的是社会一般制度，不如说是特定的贵族之礼。这之中最大的问题在于，迄今我们没有发现记载法律条款的"典"、"则"或"彝"，不像后来的"云梦秦简"，可以直接找到法律条文。不过这倒是符合礼乐社会的基本情形，诚如前536年晋国叔向给郑国子产写的信中提到的那样：

> "昔先王议事以制，不为刑辟，惧民之有争心也。犹不可禁御，是故闲之以义，纠之以政，行之以礼，守之以信，奉之以仁；制为禄位，以劝其从；严断刑罚，以威其淫。惧其未也，故诲之以忠，耸之以行，教之以务，使之以和，临之以敬，莅之以强，断之以刚。犹求圣哲之上、明察之官、忠信之长、慈惠之师，民于是乎可任使也，而不生祸乱。"[1]

这说明礼乐时代控制社会、解决纠纷的工具有"制""义""政""礼""信""仁""禄位""刑罚""忠""行""务""和""敬""强""刚"等，这些工具中，固然不乏强制措施，但更多的则是道德伦理和司法习惯，带有

---

[1]　《左传·昭公六年》。

很强的临时性和随意性。对于贵族的司法模式，我们还可以通过不完全归纳法，利用有限的材料来拼接。但是对于其他群体，则只能做推测之辞。根据"普天之下，莫非王土；率土之滨，莫非王臣"[1]，我们可知，至少在封建制度完好的时代，对普通百姓而言，无所谓"产权"。而"人有土田，女反有之；人有民人，女覆夺之"[2]，则又说明了贵族剥夺普通百姓财产的随意性。在这样的情形下，我们很难找到对百姓争讼，尤其是关于财产争讼的司法处理内容。

至于真伪参半，情形极为复杂。梁任公将中国的伪书分为"全部伪""一部伪""本无其书而伪""曾有其书，因佚而伪""内容不尽伪，而书名伪""内容不尽伪，而书名人名皆伪""内容及书名皆不伪而人名伪""盗窃割裂旧书而伪""伪后出伪""伪中益伪"十种。伪书的来历，则为"好古""含有秘密性""散乱及购求""因秘本偶然发现而附会"这样四种。[3] 其中任公尤其注重"托古"以作伪的这种情形，他提到：

"因为中国人喜欢古董，以古为贵，所以有许多人虽然有很好的见解，但恐旁人不相信他，只得引古人以为重，要说古人如此主张，才可以博得一般人的信仰。作者的心理，不为名，不为利，为的是拥护自己的见解，依附古人，以便推行。手段虽然不对，动机尚为清白。这种现象，春秋战国时最多。如《史记·五帝本纪》赞称：'百家言黄帝，其文不雅驯。'可见春秋战国时人皆笃信文化甚古说，以为黄帝时代各种学术思想已经很发达了。"[4]

在这种普遍的文化心理的作用下，自先秦时代，伪作即层出不穷。完全作伪的书尚容易辨别，那种带有一定"伪"但通常被视为"真"的作品，如《管子》、《庄子》、《左传》、《尚书》（今文）、《商君书》等文献，尤足给人以干扰和混淆。所以在研究先秦司法文明史时，必得做一番辨伪的工夫。好在清代朴学在这一方面已经做得比较完善，我们如果遇到难以说通的地方，参考清儒注释，往往可得一理解的门径。不过清儒所理解的"司法"和我们

---

[1]《诗经·小雅·北山》。
[2]《诗经·大雅·瞻卬》。
[3] 参见梁启超：《古书真伪常识》，中华书局 2012 年版，第 19~39 页。
[4] 梁启超：《古书真伪常识》，中华书局 2012 年版，第 25 页。

现代法学中"司法"并非一回事，所以我们在用这些材料时，还得先加以必要的界定。

　　总之，文献单一、真伪参半，既是一个客观存在的问题，同样也是对阅读先秦材料之人学识和见闻的考验。笔者缺乏文献学方面的必要知识，虽然在写作本书时广泛参考过相关材料，但误读之处必定多有。因此本书，作为先秦司法文明的大体框架视之尚可，若作为先秦司法制度的历史考证来看，则还有很大的距离。

　　3. 法律治理体系古今差距巨大

　　这个问题实际上不惟研究古代司法文明会遭遇到，研究中国法律史的都会碰到，它涉及现代与传统的交融问题。我们知道，现代法律治理体系是各部门法治理的体系，但凡刑事、民事、行政、经济各法律门类彼此界限分明，而对于这类实体上的纠纷，又有程序性的诉讼法和仲裁等制度加以解决，这就是广义上的司法，最终尽量做到普遍的社会关系上都是"有法可依"，而用现代部门法体系与理论去观察中国法律传统时，就会有雾里看花、力不从心之感。即如我们即将要遭遇到的"法"与"礼"这两个概念及其相互关系时，虽然学术界成果已经非常丰富，但依旧没有给出最后的答案。"礼"涉及日常道德规范、伦理秩序、行为规则等，涵盖今天的刑法、民法、行政法乃至司法制度多个领域。但如果用部门法分门别类将"礼"中的法的内容析出，则会破坏"礼"本身的逻辑结构，造成更大的偏差。我们知道，今天我们所讲的法制或者司法，在传统时代，只是作为"治道"的一小部分在行使。比如孔子曰："片言可以折狱者，其由也与？"[1] 杨伯峻先生解释为："根据一方面的语言就可以判断案件的，大概只有仲由吧？"当然只是字面的理解，其后杨先生明说："自古迄今从没有只根据一造的言辞来判决案件的，孔子说子路'片言可以折狱'，不过表示他的为人诚实直率，别人不愿欺他罢了"[2]。这表面上是讲司法的，实际上彰显的是子路伟大的人格，强调道德的感化力之强。这直承古人的权威注解而来，比如朱熹即认为"子路忠信明决，故言出而人信服之，不待其辞之毕也"[3]。在传统语境看来，子路的这一司法做法，无

──────────

〔1〕 《论语·颜渊》。

〔2〕 杨伯峻译注：《论语译注》，中华书局 2009 年版，第 128 页。

〔3〕 （南宋）朱熹：《四书章句集注》，中华书局 2003 年版，第 136~137 页。

疑体现了其技能高超、道德高尚，但是从现代司法眼光来看，这一做法显然有悖于"程序公正"这一价值。但是如果考虑到，司法在当时的语境中，也不过是国家治理或者政治行为的一个方面，它本身是不独立的（时人也不会考虑司法独立的问题），那么苟能使当事人折服，尤其是像子路这样让人"中心悦而诚服"，那就是完美高效的司法行为，是不必拘泥于何种程序的。因此若按现代眼光来看这一做法，显然不能算司法文明，但是在传统语境中，从未有任何人认为子路这个做法不文明。所以我们来探讨先秦司法文明时，还有一个难题就是评价的标准问题。造成这个难题的原因，就在于法律治理体系古今差距巨大，换言之，就是语境的巨大不同。自清末变法以来，传统"礼乐政刑"综合为治的模式，已经转变为法律的那个规则之治，这就要求我们研究司法的视角不能局限在明确的"法"或"刑"的领域，而得"跳出三界外，不在五行中"，扩展到"礼""乐""政""刑"等多重领域，举凡经、史、子、集中涉及司法情形的，都在我们的讨论范围之内，这样做似乎可以照顾到古代司法的内在理路。

不过这样一来，又会碰到另一个巨大的问题，如果你说的司法，是你自己创造的词汇，而不是公众能广泛接受的司法含义，那么是否应当先创造一个词汇表，再来谈先秦司法问题呢？这显然是天方夜谭。所以这种现代词语和古代事物之间"词"与"物"的矛盾，始终是研究先秦司法文明乃至整个中国法律史固有的难题。我们该怎么沟通古今，完成这样的意义转化呢？其实这是一个学术研究的立场和方法问题。关于这个，笔者下文会提到部分的化解办法，不过我们应当自识，就像永远也无法复原客观真实那样，这种古今语境的转化问题，是一个永恒的难题，只要词语发生了变化，那么要想完全回到其最初的意义，是不可能的，这就像翻译的文章，永远无法和原文的含义一样，是一个道理。

四、研究的方法——对上述困难可能的应对办法

1. 比较辨别

比较法是法律史研究中的常用方法，讲求通过两方或者多方的比较，获得一个全面的认识。通常情形下，比较分纵横两者，前者是从时间上看，强调事物前后的同异，后者是从空间上看，强调同一时间轴上各个不同空间中事物的同异。这种纵横比较毋庸多言。可视为文献比较法，就是比较对于一类事物的不同文献记载，最后择善而从或者自己另下判断，这也可视为是一种比对之法。譬如獬豸这一神兽，究竟像现实生活中的哪种动物？因为传说中它是皋陶借助来判断疑案的助手，后来成为司法的某种象征，且一定程度上还反映了古代神判的遗迹，所以值得研究一下。杨鸿烈先生在《中国法律思想史》中曾经列举了"像牛说""像羊说""像鹿说""像麟说""像熊说"这五种说法，在对比这五说之后，得出结论："这五说都属于神话，所以无从判别其是非，但以像羊说较占优势。"〔1〕

笔者亦倾向于"像羊说"，可以从两个角度来推论。首先从发生学角度来看，"像牛说""像熊说"均出自《神异经》，此书托名于西汉武帝时的东方朔作，是一部志怪笔记，难考真实的作者和创作时代，但不会早于东汉。而"像鹿说"则出于《汉书·司马相如传》，为东汉作品。"像麟说"则出自《隋书·礼仪志》，为唐代作品。"像羊说"，则有多个出处，最早且比较全面的说法出自东汉王充的《论衡》：

"獬豸者，一角之羊也，性知有罪。皋陶治狱，其罪疑者，令羊触之，有罪则触，无罪则不触。斯盖天生一角圣兽，助狱为验，故皋陶敬羊，起坐事之。"〔2〕

《后汉书·舆服志》中亦提到"獬豸神兽，能别曲直"，这是南朝宋时的作品；而《金楼子》中则说"獬豸神羊，能别曲直"，这是南朝梁时的作品。

从发生学的角度而言，"像鹿说"和"像羊说"都始于东汉，其他都是东汉之后，似乎鹿、羊两说更可靠一点，但前者和像牛、像熊、像麟一样，属于孤证，而后者则有多重支持。所以即便都如杨鸿烈先生所说"属于神话"，像羊的可信度也更高一点。

其次，从"神判案例"来说，只有羊获得了出场的机会，载于《墨子·明鬼（下）》一篇，原文为：

"昔者齐庄君之臣，有所谓王里国，中里徼者，此二子者，讼三年而狱不断。齐君由谦杀之，恐不辜；犹谦释之，恐失有罪，乃使之人共一羊，盟齐

---

〔1〕 杨鸿烈：《中国法律思想史》，商务印书馆 2017 年版，第 22 页。

〔2〕 （东汉）王充：《论衡·是应》。

之神社。二子许诺。于是泏洫，刲羊而漉其血。读王里国之辞，既已终矣；读中里徼之辞，未半也，羊起而触之，折其脚，祧神之而敲之，殪之盟所。当是时，齐人从者莫不见，远者莫不闻，著在齐之《春秋》。"〔1〕

墨子举此例，意在阐发他"欲求兴天下之利，除天下之害，当若鬼神之有也，将不可不尊明也，圣王之道也"这一观念，这一案例是否确有其事，殊难定论。墨子明言载在齐国的史书中，或许这不过是他借鬼神来设教的一种策略，此事根本是子虚乌有。但考虑墨子为滕国人，去齐不远，墨子又为当时显学的巨子，他之见到齐国史书，也并非不可能。即便不真实，这个故事也应该是流传甚广的。是以我们可以推断，当时还残留着古代神判的痕迹，以羊来作为仲裁者。那么如此一来，獬豸像羊，也似乎更合乎情理。

我们考先秦的典籍中，皋陶出场的机会不少，但是却不见伴随着皋陶的獬豸，且皋陶亦无以羊断案之举。皋陶与獬豸、獬豸和羊这三者的联系是从何时起成立的，也难以考证。但将之比较完美地结合且做出说明的，似乎是从王充才开始的，后来许慎作《说文解字》，释读"法"（灋）时，提到的"廌，所以触不直者去之，从去"之句，未始不受到王充的影响。

所以，由这样的文献比较，即便最终不能够通向确凿无疑的结论，但是在解释的力度上，较之于孤立地用一条或者用一类材料来论证，无疑是大大强化了。所以比较法有助于解决以上所述的部分困难。

2. 考镜源流

考镜源流，是清代思想家章学诚在《校雠通义》中提出来的一种整理学问的方法，原意为将各种学术流派及其论著进行梳理，分门别类，将其来龙去脉详加考证，并加以综合，从而得到正确的判断。章氏原文为：

"……将以辨章学术，考镜源流，非深明于道术精微，群言得失之故者，不足与此。"〔2〕

虽然章学诚是针对文献目录之学提出这个方法的，但是考镜源流，笔者

---

〔1〕《墨子·明鬼（下）》。

〔2〕（清）章学诚：《校雠通义通解》，王重民通解，傅杰导读，田映曦补注，上海世纪出版集团 2009 年版，"自序"。

觉得针对普通历史之学同样适用，和上面比较辨别之法有相通之处，要表达的首先是要广泛积累资料，但资料再广博，如果不用合适的方法加以甄别、剪裁，一味堆砌，那么最后所得的依旧是一堆杂乱无章的材料，对于史识，起不到增加的作用。所以需要先"辨章学术"。分辨之后，就得涉及对这个问题的考释，而考释首先需要系统化思考，不是细枝末节的探讨，它需要在一个知识框架或者整体背景下来观察，故而讨论源流非常重要。所谓"源"，就是缘起情形或者事物的本源，而所谓"流"，则是后续的发展或者所讨论事物对后世的影响。只有在时间之轴上对某事某物作"长时段"的来龙去脉的考察，我们才能更深入地掌握历史，理解文明。

其实这一方法，也并非章学诚独创。历史上亦不乏思想家有如此观念，只是用语概括不同。譬如南朝梁时的刘勰，在《文心雕龙》这一名著中即提出："沿波讨源，虽幽必显。"[1]意思大体是说我们在研究的过程中，对某项具体知识的出处或源泉进行认真的探索和追溯，有点类似于"知识考古"，从而掌握该知识的整个体系，特别是它产生、继承和发展的线索。虽然重点讲的是"源"而非"流"，但是强调的都是系统性思考，而不主张片面的支离破碎的考证。

先秦对后世的影响，即"流"的方面，论述备至，无复赘言。关键是源，我们该怎么去追索呢？因为就先秦本身之于后世，已经是"源"。而先秦作为整体，又复有其"源"。"沿波讨源"，就能给我们更多方法上的启示。我们应当将一切既存事物，都当作从"源"上生出来的"波"，然后由此回溯，发现本源。

理论上这个方法比较完美，但是有个前提我们不能忽视，就是沿波讨源，水流不能中断。这就和票据法上的票据追索权一样，行使该权利的前提必得票据背书是连续的。如果背书不连续，则会追索失败。但是如前所述，春秋之前的文献，要么不足征，要么不太可靠，材料断断续续是常态，在这种情形下，还怎么追溯呢？换言之，这种在真伪参半的材料上倒推获得的知识，在多大程度上是可靠的？

实则还是回到材料的客观性这个问题上，受各种条件的限制，文献在辗转流传的过程中，出现偏差、歪曲、舛讹乃至面目全非，都不足为怪。这些

---

〔1〕（南朝·梁）刘勰：《文心雕龙·知音》。

变型的文献诚然给利用者带来一定麻烦，但并非就不能反映历史的真实。即便是伪书，对于掌握历史、理解文明，照样有很大的价值。如梁任公即云：

"例如伪《古文尚书》采集极博，他的出处有一大半给人找出来了，还有小半找不出，那些被采集而亡逸的书反赖伪《古文尚书》以传世……像这类的伪书，可以当类书用，其功用全在存古书……伪书第二种功用是保存古代的神话，拿神话当作历史看，固然不可，但神话可以表现古代民众的心理，我们决不可看轻。而且有许多古代文化，别无可考，我们从神话研究，可以得着许多暗示，因而增加了解……伪书第三种功用是保存古代的制度……还有一种保存古代思想的功用也是伪书所有的。"[1]

如此，伪书部分地接续了"源"和"流"，实为考镜之资。考镜源流蕴含了扩张史料的意味，先最广泛地囊括史料，再辨章考镜。章学诚也说："六经皆史也。古人不著书，古人未尝离事而言理，六经皆先王之政典也。"[2]这是学术史上的一个著名观点，如果将六经都当作史料来看，那么考镜源流就有了更坚实的基础。这一"六经皆史"，部分承袭了西汉以来今文经学的遗绪。比如《诗经》今文三家中的齐诗，就将《诗经》作为政治革命的历史来看。

齐诗《诗纬·泛历枢》创设了所谓诗的"四始五际"说，比如在解释"大雅"篇章时，提到：

"《大明》在亥，水始也；《四牡》在寅，木始也；《嘉鱼》在巳，火始也；《鸿雁》在申，金始也……卯，《天保》也；酉，《祈父》也；午，《采芑》也；亥，《大明》也。然则亥为革命，一际也；亥又为天门出入（候听），二际也；卯为阴阳交际，三际也；午为阳谢阴兴，四际也；酉为阴盛阳微，五际也。"[3]

---

〔1〕 梁启超：《古书真伪常识》，中华书局 2012 年版，第 78~79 页。

〔2〕 （清）章学诚：《文史通义》，上海世纪出版集团 2011 年版，第 1 页。

〔3〕 （清）魏源：《魏源全集 诗古微》，魏源全集编辑委员会编，何慎怡点校，岳麓书社 1989 年版，第 319 页。

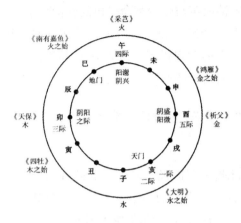

四始五际图

这就将诗歌内容与十二地支和五行相对应起来，再来确定一个篇次。为什么取《大明》为始呢？因为《大明》一诗是追述周德之胜，"由于偶配天成"[1]，就是说西周正好处于一个历史结点，顺天应人，不得不革命。实际上该诗是一首革命史诗。首章言上天给殷朝设立了敌人，使他不能挟持四方；次章言周人受命始于文王，大任能生文王，实出于天意；三章言文王有盛德；四五两章言文王娶妻娶德；六章言文王在长子逝后能生武王；七章言武王牧野观兵；最后一章言武王伐纣得天之庇佑。[2]

所以齐诗选择从商王朝感到末日危机开始，为诗经之始。然后选择若干有详细历史内涵的篇章，作为构建其历史循环、发展论的材料，表面上似乎只是一个《诗经》篇次的排列问题，而"实际上是一个解释西周王朝兴盛、

---

〔1〕 （清）方玉润：《诗经原始》（下），中华书局1986年版，第477页。

〔2〕 姜广辉先生是这样理解一际革命的："所谓'亥为革命，一际也'，'亥'是十二地支中的最末一位，意味旧的周期即将结束，新的周期即将来临，象征旧王朝即将灭亡，新王朝即将兴起。这种新、旧王朝的更替就是'革命'。齐诗认为《诗经》足以反映政治变迁、王朝更替的规律，而表达旧王朝即将灭亡、新王朝即将兴起的诗篇就是《诗经·大雅·大明》。此诗共八章，其首章说：'天位殷適（嫡），使不挟四方'，认为殷商的纣王（殷嫡）已经无法统治天下四方了。其第六章说：'有命自天，命此文王。于周于京，缵女维莘。长子维行，笃生武王。保右命尔，燮伐大商。'这段诗翻译成现代语言，其大意是：上帝有命自天降，命令我们周文王，周原京师兴周邦。娶来新妇有美德，莘国长女嫁周邦，是她生了周武王。天保武王告天命：'你的使命伐大商。'《大明》一诗，其大要言商之所以亡，周之所以兴，从王季、文王，一直讲到武王，讲了一个周人崛起直至取代殷商的过程。"参见姜广辉、邱梦艳："齐诗'四始五际'说的政治哲学揭秘"，载《哲学研究》2013年第12期。

发展、衰落，以及政治改革与政治革命时机的政治哲学"〔1〕。

虽然今文经学将《诗经》和政治历史联系在一起，其解释有牵强附会之处，但是不可否认，它的确提供了一种发现或者解释历史的视角。傅斯年先生在总结诗书的历史载籍性特点时，提到：

"《书经》是史而多诬，《诗经》非史而包含史之真材料，如尽抄出之，必可资考定。"〔2〕

史料既可以通过此法而扩张，那么剩下最后一个问题，即便材料丰富且经考定真实，那依旧并非当时的实录，是后世追述前代之语，比如《诗经》中的"颂"，何能反映真实的商周情形呢？其实这同样是上文追溯源流问题的延续。退一步而言，按照我们上面介绍过的无意识原理，这问题亦不难回答。既然"集体无意识"赋予我们祖先的某种气质，那么从后世既存的形态，我们也可以做一个倒推，来推测祖先可能具备的情形。虽然未必正确，但是也会在一定程度上得到关于祖先的认识。因先秦许多司法内容通过诗歌等形式载体表现出来，我们即便不能获得精细的认识，但知道一个大概还是可能的。所以考镜源流具有方法论上的合理性。

3. 同情理解

陈寅恪先生在《冯友兰中国哲学史上册审查报告》中论道：

"凡著中国古代哲学史者，其对于古人之学说，应具了解之同情，方可下笔……所谓真了解者，必神游冥想，与立说之古人，处于同一境界，而对于其持论所以不得不如是之苦心孤诣，表一种之同情，始能批评其学说之是非得失，而无隔阂肤廓之论。"〔3〕

虽然这是就哲学史而言，但笔者认为同样适用于法律史。在笔者看来，"同情法"作为方法，是指面对历史问题，假设自己处于同一情景，最大限度地还原同一背景，站在换位思考的角度下，追问"设我为彼，当何所思"？最

---

〔1〕 姜广辉、邱梦艳："齐诗'四始五际'说的政治哲学揭秘"，载《哲学研究》2013年第12期。

〔2〕 傅斯年：《〈诗经〉讲义稿》，上海古籍出版社2012年版，第18页。

〔3〕 陈寅恪：《陈寅恪文集之三　金明馆丛稿二编》，上海古籍出版社1980年版，第247页。

终合情合理地探求出其中的原因。

运用此法，首先需要尽可能地搜集到原始资料，通过这些资料复原出一个立体生动的场景，然后将自己最大限度地融入该情境中，这有点类似于"侦查实验"，也是力图回到当初去思考。

其次，将自己的立场调整到已经复原的历史情境之下，并且换位思考。"同情法"中的"情"，并不仅仅指个人的情绪、情感或者情理等偏重主观的因素，还包括了客观的"情境""背景"等，所以"同情法"的应用同样离不开我们常用的分析要素，许倬云先生构建了一个"一体四面"的分析框架，大致是由经济范畴、社会范畴、整治范畴、意识形态范畴四个面组成，由市场系统、经营形态、官僚制度、义利之辨、差序格局、道统法统六条主线围绕。虽然这个框架是他在设计中国社会经济史讨论提纲时提出的，〔1〕然而对于法律史分析，也能够参照。我们不妨把这一框架暂称为"基本面分析"。而"同情法"是在这个"基本面分析"上更进一步，更注重"会通"和个性因素的阐发，这就要求具体考察人物的童年生活、教育背景、人生经验、婚姻状况、交游情形、家庭生活等较为个性化的东西。特别注重其中出现的偶然性因素。

最后，检验与关联评价。我们运用"同情法"的目的是为了解释法律史，而非虚无缥缈地做历史的遐想，所以不能沉浸在自己营造的"穿越"气氛中。当自问自答之后，再联系后来历史发展的史实（如果存在着可比较的素材还需进行比较），结合此前的基本面分析，检验自己的答案，反思作为因果联系是否能够自洽。

总之，"同情法"给法律史解释提供了一种方法，它关注精神，强调意义，用一种近乎直接的方式沟通古今。这种做法，某种程度上类似于明代王阳明所谓的"自己体贴"，要求解释者有一颗"诗"的心灵。面对法律史，最大限度地还原历史，设身处地，发挥历史的想象力，合情合理的寻找原因，即"在当时和他们一起思考"，和古人对话。它不是万能的，它有其应用范围。同时，必须建筑在基本面的分析上，要求我们分析的材料前提是"客观""真实"的，而且很多时候，需要其他方法予以配合。毋庸置疑，后人在理解古人或前人及其历史与思想时，都不可避免地具有自己的"先入之见"（"先

---

〔1〕　参见许倬云：《求古编》，新星出版社 2006 年版，"代序"。

行具有""先行视见"和"先行掌握"等),"解释从来就不是对先行给定的东西所作的无前提的把握";所谓恰如其分地"感同身受",实际上只能是无限地"逼近"而已。换句话说,后人对古人、前人的理解,确实有程度的高下、量度的大小之区别,甚至有大方向的、本质性的差异;但我们仍然坚信,只要大方向是合理的、正确的,我们就有信心通过不断的探索、体验、理解("善意同情的理解"),直接"升堂入室"而进入古人、前人的"心灵世界",并无限制地逼近古人、前人的"心灵深处",直至恰如其分、一如其人地"感同身受"。[1]

故研究先秦司法文明史,既要广泛占有材料,进行科学的考证,又要发挥一定的想象力,合情合理加以推断。这也是对上文所提到困难的克服之道,通过这样的办法,以求得对先秦司法文明的深入理解。

五、本书可能有的贡献、不足及其他

人之气质清浊粹驳,所做贡献自然也大小不一。阳明先生云:

"后儒只在分两上较量,所以流入功利。若除去了比较分两的心,各人尽着自己力量精神,只在此心纯天理上用功,即人人自有,个个圆成,便能大以成大,小以成小,不假外慕,无不具足。"[2]

笔者自知窳劣,所以不敢确信本书有多少贡献。但所谓"小以成小",一定要找贡献,则可能在以下三个方面有所发挥:

首先,本书试图以一种文明的视野来关照司法问题。笔者努力从一个"广角镜"中来看待先秦法律和秩序,然后以尽量简明清晰的笔触来评介司法思想和讨论司法制度等内容,并着力在先秦文明和司法活动中找到之间的联系或两者的互释。从而达到"在文明中谈司法,用司法来现文明"的写作主旨。

其次,本书在讨论先秦司法文明时,尽量对所用材料的可靠性进行检视,并结合材料出现的语境,作相对符合情理的解释。在参考了前人研究成果之

---

[1] 参见彭华:"'同情的理解'略说——以陈寅恪、贺麟为考察中心",载舒大刚主编:《儒藏论坛》(第5辑),四川文艺出版社2010年版,第57~58页。

[2] (明)王守仁著,吴光等编校:《王阳明全集》(上),上海古籍出版社2006年版,第31页。

上，进一步厘清法律和司法的内涵。譬如有的材料，其中虽含有"刑""法"诸字，实则和司法并无关系，有的论著中亦将之作为司法加以阐释，本书则注意将之剔除。从而达到"让司法回归司法，同情地理解文明"的效果。

最后，本书在讨论先秦司法文明时，秉持一种"超越先秦"的立场，虽然将笔触集中于司法领域，这是通向理解文明的必要津梁，但最终还得努力探讨司法背后所蕴含的普遍价值，本书就试图对这价值做一点发掘。作为一项法律史研究，交代"历史情势"本是应有之义，但犹不能止步于此。通过法律史理解文明、理解生活，继而为今天提供某种有益的启示，才是让纸堆焕发活力的要旨所在。

这就是本文可能的贡献，不过用意虽好，"分两"有限，笔者深知本书存在的不足之处，主要有以下三点：

第一，本书在材料方面，并无实质上的扩充。所谓扩充材料，笔者理解有二：一是从无到有，比如原来不存世的材料，现在通过考古发掘或者其他发现得以问世，那么这种材料，对于获得新知或证明旧说，自有极高的价值；二是从此到彼，这种材料原本就存在，但是习惯上只是用在此领域，现在通过研究，发现在彼领域也能适用且符合逻辑，那么对于彼领域，这就是材料上的扩充。本书在第一种情形上毫无作为，在第二种情形下，偶有心得，但基本上只停留在辨别比较前人的注解并选择应用上，并无实质上的扩充。

第二，本书在内容方面，综揽的成分多而专精考辨少。本书主要是合学界专门之士的研究所得，以成一普通的司法文明史。笔者缺乏必要的考古学、历史学、文献学、古文字学、训诂学等多种学问的训练，所以在遇到这类专门的问题上，只能援引专家的注释或观点。这些注释和观点，较之于笔者直接从传世文献或考古材料得出结论，对笔者而言，不啻为"二手材料"。因本书缺乏专精的考辨，故笔者从这些"二手材料"中总结和引申出来的观点，其妥当与否，建基于专家结论的可靠与否之上。章学诚曾经将历史书写分为"撰述"和"记注"之学，笔者理解为前者注重"通古今之变，成一家之言"，后者则注重集古往之简册，述前人之遗事。两者各有各的难处，如章学诚谓：

"夫记注无成法，则取材也难；撰述有定名，则成书也易。成书易，则文

胜质矣；取材难，则伪乱真矣。伪乱真而文胜质，史学不亡而亡矣。"〔1〕

由此可知，"记注"更加强调"考史"，而"撰述"则强调"著史"。前者难在材料的研究上，后者难在材料的取舍上。而无论是"撰述"和"记注"，都必得经过专精的考辨，否则即便综揽，不过文胜质，流于词章而难出义理。本文就存在因考辨不精而综揽不力的情形。

第三，本书在思想方面，拘滞多而会通少。再用章学诚的话来说：

"撰述欲其圆而神，记注欲其方以智也。夫智以藏往，神以知来，记注欲往事之不忘，撰述欲来者之兴起，故记注藏往似智，而撰述知来似神也。"〔2〕

以这样的标准来看"撰述"，本书纵然有综揽的成分，但也远远够不上"撰述"。笔者虽然试图在考辨史实的基础之上，把相对零散的材料拼接成完整的先秦司法文明全图，继而超越先秦，寻求蕴含在其中的普遍价值或义理。无奈学力和阅历都很浅，所以可能还时常拘滞于先秦司法活动本身，而难有透彻的启示，也就是说，在古今"会通"上，只能以俟来日。

这就是本书的不足之处，贡献是可能的，而不足则是必然的。不过尽管如此，笔者还是不揣愚陋，将本书呈现给读者。因为笔者相信，学问永远是一个在路上的过程。诚如孟子云："学问之道无他，求其放心而已矣。"〔3〕此处的"放心"，不是研究要有多完美，而是"放其良心"，意思是"学问之道没有别的，就是把那丧失的善良之心找回来罢了"〔4〕。苟能不自欺欺人，且能深思熟虑，有一得之见，则即便"分两"有限，但于"成色"不亏，这就是学者的贡献。

关于先秦司法文明的研究现状，笔者在此前的教学科研过程中，随时保持着关注。目前司法制度、司法思想、司法文化各个部分，都有比较丰富的作品问世。但以"先秦司法文明史"或"先秦司法文化史"等命名的作品，还暂付阙如。也就是说目前的研究偏向于"记注"多，而侧重于"撰述"的少。本书如上所云虽然够不上"撰述"，却是往这个方向的一个努力或尝试，

---

〔1〕 （清）章学诚：《文史通义》，上海世纪出版集团 2011 年版，第 9 页。
〔2〕 （清）章学诚：《文史通义》，上海世纪出版集团 2011 年版，第 14 页。
〔3〕 《孟子·告子上》。
〔4〕 杨伯峻译注：《孟子译注》，中华书局 2012 年版，第 247 页。

并非笔者愚妄，而是得益于学术界之前的积累，其具体的成果可参见本书"参考书目"，在此就不再一一评述。本书拟详人所略，略人所详，凡前人已经深入探讨过者，就一笔带过，觉尚可发挥者，再赘以笔墨，整体上尽量以一种相对简洁的方式展开。

最后，还有一点需要再加申说。笔者常常思考一个问题，是关于孔子的思想倾向及其历史影响方面的。我们知道孔子的思想倾向相对来说是比较保守的，如他的名言："周监于二代，郁郁乎文哉！吾从周。"[1]又说："如有用我者，吾其为东周乎！"[2]甚至还说："甚矣，吾衰也！久矣，吾不复梦见周公！"[3]是以他心心念念以周公为榜样，以克己复礼为己任，以"为东周"作为人生追求。他的理想最后看来是破灭了，他说的"不复梦见周公"，就是晚年所发出的无奈的浩叹。朱熹对此阐释为：

"孔子盛时，志欲行周公之道，故梦寐之间，如或见之。至其老而不能行也，则无复是心，而亦无复是梦矣，故因此而自叹其衰之甚也。"[4]

在进化论者看来，孔子这样的思想和行为，是在为逝去的辉煌唱挽歌，代表着旧贵族势力对浩浩荡荡新形势到来的无力感，毫无疑问是开历史的倒车。然而，就是这样一位顽固保守的旧制度拥护者，何以成为后世推崇的"万世先师"，且在公羊学传统中被尊为"为后世立法"的圣人，还被塑造为"改制的圣人"？这就不是用"完美的周制"所能解释的。

及至深入地思考孔子为什么要评点周制及"吾从周"，笔者渐有心得，原来圣人未尝离事而言理，《史记》中记载："子曰：'我欲载之空言，不如见之于行事之深切著明也。'"[5]孔子之讲周制、著《春秋》其实都是一个道理，就是通过史事来传达道理，这个道理就是最高的道德。而夏商"不足征"，他所能了解的"事"，最深切著明的，就是"周"了。也就是说，"周"包括"春秋"在孔子的思想或价值体系中，是他用来讲道理的凭依或载体，犹如佛说道理用的譬喻，最终是要超越的，这和庄子所谓的"薪尽火传"相

---

[1]《论语·八佾》。

[2]《论语·阳货》。

[3]《论语·述而》。

[4]（南宋）朱熹：《四书章句集注》，中华书局 2003 年版，第 94 页。

[5]《史记·太史公自序》。

类似，苟能传达智慧的火种，即便薪尽也无妨，在这个层次上，有历史限制的"周"，就转化成了永恒的"道"。诚如学者所论：

"孔子讲的'克己复礼为仁'，是用一种超越视野赋予周代的文化制度以全新的意义，礼成为一种新型道德理想的投射物，即个体的生命意义在于追求超越周礼具体礼仪条文的道德理想，有了这样一种人文精神后，就开出了一个全新的文明……自孔子之后，道德成为中国人的终极关怀。道德再也不是与社会现实不可分离的伦理，而是一代代生命个体追求的具有终极意义的价值。人人追求做君子，就能形成社会的共同道德和秩序，中华文明就不再随着周代社会的礼崩乐坏而消亡，成为一个生生不息的文化大传统。"[1]

以这个视角来观察先秦司法文明，固然要掌握先秦司法文明诸史实，这些知识是我们阐发义理的根据。然而，我们又不能为先秦而先秦，否则这些上古的遗迹，与我们当今的日用人生何干？必得超越先秦，理解文明，寻求其间的具有终极意义的价值。我们虽不能至，也要心向往之。

---

[1] 金观涛、刘青峰：《中国思想史十讲》（上卷），法律出版社 2015 年版，第 21 页。

第一章
初民时代的规训与惩罚
（~前 21 世纪）

第一节　中国法律起源假说与司法活动的雏形

关于中国法律的起源，如同地球和人类的起源一样，到目前为止，学术界的研究仍旧停留在种种"假说"的阶段，都是人们按照目前流传的传世文献，结合若干考古发现，运用相应的方法，所做出的逻辑上推测，并无确切的直接证据。既然如此，我们为什么还要追踪法律的源头呢？美国法律史学家约翰·梅西·赞恩说得好："事实上那些代代相传的原始心智和体态特征，在今天仍以一种潜意识本能的方式控制着人。"[1]这种原始心智，实际上就等同于人格心理学家荣格所谓的"集体无意识"，在初民时代形成后，就对这个民族产生了几近神秘的、不可思议的影响。荣格称："通往无意识之路的任何一个人，都在不自觉地对他周围的环境施加某种影响。随着他的意识的发展、深入与拓宽，他也常常产生出一种原始人称之为'威望'的效果。这是一种对别人无意识心理的不知不觉的影响，是一种无意识的威望。只要不受有意识动机的干扰，这种威望的影响作用将会永远持续下去。"[2]这个理论似乎可以解释：世界各民族都有法律，但是彼此何以有异，甚至迥然不同？比较世界各国的法律发展史，我们会发现一个有趣的现象，很多民族的历史缺乏连

---

〔1〕 ［美］约翰·梅西·赞恩：《法律简史》，孙运申译，中国友谊出版公司 2005 年版，"序"。

〔2〕 ［瑞士］卡尔·古斯塔夫·荣格：《未发现的自我　寻求灵魂的现代人》，张敦福、赵蕾译，国际文化出版公司 2001 年版，第 75 页。

续性，有的民族几经变迁，就表面上而言，其法律制度也许经过了伊斯兰、大陆、英美诸种法系的塑造，然而始终会或多或少、或显或隐的保留该民族初民的传统。而在法律意识或法律心理上，这种保留的成分或许更多。譬如就今天的中国人而言，"讼则终凶"这样的初民法律心理，依然占据着广大老百姓的心灵。[1]因此，我们欲研究中国传统司法文化，必须从法律的起源谈起。从中既可以找到我国与世界其他各国法律或司法上的共性，更能体会出我们民族独特的法律个性。

一、中国法律起源的假说

传世文献是我们推测中国法起源的主要依据。不过因为传世文献真伪掺杂，同样存在"文献不足征"的无奈，但是即便如此，至少我们可以从中得到一个信息，即古人是如何看待法律的起源的。所以，虽然停留在假说的层次上，但在文化学角度而言，这些传世文献关于法律起源的假说意义甚为重大。归纳起来，大致有这么几种假说。

（一）天意说

这种假说在古代社会中极有影响力，带有较强的宗教气息。它实际上为法律起源设定了一个逻辑起点，将立法的原动力归结为"天"，"天"是一切的主宰，自然包括了设范立制的活动。人们对"天"的认识，最初是懵懵懂懂的，后来有意识地利用"天"来为人事服务，经过了"神化"到"德化"的过程，形成了中国法律思想史上独具特色的"天命观"（详见第三章）。初民社会中自然而然地形成了系列的规则，但又无法明确地表达这些规则的来源或者规则何以具有"合法性"，于是最便捷的方法，就是归之于"天"，于是这种假说就应运而生。

如《周易·系辞传》云：

"天垂象，见吉凶，圣人象之；河出图，洛出书，圣人则之。"[2]

就是说天会降下某种物象，表明凶吉，来启示人类，至于河图、洛书，

---

〔1〕 这可以解释，目前社会上存在的电信诈骗中，何以经常会使用"公检法"等法司的名义，就是捕捉到了老百姓"畏讼"的心理，而这个心理，恰恰是传统司法文化流传至今的明证。

〔2〕《周易·系辞传》。

也带有某种神秘主义的色彩，非人力所能为。也是"天"给这个世界提供的秩序，人们只要秉持"天"的意图行事就可以了。法律的根本在于天意。后世人们经常强调要则天立法，即源于此。

那么"天"为什么要来为群生立法呢？目的是要规范人间的秩序，表彰德行，惩罚犯罪。《尚书·皋陶谟》中对此表达得至为清晰：

> "天叙有典，敕我五典五惇哉！天秩有礼，自我五礼有庸哉！同寅协恭和衷哉！天命有德，五服五章哉！天讨有罪，五刑五用哉！"[1]

通常情形下，我们援用这段文字，侧重于"天讨有罪，五刑五用"这句。这是狭隘的在司法意义上来讨论的。事实上如果把法律理解为指导人们生活的规则，那么上述的"五典""五礼""五服"均为广义上的法律。这是文献中最早也是最为典型的关于法律起源的"天意说"。

《尚书·皋陶谟》出自今文《尚书》，相对比较可信。皋陶与尧舜同时，大约处于新石器时代后期，这段文字，典型地体现了新石器时代初民对法律起源的认识。对后世影响深远。

无独有偶，在《尚书·多士》篇中，周公在营建完洛邑后，对众多殷遗民如是说：

> "予惟率肆矜尔，非予罪，时惟天命。"[2]

意思是说西周攻灭殷商，不是周人要加罪于殷人，实在是秉承天意而为之。类似的言论，在周初所在多有。联系到下面将提到的"大刑用甲兵"，灭人之国就是最大的刑罚，我们可以知道，即便到了西周，理性主义已经高度萌发之时，仍旧将法律的起源或者司法活动的正当性归于"天意"。

到春秋之时，"天意说"仍不少衰，最热衷于此派理论的墨子，就曾提到：

> "反天意者，别相恶，交相贼，必得罚。"[3]

---

〔1〕《尚书·皋陶谟》。
〔2〕《尚书·多士》。
〔3〕《墨子·天志上》。

墨子将人间的惩罚归结为"反天意",也就意味着他同样将法律的来源归结于"天",在此基础上,他发明了一整套"天志"说,成为墨子十大主张之一。所以,就法律的起源而言,"天意说"可视为最早且最有影响力的一派假说。

"天意说"的形成,可以说是历史的必然。在西方世界,"天意说"同样源远流长,这最初源于初民思想能力的限制,但尽管后来人们的智慧发达,"天意说"仍旧被人们所沿袭。当然,时代越往后,"天"就越带有"德性"的色彩,此时的"天",与其说是人们的"迷信",毋宁说是人们"神道设教"使然,所以"天意说"有其内在的生命力。

(二)圣人制刑说

在宗教气氛浓厚的地域,都流行"神创"理论。在基督教世界中,上帝是创世主,是一切法律的来源。如有名的"摩西十诫",就是上帝与以色列人立下的西奈山之约,要求他们必须遵守。[1]而伊斯兰世界中,真主安拉就是人类律法制定者。至于古印度,在佛陀诞生之前,也把法律的起源归结于伟大的先知摩奴。这些是荦荦大者,至于众多小众宗教,都莫不把法律的起源归结于彼等的创世神。

而中华民族的初民,在不同的部落中,也各有其创世神,如天吴、毕方、据比、竖亥、烛阴、伏羲、女娲、盘古等,林林总总,不可胜数。就不同的方位,不同的季节,也有各自的神灵,诸如勾芒、祝融、蓐收、玄冥、后土等。这些神祇,寄托着农业时代中人们对天地四方秩序的愿望与想象,在后来的民间社会中产生了不小的影响。但是在法律的起源上,人们似乎并不将人间的法律归结于这些神灵上。最为明显者是西汉司马迁著《史记》时,径直以《史记·五帝本纪》开篇,从轩辕黄帝开始讲起,此前的创世者均不牵涉。黄帝遂成为中华民族的人文初祖,这实在是受"不语怪力乱神"的人文理性传统影响所致。即便黄帝身上具有神性,也表现出神迹,但是整体的形象上,仍旧是一位睿智明达之人。所以中国没有出现类似于西方宗教世界的法律起源"神创说",这是因为我们民族开化非常早,很早就进入到了理性和人文的时代。所以西方的法律起源的"神创说",到了中国,就演化为了"圣人制刑说"。

---

〔1〕《圣经·旧约·出埃及记》。

我们这里曰神曰圣，并不是为了精确地辨析神人和圣人的概念，在中国语境中，两者往往连用。正如《难经》中所云："望而知之谓之神，闻而知之谓之圣。"〔1〕此中的差异，只在程度有别而已。强要区分，大体"神"偏向于宗教，而"圣"偏向于伦理。

而中国的"圣人制刑说"，也有不同的版本，举其要者，以下四位圣人的制刑说影响为最大。

1. 伯夷降典

此处的伯夷，不同于《史记·伯夷列传》中的那位，后者不食周粟而与其弟叔齐一起饿死于首阳山，遂成为我国历史上一个为坚持理想道德而献身的著名"烈士"，司马迁有感于此，遂将之列在《史记》列传之首。而我们此处所说的降典的伯夷，为尧舜时人，要早于烈士伯夷1100多年。关于伯夷降典的说法，出自《尚书·吕刑》，西周吕侯在向周王建议立法之时，追述古代圣人立法时曾提到：

"乃命三后，恤功于民。伯夷降典，折民惟刑；禹平水土，主名山川；稷降播种，家殖嘉谷。"〔2〕

对伯夷降典的理解，历来存在着争议，争议主要集中在"折民惟刑"四个字上。有人从字面上，直接解释为"伯夷制定出了法典，利用刑罚来折人民之狱讼"，如果按照这种说法，那么伯夷主要是利用法典来进行司法，惩治犯罪。那么当时惩罚犯罪这一行为，其重要性，怎么可能大于大禹治水和稷降播种呢？这不得不令人怀疑。而如果我们按照《史记》中关于伯夷的记载，那么这句话的真实意思就一目了然了。《史记》是这样说的：

"伯夷主礼，上下咸让。"〔3〕

这说明伯夷主要从事的是礼方面的事务，而礼在当时又有教化作用。所以实际上伯夷主抓的是教育和引导人民走上正途的事务。《国语》中也明确地提到：

---

〔1〕《难经·六十一难》。

〔2〕《尚书·吕刑》。

〔3〕《史记·五帝本纪》。

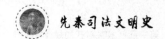
"伯夷能礼于神以佐尧者也。"〔1〕

"礼于神"同样是教化之用。因此，"折民惟刑"中的"折"，不能释为"折狱"，而"刑"也不是简单的"刑罚"，至于"典"，则应该是广义上的规范。而"折"通"哲"，"使之哲"，即使老百姓睿智。"刑"通"型"，即表"塑造"或"规范"之意。整句话应该解释为，伯夷制定出一系列礼义典则，来塑造和规范百姓生活，使之摆脱蒙昧状态。

由此可知，伯夷降典，侧重于指定正面规范的法律。这符合我国明刑弼教、先教后刑的法律传统或司法文化。不如此，是不足以解释伯夷何以在当时具有如此高的地位的。

2. 皋陶制刑

相比于伯夷降典，皋陶制刑在法律史上的影响似乎更大。伯夷所降之典，是一种广义的法。但是皋陶所制之刑，则更类似于传统社会中的律，侧重于司法和强制作用方面。因为关于皋陶的历史记载和传说非常丰富，又因为皋陶此人在法律史上的地位非常特别，所以本章拟单列一节，来讨论皋陶的历史形象及其司法意义，在此仅略述一二。

皋陶主要的法律创制活动是在虞舜时期，虞舜命令皋陶：

"汝作士，五刑有服，五服三就，五流有宅，五宅三居。惟明克允。"〔2〕

此处的"士"即法官，皋陶在舜帝时，主要是以法官的形象活动的，后世遂将法律的起源归结在皋陶头上。较早的先秦时期的古籍《竹书纪年》称：

"帝舜三年，命咎陶作刑。"〔3〕

至春秋战国时，《管子》提到：

"皋陶为李。"〔4〕

---

〔1〕《国语·郑语》。
〔2〕《尚书·舜典》。
〔3〕《竹书纪年·帝舜有虞氏》。
〔4〕《管子·法法》。

"李"，即是"理"，即主管司法的官员。当然也有可能像后世的召伯甘棠树下听讼之例，皋陶曾经在李子树下听讼，故名为"李"，不得而知，暂且存疑。

到了战国末年，《吕氏春秋》中也记载：

"皋陶作刑"[1]

到西汉武帝时期，司马迁著《史记》时，则提到：

"舜命皋陶作士，定五刑。"[2]

再到西汉元帝时期，史游撰《急就篇》，当中也提到：

"皋陶造狱法律存。"[3]

由此可见，从先秦到汉代，皋陶以司法官的身份制定刑法，为人们广泛接受并流传。此后，皋陶被人奉为"狱神"，享受祭祀血食，堪称"圣人制刑"的正统。

3. 黄帝制刑（王者制刑）

这种制刑说实际上和西方的"神创说"最为相似，不同之处在于黄帝是神圣兼人王，既然后世将黄帝定位中华民族的人文初祖，那么给世间制定法则的人，自然也就是这最高的王者了。

《史记》中在叙述黄帝事迹时，提到：

"轩辕之时，神农氏世衰。诸侯相侵伐，暴虐百姓，而神农氏弗能征。于是轩辕乃习用干戈，以征不享，诸侯咸来宾从……诸侯咸尊轩辕为天子，代神农氏，是为黄帝。天下有不顺者，黄帝从而征之，平者去之。"[4]

此处虽未明言黄帝制刑，但却把黄帝设范立制的背景交代清楚了。很明

---

〔1〕《吕氏春秋·君守》。
〔2〕《史记·五帝本纪》。
〔3〕（汉）史游：《急就篇》第二十八章。
〔4〕《史记·五帝本纪》。

显，黄帝立法的过程伴随着军事征伐，这与古籍上所云的"刑起于兵"的论断颇为吻合。而明确提到黄帝制刑的，则多见于春秋之后的典籍。

《管子》云：

"故黄帝之治也，置法而不变，使民安其法者也。"〔1〕

这表明，黄帝是用法度来治理的，且法律保持高度的稳定性，这是与管子自身的主张相一致。无独有偶，同为法家之书的《商君书》中也提到：

"神农既没，以强胜弱，以众暴寡，故黄帝作为君臣上下之义，义子兄弟之礼，夫妇妃匹之合，内行刀锯，外用甲兵。"〔2〕

这是明言黄帝制法，且法律很全面，君臣上下之义，父子兄弟之礼，夫妇妃匹之合都在里面了。君臣、父子、夫妇为三纲之礼，出礼则入刑（刀锯、甲兵），很明显这应该是西周以后才陆续完善的伦教观念。这很明显是假托黄帝名义而推出先秦法家的法律起源观。

以后，黄帝制刑说也有很大的市场，东汉班固的《汉书》中也提到：

"黄帝《李法》曰：'壁垒已定，穿窬不由路，是谓奸人，奸人者杀！'"〔3〕

很显然，这是一条军事法律，意思是说军队的营垒已经筑好，如果此时穿壁墙而不从正路走的人，就是奸邪之人，是奸邪之人就应该杀掉。汉人将此条规则的著作权归属于黄帝，一方面说明黄帝制刑说有影响力，另一方面也说明"刑起于兵"，最早的法律恰恰诞生在军营或者军事活动中。

到了东汉儒学统一运动时，作为运动最终成果的《白虎通义》中，我们同样可以看到黄帝制刑的说法：

"古之时，未有三纲六纪……黄帝始作制度，得其中和，万世常存。"〔4〕

---

〔1〕《管子·任法》。
〔2〕《商君书·画策》。
〔3〕《汉书》卷六十七。
〔4〕《白虎通义·号》。

可见，将法律起源归结于黄帝，也是专制时代惯有思路。实际上这是作者受时代风气的影响，因为专制社会中，只有王者才配"制作"，是以古代典籍中，我们也可以看到伏羲、尧[1]、舜、禹等都曾经立过法。只是作为法律的源头，他们不如黄帝那么突出罢了。

4. 蚩尤造律说（"苗民说"）

这种说法也有一定的影响力，出现得也较早。但是因为蚩尤所作之律皆暴虐无比，不符合中华文教正统，所以逐渐变成一种"地方性说法"。《尚书》中对蚩尤造律的说法集中在《尚书·吕刑》一篇：

"蚩尤惟始作乱，延及于平民。罔不寇贼，鸱义奸宄，夺攘矫虔。苗民弗用灵，制以刑，惟作五虐之刑曰法。杀戮无辜，爰始淫为劓刵椓黥。"[2]

蚩尤为上古九黎部落酋长，性情暴烈，勇猛无比，曾经与黄帝逐鹿中原，后被尊为"兵主"，为苗民之祖。据说他所立之法，皆酷虐。据唐孔颖达《尚书正义》中称："蚩尤作乱，当是作重刑以乱民，以峻法酷刑，民无所措手足，困于苛虐所酷，人皆苟且，故平民化之，无有不相寇贼。"[3]蚩尤严刑峻法，不事教化，给苗民作了恶劣的榜样，汉代孔安国在解释"苗民弗用灵"这段话时，就曾经说："三苗之君习蚩尤之恶，不用善化民，而制以重刑，惟为五虐之刑，自谓得法。"[4]

由《尚书》经文以及传疏者的议论来看，其显然并不认为蚩尤之法或者苗民之法为中华法律的正统，因此批评苗人制五虐之刑，只是"自谓得法"，这是站在华夏族立场上的批评。但是如果站在苗民部落立场来看，蚩尤或者三苗之君所造之法，亦不失该部落人文始祖的伟大贡献。

（三）自然或天理说

这种说法类似于西方所谓的"客观精神说"，即将法律的起源归结为某种不以人意志为转移的客观精神，传统上以"自然"或"天理"名之，当然，这种学说和之前我们提到的"天意说"和"圣人制刑说"有某种程度的相通

---

〔1〕 例如汉代扬雄就曾经提到过："洪荒之世，圣人恶之，是以法始乎伏羲，而成乎尧。"见其《法言·问道》。当然这里的法也泛指规则，而非刑法。

〔2〕 《尚书·吕刑》。

〔3〕 （唐）孔颖达：《尚书正义·吕刑》。

〔4〕 《尚书·吕刑》。

之处。当人们对某种奇怪的现象或熟悉的事物，无法解释其来源或因果之时，自然而然的方式就是将原因归于形象的神祈或客观的精神。最为常见的是归结于不可捉摸的抽象之"天"，民间则可能将之形象化为"老天爷"，其次则归结于历史传统中或者想象中的"圣人"。而在一些知识丰富的人看来，无论是"天"还是"圣人"，以上的解释不免牵强。于是产生出一种搁置传统和历史的做法，而直面现实本身的思路。这种思路就是将法律的起源理解为自然而然的结果。这派学问在春秋战国以道家的"自然"为主，而到宋代，则以理学家的"天理"为主。

最能表明"自然说"的是老子的名言：

"人法地，地法天，天法道，道法自然。"[1]

道家眼中的"法"，并不完全是人类的行为规则，而涵盖天地间的一切规律。人类的法律作为一种规则，当然要受到"自然"的支配，其起源也非人力所能为，一切都是自然而然的。

后来同为道家学派的另一位大师庄子，又对老子这样的法律起源观作了诠释，他说：

"天地有大美而不言，四时有明法而不议，万物有成理而不说。"[2]

也就是说天地间有大美，不需要言语来宣扬，四时运行有明显的规律，不需要再去讨论，万物的变化具有现成的原理，不需要去说明。那么法律作为万物之一，显然也是有"成理"的，不用去人为发掘，言下之意，实际上就是论证了法律的起源是"自然"。到了"自然"这个层次，就已经到了逻辑的起点了，再往上推，就超出了人类的认知范畴。所以这种假说就将法律起源归结到客观存在的"自然"。

到了朱熹时代，更加明确地将法的来源归结到客观存在的"理"上，他说：

---

〔1〕《道德经》第二十五章。
〔2〕《庄子·知北游》。

"法者，天下之理。"〔1〕

我们需要注意，这个"理"，并不是后来梁启超所谓的"公理"，而是朱熹理学意义上的"天理"，"天理"是人间行为的一切规定性的源头，那么"天理"从何而来，朱熹未加明言，大约最终也只能说是"天理"是自然流行的。它存在于法之上，朱熹提到：

"未有天地之先，毕竟也只是理。有此理，便有此天地，若无此理，便亦无天地。"〔2〕

所以无论是"自然说"还是"天理说"，实质是一样的，都是将法律的起源归结于一种抽象的客观精神。从而使得在现实法律之上，还存在着一种"更高级"的"元规则"，这颇有点类似于中国特色的"自然法"。

（四）军事征伐说

这一假说在中国也是源远流长，影响很大。自古至今，不断有论者讨论过"刑始于兵"或"兵狱同制"的问题。这构成了中国传统法律或司法的特色。一开始也许只是一个意外，但是伴随着部落战争和军事征伐，带有法律色彩的种种措施，越来越多地出现在征战当中。

行军打仗得有规矩，这种思想出现得很早。在中国最早的传世文献之一《周易》第七卦"师"卦中，就已经将兵和刑结合在一起。该卦第一爻"初六"即说：

"师出以律，否臧凶。"〔3〕

为了实现"师出以律"，那么前提就是要有一定的规则，然后要有严格执行该规则的人。因为我们不难发现，最初的法呈现出军事征伐色彩，而最早的司法官员，同时又是军事人员，这点从其名称上就不难看出，先秦典籍上对司法官员的称呼诸如"士""士师""司寇""廷尉"等，都带有强烈的军事色彩。

---

〔1〕《朱子大全·学校贡举私议》。
〔2〕《朱子语类》卷一。
〔3〕意思是说军旅出征必须遵循法律纲纪，否则，必有凶险。

军事征伐一开始是对外而不是对内的，所以最初的法律表现出来的是"甲兵""斧钺""刀锯"等极具武器色彩的内容。它们最早是在部落战争中出现和发展的。关于部落战争和"刑起于兵"的具体讨论，留待下节，此处不赘。

（五）治水说

洪荒时代的洪水，实为全世界人类共同的记忆。"考天下各族述其古事，莫不有洪水，巴比伦古书言洪水乃一神西苏罗斯所造……希伯来《创世纪》言耶和华鉴世人罪恶贯盈，以洪水灭之，历百五十日，不死者惟挪亚一家。最近发见云南倮倮古书，亦言洪水……观此，则知洪水为上古之实事。而此诸族者，亦必有相连之故矣。"[1]

中国唐虞之时，更是以治水为一大要务，禹因为治水成功，遂得由圣而兼人王。《史记》谓：

> "然河灾衍溢，害中国也尤甚。唯是为务。故道河自积石历龙门，南到华阴，东下砥柱，及孟津、洛汭，至于大邳。于是禹以为河所从来者高，水湍悍，难以行平地，数为败，乃厮二渠以引其河。北载之高地，过降水，至于大陆，播为九河，同为逆河，入于渤海。九川既疏，九泽既洒，诸夏艾安，功施于三代。"[2]

洪水带来了人类历史的深刻变化，法律也是在治理洪水的过程中得以展开。这一派学说在西方很有影响力，马克斯·韦伯认为治水，对于中国的政治和法律，同样意义非凡："治水的必要性，在中国与在埃及一样，是一切合理、经济的决定性前提。回顾一下中国整个历史，便不难发现治水的这一必要性是中央政权及其世袭官僚制之所以成立的关键所在。"[3]

他同时还认为："在中国，如前文所述，某些根本性的命运（对我们来说则是史前的命运）也许是由治水的重要意义所决定的。"[4]

这个说法虽然无法得到证实，但是从逻辑上推理，则可以成立。由于治

---

〔1〕 夏曾佑：《中国历史》，转引自柳诒徵：《中国文化史》（上册），中华书局 2015 年版，第 19 页。

〔2〕 《史记·河渠书》。

〔3〕 〔德〕马克斯·韦伯：《儒教与道教》，洪天富译，江苏人民出版社 1995 年版，第 27 页。

〔4〕 〔德〕马克斯·韦伯：《儒教与道教》，洪天富译，江苏人民出版社 1995 年版，第 35 页。

水是一个系统性的工程，为了有效地管理庞大的人力、物力，必须建立一个遍及全国或者至少及于全国人口重要中心的政治权力网，必须确立严格的纪律、从属关系和强有力的领导，于是必然产生集权主义。治水导致了公共权力的诞生和完善。治水的英雄赢得了人们的支持、尊重和崇拜，成为公认的权威，他们进而取得了凌驾于民众之上制定法律和规则的神圣地位。

从技术角度而言，因为治水关乎技术与魄力，有技术与魄力者，乃为民众所推举，从而形成某种崇拜。慢慢地，其权威跨过了治水的领域，乃至于能设范立制。所以此说也不失为法律起源的有力解释。

（六）定分止争说

这种假说是从法律的功用来反推法律的起源，有点"功能主义"的味道。持此说者往往从施行法律的必要性和可行性出发，来讨论法律的起源。对此说最为醉心者，是法家学派。

比如托名于春秋时期管仲的法家著作《管子》，就对法律的功效如此认定：

"法者，所以兴功惧暴也；律者，所以定分止争也。"[1]

从中我们也可以看出法家逻辑：因为有了暴乱纷争，法律应运而生。暴乱纷争又从何而来，荀子将之归结为恶的人性：

"故古者圣人以人之性恶，以为偏险而不正，悖乱而不治，故为之立君上之势以临之，明礼义以化之，起法正以治之，重刑罚以禁之，使天下皆出于治，合于善也。"[2]

对于荀子而言，人性之恶，在于人生而有欲，一旦不得到满足，就起纷争，荀子说：

"人生而有欲；欲而不得，则不能无求；求而无度量分界，则不能不争；争则乱，乱则穷。"[3]

---

[1] 《管子·七臣七主》。
[2] 《荀子·性恶》。
[3] 《荀子·礼论》。

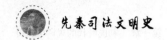

所以为扬善去恶，不得不重视两手措施：一是"隆礼"，对人从正面加以教化引导；二是"重法"，对违礼乱俗者加以制裁。

荀子的人性恶的观念直接为其学生之一、后来的法家集大成者韩非子所继承，且韩非子更进一步，认识到了纷争的最终根源在于经济基础，他说：

> "上古之世，人民少而禽兽众……古者丈夫不耕，草木之实足食也；妇人不织，禽兽之皮足衣也。不事力而养足，人民少而财有余，故民不争。是以厚赏不行，重罚不用，而民自治。今人有五子，不为多，子又有五子，大父未死，而有二十五孙。是以人民众而货财寡，事力劳而供养薄，故民争。虽倍赏累罚，而不免于乱。"[1]

所以面对这种既定的事实，单纯从道义上号召人们不争，是于事无补的，那么剩下的，只能用法律来定分止争。这样一解释，法律的起源就顺理成章了。韩非子此论，可能算先秦最为透彻，也最合理的起源学说了。只是他的规范的外延，较其师荀子的要窄。荀子的规范，是同时包含"礼"与"法"的，而韩非子，则将规范局限在了"法"之上。

关于中国法律起源的假说，荦荦大者，即如上说。各说虽皆有其局限，但是呈现出了不同的看待法律起源的视角，这一点，对于我们今天追寻中国法的源头，认识传统司法的民族特色，至为重要。

二、司法活动的雏形——"垂裳而治"与"象以典刑"

按照马克思主义经典学说关于法的观念，法是由国家制定或认可的，并由国家强制力保证实施的行为规范的总和。那么司法就是指国家司法机关及其司法人员依照法定职权和法定程序，具体运用法律处理案件的专门活动。当一部分人出于特殊利益的需要而对统治阶级的利益及公共利益造成威胁乃至发生实际斗争时，"使得通过以国家姿态出现的虚幻的'普遍'利益来对特殊利益进行实际的干涉和约束成为必要"[2]。故而司法活动需要在国家与法产生之后才可能发生。那么在不存在严格意义上的阶级和国家的原始社会，也就无所谓司法可言。所以真正意义上的司法必待国家和法产生之后才有，

---

[1]《韩非子·五蠹》。
[2]《马克思恩格斯全集》（第3卷），人民出版社1983年版，第38页。

在我国，一般认为要到夏朝。

但是随着法律人类学和法律社会学的兴起和发展，人们思考法律和司法的视野逐渐拓宽。如果跳出阶级统治的工具这一认识框架，而将法律理解为一种规则形态，那么种种人类学的调查和社会学的研究，都表明了早在阶级国家产生之前的原始社会，就已经存在着法律和司法。[1]

在这个意义上，我国传世文献所表达出来的司法活动，也带有"国家之前"或者"史前"的味道。关于夏朝之前的法律和司法，迄今并无任何实物证据，也无文字支持。[2]现在关于上古时期的人类生活状态的记载，都是出自后人的追忆。这段时间，又可以分两段，第一段大致处于人类创始至伏羲、神农时代，这个时代，基本上处于原始社会早期，类似于西方思想家洛克、卢梭笔下的"自然状态"时期，在这个时期中，人类懵懂自治，无所谓统治，也无所谓犯罪和惩罚。这就是文献中记载的："神农之世，男耕而食，妇织而衣，刑政不用而治，甲兵不起而王。"[3]

及至原始社会后期，阶级逐渐出现分化，正是古史中所谓的"五帝时代"。虽然出现了"治人"与"治于人"的社会现象，但是后人，尤其是儒家，将这个黄帝至尧舜的时代，视之为黄金时代。于是出现了对这个时代世情最为经典的表述：

"大道之行也，天下为公，选贤与能，讲信修睦。故人不独亲其亲，不独子其子，使老有所终，壮有所用，幼有所长，矜、寡、孤、独、废疾者皆有

---

〔1〕 这方面最为著名的尝试即英国马林诺夫斯基的《原始社会的犯罪与习俗》，马林诺夫斯基根据其在较为原始的特罗布里安德岛上的调查，还原了一幅原始社会法律和司法的图景。此后最为著名的著作则属美国的霍贝尔，其成名著作《原始人的法》中，他在前人所做的因纽特人、北吕宋岛伊高富人、特罗布里安德群岛族群、西非黄金海岸阿散蒂人习惯调查的基础上，总结归纳出了原始社会法律和司法的状况和特点。载〔美〕霍贝尔：《原始人的法》，严存生等译，法律出版社2006年版，第63~633页。但是我们应当注意，这种研究方法，仍是将某个族群视作静态的东西来研究，虽然这些族群较之现代社会要原始，但并不意味着该族群自始至终皆是如此，事实上，它们也经过了长期的发展。所以，这一研究方法属于"以今推古"，仍有其内在的局限性。

〔2〕 迄今发现的最早的可释读文字，已经到商代中期，为甲骨文。而甲骨文已经是一种比较成熟的文字了，其必定经过了一个长期的演变过程，柳诒徵先生认为："吾国之有文字，实分三阶级：一曰结绳，二曰图画，三曰书契。是三者，皆有文字之用，而书契最便，故书契独擅文字之名。"（参见柳诒徵：《中国文化史》（上册），中华书局2015年版，第35页。）这个观点是有道理的，这也可以解释为何甲骨文有许多都像图画。

〔3〕《商君书·画策》。

所养。男有分，女有归。货，恶其弃于地也，不必藏于己；力，恶其不出于身也，不必为己。是故，谋闭而不兴，盗窃乱贼而不作，故外户而不闭，是谓大同。"〔1〕

当然，这是为了配合儒家"德治"主张的需要，所以创造出一个上古"大同"世界。在这个"大同"世界中，圣人以德服人，以德化民，这就是"黄帝、尧舜垂衣裳而天下治"〔2〕。

何为"垂衣裳而天下治"？当然可以理解为圣人德性至高，可以垂拱而治。但是更合理的解释应该是用衣服来区别各个阶层，相当于后世"礼"以"别"的功效。《尚书·皋陶谟》云：

"天命有德，五服五章哉。"〔3〕

《尚书大传》释此五服五章为：

"天子衣服，其文华虫、作缋、宗彝、藻火、山龙；诸侯作缋、宗彝、藻火、山龙；子男宗彝、藻火、山龙；大夫藻火、山龙；士山龙。"〔4〕

这显然是用不同的衣服纹饰来表明身份的尊卑贵贱，相传《尚书大传》为西汉今文经学家伏胜所撰，但即便非伏胜所撰，其为今文经学观点无疑。虽然关于五服的"五章"说具体又有"五章"和"十二章"的今古文之辩，如古文家郑玄持后说，但郑玄同样认为"尊者绘衣，卑者不绘衣"。也就是说衣服体现了尊卑。乾嘉时期的汉学大儒孙星衍在比较了种种学说之后，认为"伏生犹见先秦制度，传授其义，似较可信"〔5〕。

这样看来，这个"垂衣裳而治"，实则是早期社会的一种治理模式，对此，柳诒徵先生说得最为通达："则此绘绣之法，非第为观美也。文采之多寡，实为阶级之尊卑，而政治之赏罚，即寓于其中，故衣裳为治天下之具也。阶级之制虽非尽善之道，然当人类未尽开明之时，少数贤哲，主持一国之政

---

〔1〕 《礼记·礼运》。
〔2〕 《周易·系辞下》。
〔3〕 《尚书·皋陶谟》。
〔4〕 《尚书大传·皋陶谟》。
〔5〕 （清）孙星衍：《尚书今古文注疏》，陈抗、盛冬铃点校，中华书局1986年版，第86页。

俗，非有术焉辨等威而定秩序，使贤智者有所劝，而愚不肖者知愧耻而自勉，则天下脊脊大乱矣。黄帝、尧、舜之治天下，非能家喻而户说也。以劝善惩恶之心，寓于寻常日用之事，而天下为之变化焉，则执简驭繁之术也。"[1]

如果理解了"垂衣裳而天下治"的背景，那么对于原始时代的司法"象以典刑"或"象刑"就十分容易理解了。

"象刑"说最早源自《尚书》开篇《尚书·舜典》：

"象以典刑，流宥五刑。"[2]

关于"象刑"，历来有很多争论。[3]至当代，又有不少研究者试图从文献学和法学等多种学科意义上，来理解其真义。[4]大体而言有肯定说和否定说，肯定者认为上古时期的确存在着"象刑"，这种意见占据了绝大多数；而否定者则认为"象刑"乃系后人的推测或捏造，上古时期根本就没有。在肯定说中，对于"象"具体作何解，主要又有两说，一说为象征之"象"，二说为画象之"象"。《尚书大传》持第一义，《白虎通义》则持第二义。

《尚书大传》谓：

"唐虞象刑而民不敢犯。苗民用刑而民兴相渐。唐虞之象刑，上刑赭衣不纯，中刑杂屦，下刑墨幪。以居州里，而民耻之。"[5]

根据《荀子》的记载，这种说法到战国时期，都很流行：

"世俗之为说者曰：'治古无肉刑，而有象刑：墨黥；慅婴；共、艾毕；

---

[1]　柳诒徵：《中国文化史》（上册），中华书局2015年版，第56页。

[2]　《尚书·尧典》。

[3]　历代关于"象刑"争论的一个简要的回顾，参见胡留元、冯卓慧：《夏商西周法制史》，商务印书馆2006年版，第16~19页。

[4]　当代具体讨论象刑的，可参见蒋集耀："象刑考辨"，载《法学》1982年第9期；李衡梅："'象刑'辨——兼与唐兰、程武同志商榷"，载《社会科学战线》1985年第1期；王定璋："象以典刑——论《尚书》中的刑罚观"，载《中华文化论坛》1999年第4期；肖洪、魏东："'象以典刑'论考"，载《重庆理工大学学报（社会科学）》2011年第1期；盛劲松、丁银莲："析'象以典刑'"，载《兰台世界》2013年第32期。此外在论述旁题兼及象刑的研究文章，所在多有，此处不赘。

[5]　《尚书大传·舜典》。

荆、枲屦；杀、赭衣而不纯。治古如是。'"〔1〕

"墨黥"一说为"墨幪"，指用黑布蒙在犯人头上，以代替黥刑；"慅"通"草"，"婴"通"缨"，"慅婴"是指用草编织成穗带，然后让犯人戴上有这种帽穗的帽子，以代替劓刑；"共"通"宫"，指宫刑，"艾"即"刈"，即割，"毕"通"韠"，是古人遮蔽膝盖处的那部分衣物，以割掉遮蔽膝盖处衣料来代替宫刑；"荆"即刖刑，"枲屦"，即让犯人穿麻鞋以代替刖刑；"赭衣而不纯"，则让犯人穿着无领的赭衣来代替死刑。这都是象征性的惩罚表现。当然，荀子书中并没有交代这个说法的出处，只说"世俗为之说者"，可见应该是当时民间流行的一种说法。

而《白虎通义》则谓：

"画象者，其衣服象五刑也。犯墨者蒙巾，犯劓者赭其衣，犯髌者以墨蒙其髌处而画之，犯宫者履杂扉，犯大辟者布衣无领。"〔2〕

以上两说虽有不同，但都提到了"衣服"的问题。只不过象征说是让不同的犯人穿不同颜色和质地的衣服，以示区别和羞辱。而画象说则是在犯人所穿衣服上画不同的图形，以示惩罚。

到了《尚书·皋陶谟》中，对于"象刑"又有记载：

"皋陶方祗厥叙，方施象刑，惟明。"〔3〕

这里的"施象刑"，可理解为将五种刑罚（墨、劓、髌、宫、大辟）刻画在器物上，使人有所戒惧。这已经有点类似于立法的行为了。这和古籍上所载"皋陶造狱"的说法是一致的。但是皋陶表现出来的是一个道德治世的圣人形象，所以他的施行"象刑"，并不是将肉刑实际用在人民头上。对此，《尚书正义》有着权威的解释：

"皋陶为帝所任，遍及天下，故'方'为四方也。天下蹈行帝德，水土既

---

〔1〕《荀子·正论》。
〔2〕《白虎通义·五刑》。
〔3〕《尚书·皋陶谟》。

治，亦由刑法彰明，若使水害不息，皋陶法无所施，若无皋陶以刑，人亦未能奉法。"[1]

由此可知，施以"象刑"，有点类似于后来"悬法象魏"之义，即《周礼·大司寇》"悬刑象之法于象魏"的制度。后世的枭首或悬首级于城门，或谓此遗风欤？不管如何，这都体现了法律的警示作用。

而胡留元、冯卓慧两位先生在其《夏商西周法制史》中，认为"象刑"绝非象征性刑罚，而是如《尚书正义》中所云，是一种类似于公布刑罚的立法行为。理由第一是西周晚期的青铜器"𧻸匜"铭文上，可见到墨刑（黥䵊）的施行，但它不是象征性的；第二是商周卜辞中看到很多刑罚的记载，唯独没有"画衣冠、异章服"的记载；第三是即便是黥䵊之刑，也是行之极短，根本不能代表"象刑"。故古人所说的虞舜"象刑"，实际上不过是借用西周制度，为实现自己的主张，宣扬儒家的仁治政治，而附会的托古改制之伪说。[2]两位学者的观点诚然有其可取之处，尤其是后人之所以表彰"象刑"，在于为宣扬儒家仁治政治服务，诚可谓高明之见。但是以后世的事实而反推上古，一概斥"象刑说"为伪说，则断无是理。"象刑"出自于《尚书·舜典》《尚书·皋陶谟》，两篇都属今文，真实性较高，已为历代学者所证实。且尧舜时代，既无文献可征，又无出土文物可考，即便不能证实其真，又何得据之后的典章文物概行定其为伪？

综合各家论述，笔者以为"象刑"在上古应该是存在的，且既是一种司法方式，又是一种立法宣示。所谓司法方式，是通过让不同的犯罪者穿戴不同的衣服，来使其感到社会主体对其的否定性评价，以使其改过自新。这和古书中的"垂衣裳而天下治"的社会治理模式是一致的。柳诒徵先生就认为："衣服之用，有赏有罚，故古代之象刑，即以冠履衣服为刑罚。"[3]至于如何冠履，则无论是穿不同的式样的衣服，还是在衣服上画上相应的刑罚，都是说得通的。目的是用外在的标志来让犯罪人感到羞耻。

---

[1]《尚书正义·益稷》（此处所用正义，（汉）孔安国撰，（唐）孔颖达疏：《十三经注疏·尚书正义》，廖名春、陈明整理，吕绍刚审定，北京大学出版社 1999 年版，后文引"正义"者，均出自此版。）

[2] 参见胡留元、冯卓慧：《夏商西周法制史》，商务印书馆 2006 年版，第 19~25 页。

[3] 柳诒徵：《中国文化史》（上册），中华书局 2015 年版，第 56 页。

那让人感到羞耻真可以作为惩罚行为吗？考虑到初民时代，人类往往思维质朴，情感原始，略加谴责，即能收后世法律之效果。这在各类人类学研究中，均能得到证实。所以"象刑"，恰恰可以代表初民时代的惩罚方式，这也可以看成是我国司法的雏形。

而如后文所要揭示的那样，人类法律的发展，往往经过了由司法到立法、由惩罚到规训的发展过程。那么这样一来，皋陶造律，就有多种意向了。我们知道，人类要控制社会，不使社会崩溃，除了道德教化外，法律的强制在所难免。皋陶画象，正在于警示世人，若有犯者，将按所画刑罚，施之于其身。这实际上已经带有公布法律的性质在内了。公布法律，恰恰就是一种立法行为。所以《尚书·舜典》中在记载了"象以典刑"之后，又有"流宥五刑，鞭作官刑，扑作教刑，金作赎刑。眚灾肆赦，怙终贼刑"的说法，可见"象刑"并不孤立存在，而是与五刑、鞭扑、流赎并行，初非专恃"象刑"一种。

而之所以要专门强调造律者皋陶施"象刑"，乃在于表彰尧舜时期，德化甚力，在上者可以以德服人，故而即便有五刑等残酷刑罚，也备而不用。《汉书·刑法志》云：

"禹承尧舜之后，自以德衰而制肉刑，汤武顺而行之者，以俗薄于唐虞故也。"[1]

由此反证出，在尧舜之时，德行丰沛，民风淳朴，不施肉刑，已可实现社会良善治理，故有皋陶"方施象刑"之说。而到了禹汤之世，民风浇薄，有乱政而施肉刑，实在是不得已之事。

当然，"象刑"更多用在族群或者氏族内部，是一种对内的惩罚活动。至于对外，据文献记载，常常出现部落战争。在战争中伴随着酷刑的产生，在这样的场合，肉刑的适用或许更加普遍。所以古人又有"刑起于兵"的著名论断。

总之，从严格意义上来说，在黄帝至尧舜时代，真正的司法还没有产生，更没有确定的程序，即便是规训与惩罚的活动，还带有很大的随意性。只是文献中记载的"象刑"，虽也是后世追忆之辞，但是给我们理解上古的法律与

---

[1] 《汉书·刑法志》。

刑罚，提供了很好的参考。从这个意义上来说，"垂裳而治"和"象以典型"，似可理解为我国司法活动的雏形。

第二节　初民时代的部落战争与"刑始于兵"

一、初民时代的部落战争

（一）部落联盟的兴起

根据《史记》《国语》《大戴礼记》《逸周书》《山海经》等传世文献的记载及相关神话传说，新石器时代中后期，在我国黄河流域与长江流域，先后形成三大相对稳定的部落联盟：最大的部落联盟为华夏部落联盟，以黄河中上游为主要活动范围，炎帝、黄帝以及后来的尧舜禹均出自此联盟，这一部落最为强盛和发达；第二大部落联盟为东夷部落联盟，活跃在中国东部及海边地带，后来又逐渐向黄河中游地区迁徙，传说中的太皞、少皞和九黎即属于该联盟，九黎族的蚩尤是这个部落联盟最著名的首领；第三大部落为苗蛮部落联盟，以长江流域及其南面的广大地域为活动范围，包括三苗、伏羲、女娲等部落。此外，在淮河流域、四川盆地等地，尚有众多的点状的部落存在。近年考古发掘表明，这些点状的部落，虽然不属于以上三大部落联盟，但是同样有着悠久灿烂的文化，比如四川盆地中的三星堆，就有着令人震撼的发达文明。这充分说明了，中华民族的起源是多源性的。所以严格地说中国人是华夏儿女或者炎黄子孙并不确切，只是以之为代表而已。联盟兴盛的时代，即我国古史中的"五帝时代"，关于这个时代，虽然仍旧存在着不少争议，[1]然而，说这些代表人物都是中华的人文初祖，则毋庸置疑。

（二）部落战争

与世界民族志展示的规律相同，氏族部落生成之后，为了自身生存与发展的需要，势必要和其他部落联系，于是不断出现战争和融合。同样，我国初民三大部落联盟为自身发展的需要，也不断向外扩张，就出现了民族的迁徙和战争，大体的方向是：华夏联盟向东、南发展势力，东夷联盟向西扩展，

---

〔1〕　关于这一时代一个全面概括的研究，参见许顺湛：《五帝时代研究》，中州古籍出版社 2005 年版。关于这一时期的部落分布、部落关系、经济发展水平的研究，参见徐旭生：《中国古史的传说时代》，广西师范大学出版社 2003 年版；张光直等：《中国文明的形成》，新世界出版社 2004 年版。

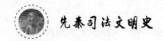

苗蛮联盟则北渡长江，向黄河流域深入。因为争夺生存空间的需要，所以部落与部落之间，势必出现联合与战争，这样的联合与战争在古史文献中不绝于书，其中最有代表性的部落战争有如下几次：

1. 阪泉之战

阪泉之战发生在炎帝和黄帝之间，关于这场战争，《史记》云：

"轩辕之时，神农氏世衰，诸侯相侵伐，暴虐百姓，而神农氏弗能征。于是轩辕乃习用干戈，以征不享，诸侯咸来宾从……炎帝欲侵陵诸侯，诸侯咸归轩辕。轩辕乃修德振兵，治五气，艺五种，抚万民，度四方，教熊、罴、貔、貅、䝙、虎，以与炎帝战于阪泉之野，三战，然后得其志。"[1]

《列子》则曰：

"黄帝与炎帝战于阪泉之野，帅熊、罴、狼、豹、貙、虎为前驱，雕、鹖、鹰、鸢为旗帜。"[2]

《大戴礼记》则云：

"（黄帝）与赤帝（炎帝）战于阪泉之野，三战，然后得行其志。"[3]

后两者基本上是在前者的基础上写成，但是却未如前者一样说明战争的原因。而根据《史记》的记载，似乎是因为神农氏控制不了中原，而黄帝武力强盛，最后胜者为王，炎帝不甘于失败，仍要追回昔日的光荣，于是发动战争，最终失败，但这样的解释不是很合逻辑。诸侯相侵伐，神农氏不能阻止，后来有一位强者出来收拾局面，将诸侯统一在其麾下，这已经是既成事实。炎帝本身就是因为被诸侯侵伐弗能征而败退下来的，现在在诸侯找到了一个更厉害的靠山后，炎帝居然主动去侵凌诸侯，这无论如何也说不通。所以后出的文献，大概也发现了这样的问题，于是只讲结果，不谈原因。但不管如何，黄帝最后是在阪泉之地（具体位置有争议，大体在河北张家口至怀

---

[1] 《史记·五帝本纪》。
[2] 《列子·黄帝》。
[3] 《大戴礼记·五帝德》。

来一线）打败了炎帝部落。战争的结果巩固了黄帝的统治地位，同时促使炎黄二族的融合，使得华夏族成为最强盛的部落联盟。当然，笔者认为，阪泉之战表面上是一个传说，而背后的实质，乃是民族的迁徙与融合。近年来有学者指出，黄帝族实质上是从西北的游牧地带迁徙而来，炎黄之战是农耕民族抗击游牧民族的保卫战。[1]其发生地位于农耕文明和游牧文明交界线的塞上地区，似非偶然。是说虽非定论，但却有较大的解释力，历史上农耕民族与游牧民族的战争，向来是胜少败多，多采取守势。且"习用干戈"，又常常是后世游牧民族所展示出来的形象。总之，这场战争似乎可以解释为游牧民族为生存所迫，侵入中原，征服了原中原民族，并与中原民族融合，最终为中原文化所同化。其后炎黄并称，同为华夏人文初祖。如果这一推论能够成立，那么阪泉之战的意义，不在于谁成为联盟之主，而在于促成了游牧民族和农耕民族的融合，成就了华夏族的强盛。

2. 涿鹿之战

炎黄结合形成华夏集团之后，自西徂东，扩展生存空间。而原先居于中国东部海滨之地的东夷部落，也在向西发展。这样，两大部落联盟相遇，终于发生战争。关于这场战争，《逸周书》载：

"昔天之初，诞作二后，乃设建典命，赤帝分正二卿，命蚩尤宇于，少昊，以临四方……蚩尤乃逐帝，争于涿鹿之河，九隅无遗。赤帝大慑，乃说于黄帝，执蚩尤，杀之于中冀，以甲兵释怒，用大正顺天思序，纪于大帝。用名之曰：绝辔之野。乃命少昊清司马、鸟师，以正五帝之官，故名曰质。天用大成，至于今不乱"。[2]

根据这段记载，可知这场战争是东夷九黎族的领袖蚩尤发动的，他率族人自东向西，侵入到华夏族炎帝一族的地盘，炎帝不能抵挡，于是向黄帝求救，这场战争据说非常惨烈，双方各显神通，甚至请动了各路神仙：

"有人衣青衣，名曰黄帝女魃。蚩尤作兵伐黄帝，黄帝乃令应龙攻之冀州

---

〔1〕　参见刘毓庆："黄帝族的起源迁徙及炎黄之战的研究"，载《山西大学学报（哲学社会科学版）》2008 年第 5 期。

〔2〕　《逸周书·尝麦解》。

之野。应龙畜水，蚩尤请风伯雨师，纵大风雨。黄帝乃下天女曰魃，雨止，遂杀蚩尤。魃不得复上，所居不雨。"[1]

传说固然怪诞，但是我们看最终战争的胜利，确是"土"（魃）克"水"（风伯雨师），而土为中央，水为四裔，正好说明这是一场华夷之战。当然，其中也隐然交织着民族融合，我们知道东方为青，本代表东夷，而黄帝女魃所衣者居然为青衣。而水为四裔，黄帝所令应龙，恰恰也能"畜水"。这当中似乎可以反映初民的战争中寓融合的观念。

涿鹿之战交战的地点，应该距离炎黄之战的阪泉之野比较近，这是炎黄族群生息活动的大本营。且北魏郦道元《水经注》中提到：

> "涿水出涿鹿山，世谓之张公泉，东北流经涿鹿县故城南，王莽所谓虢陆也。黄帝与蚩尤战于涿鹿之野，留其民于涿鹿之阿，即于是也。其水又东北与阪泉合，水导源县之东泉。"[2]

不过，关于"涿鹿"的地点究竟在哪儿，古史中仍然存在异议。除了以上涿鹿县一说外，还有"江苏彭城（即今徐州）说"[3]、"山西解县说"[4]、"河南修武县说"[5]等，皆不出今中原范围，所以后世有逐鹿中原之说。

至于蚩尤的结局，《逸周书》和《史记》都云被黄帝所杀，而蚩尤所部，则就此散落，一说是辗转迁徙至长江以南广大地区，与当地土著融合，蚩尤由此也成为"苗蛮"的祖先。当然，神话传说的背后，其实寓意着民族的迁徙与融合。且蚩尤的形象，不过是华夏族群对于东夷族群的一个"类型化"塑造，由此解释涿鹿之战中存在多个战争地点以及蚩尤与苗民的关系，才能合乎逻辑。正因为族群在不断迁徙，为生存而征战，所以才有那么多个故事的版本。同样，先秦时代的"五刑"，也存在多种说法，这恰恰证明中华民族起源的多元性，各个族群也有各自的规训与惩罚，与现在所谓的"法律多元"

---

〔1〕《山海经·大荒北经》。
〔2〕《水经注》卷十三。
〔3〕唐代张守节为《史记·五帝本纪》所作"正义"中云："涿鹿，本名彭城。"
〔4〕唐代司马贞为《史记·五帝本纪》所作"索隐"中云："或作浊鹿，古今异字耳。"钱穆认为指的就是山西解县的浊泽，参见钱穆：《古史地理论丛》，东大图书股份有限公司1982年版，第136页。
〔5〕（唐）李吉甫：《元和郡县图志》卷十三。

理论，有某种程度的若合符契。

3. 讨三苗之战

按"五帝本纪"的世系，继黄帝之后，统治黄河流域者为华夏族的颛顼、帝喾，然后就到了尧舜禹的时代，在这个时代中，三位华夏圣人相继对处于长江流域的"三苗"发起了征伐。战争的具体地点，同样史说纷纭，但是以今天河南南阳一带最为可信，因为这块地方正好处于黄淮和长江流域的过渡地带，且考虑到古代征战的运兵规模和后勤保障的有限，加上近年在襄汾流域出土陶寺遗址文物，这个地方作为主要交战地点是相对合理的。

战争的起因，据《尚书》所载，是因为：

"苗民弗用灵，制以刑，惟作五虐之刑曰法。杀戮无辜……民兴胥渐，泯泯棼棼，罔中于信，以覆诅盟。虐威庶戮，方告无辜于上。上帝监民，罔有馨香德，刑发闻惟腥。皇帝哀矜庶戮之不辜，报虐以威，遏绝苗民，无世在下。"[1]

这显然是说苗民不尊天道、不信神灵、杀戮无辜。所以作为有德之君的尧舜禹，替天行道，恭行天罚，是以征伐苗民。

这显然带有强烈的道德主义色彩，将尧舜禹归在正义的一方，颇有点后世吊民伐罪的味道，很明显是西周之后才具备的观念。相比而言，《史记·五帝本纪》中所说的理由更为直接而可信，即"三苗在江淮、荆州数为乱"，而江淮、荆州恰恰是黄河和长江两大文明的交汇处，三苗的扩张，对华夏族的生存和发展构成了某种程度的威胁，由此华夏族要开始征苗之战。

讨三苗之战旷日持久，历尧舜禹三代。文献记载"尧战于丹水之浦，以服南蛮"[2]，丹江口即在今天的河南南阳。而虞舜继位之后，继续征伐三苗。文献记载：

"当舜之时，有苗不服，禹将伐之。舜曰：'不可，上德不厚而行武，非道也。'乃修教三年，执干戚舞，有苗乃服。"[3]

---

〔1〕《尚书·吕刑》。
〔2〕《吕氏春秋·恃君览·召类》。
〔3〕《韩非子·五蠹》。

舜征三苗的故事已经较唐尧详细，且带有较强的德化色彩。至于禹征三苗的战争，似乎更加激烈，据文献载：

"昔者三苗大乱，天命殛之。日妖宵出，雨血三朝，龙生于庙，犬哭乎市，夏冰，地坼及泉，五谷变化，民乃大振（震）。高阳乃命（禹于）玄宫。禹亲把天之瑞令，以征有苗。四电诱祗。有神人面鸟身，若瑾以侍。搤矢有苗之祥（将），苗师大乱，后乃遂几。禹既已克有三苗，焉磨（历）为山川，别物上下，卿制大极（乡制四极），而神明不违，天下乃静。"[1]

除了吊民伐罪的普通观念外，这段文字中还隐约可见禹利用三苗地区发生自然灾害之际而顺时讨伐，且彻底制服了三苗，解除了三苗对中原地区的威胁。当代有考古学者结合出土文物，对禹征三苗进行了考古学解释，认为禹所代表的文明是龙山文化中较后的王湾三期文化，而三苗所代表的文化是稍早的石家河文化，禹最终战胜三苗，正是先进文化取代后进文化的结果。"龙山前后期之交以王湾三期文化为主体的中原龙山文化对石家河文化的取代，正好与文献中'禹征三苗'而使其'无世在下'的记载吻合。此前王湾三期文化对石家河文化影响的不断增强，也与尧、舜攻三苗而常占上风的情况不悖。因此我们推测，由于生产力水平的停滞不前，集团内部各种矛盾的激化，三苗集团进入龙山时代就基本开始走下坡路；到公元前二十三世纪左右，终于在内乱和天灾的背景之下，被生产力更先进、更富于生命力的华夏集团所征服。"[2]

以上就是中国古史中最为著名的部落战争，此外，尚有不少小规模的部落争斗和摩擦，虽然大多流于神话或传说，但无疑都反映了初民为生存而斗争的现实。部落战争的结果，打破了原来的平衡状态，在部落间出现了纳贡宾服关系。同时在部落内部，也加速了阶层的分化，在不断征伐中出现了军功贵族，最后成为"治人"的统治阶层，而被俘者往往成为对方的奴隶，征战不力者，则有可能在同族中也成为隶役者，身份由此降低，从此"治于人"。当然，法律和司法在部落战争中也逐渐产生，最初可能带有偶然和自发的色彩，立法者和司法者还处于懵懂的地步，以个案方式解决，但随着时间

---

〔1〕《墨子·非攻下》。

〔2〕 杨新改、韩建业："禹征三苗探索"，载《中原文物》1995年第2期。

的流逝，这种情况发生了根本改变，由个案到一般，由裁判到立法，从此，法律和司法得以真正产生和完善。"刑起于兵"因此也就具有了较强的解释力。

二、刑始于兵

"刑始于兵"的"刑"，可以做广义的理解，既可以做"法律"解，也可以做"惩罚"或者"司法"解。"刑始于兵"或"兵刑同制"，乃是古人对于法律和司法起源的通行解释。[1]甚至"兵"本身就代表了一种最大的刑罚惩罚。这方面，最有影响的论述莫过于《国语》中鲁国臧文仲对鲁僖公所说的一段话：

> "大刑用甲兵，其次用斧钺，中刑用刀锯，其次用钻凿，薄刑用鞭扑，以威民也。故大者陈之原野，小者致之市朝。"[2]

这是按照所用器具及其力度大小来界定惩罚的轻重，"甲兵""斧钺""刀锯""钻凿""鞭扑"也正好构成了"五刑"。"大刑用甲兵"，显然就是用军事征伐的办法来执行，对于某一个人，这显然是用不上的，所以只能解释为对一族之人，才用"甲兵"，考虑到上文所述的"部落战争"，那么一个部落消灭或者征服另一个部落，就是甲兵刑。后世灭人之族的"族诛"，如夏商时期的"劓殄"，及历代王朝的"夷三族""灭九族"等酷刑，可能即是"大刑用甲兵"的孑遗。至于"斧钺""刀锯""钻凿"则是对个人的死刑或肉刑，"鞭扑"，则类似于后世的"笞杖"，乃薄刑示惩之意。

"甲兵"是对外用的，自无异议。而"斧钺""刀锯"等针对的固然是个人，但是这个个人的身份，也是有差异的。试看《国语》中另一段文字：

> "吾闻之，君人者刑其民，成，而后振武于外，是以内和而外威。今吾司寇之刀锯日弊，而斧钺不行。内犹有不刑，而况外乎？夫战，刑也，刑之过也。过由大，而怨由细，故以惠诛怨，以忍去过。细无怨而大不过，而后可

---

〔1〕　顾颉刚先生在梳理了大量古籍中关于兵刑关系的言论之后，亦得出一个结论："古代兵刑无别。"关于古籍中的言论和顾颉刚先生的论证，参见顾颉刚："古代兵、刑无别"，载顾颉刚：《史林杂识　初编》，中华书局 2005 年版，第 82~84 页。

〔2〕　《国语·鲁语上》。

以武，刑外之不服者。今吾刑外乎大人，而忍于小民，将谁行武？"〔1〕

这段话是春秋时期，晋国大臣范文子针对内忧和外患的关系所说的著名的言论。大体是先要把内政处理好，才能去外患。而他所针砭的，恰恰是国内的司法腐败。联系上下文，范文子所说的"今吾司寇之刀锯日弊，斧钺不行"，就是指"今吾刑外乎大人，而忍于小民"，这样看来，"斧钺"针对的对象，就是大人，而"刀锯"针对的对象，就是小民。而本段话当中"君人者刑其民"与"内犹有不刑"当中的"刑"，不当作"刑罚"解，而应同"型"，义为"规范"。之后的"刑"，方为"刑罚"之义。而战争，则是刑罚的极端表现——"刑之过也"。范文子的意思就是说，好的治国方式，应该是由内而外，严于治吏，宽以养民，国内政治有了规范，上了轨道之后，方才能考虑对外战争。

由此可见，"甲兵"是大刑，针对的是外界，"斧钺"针对的是大人，"刀锯""钻凿""鞭扑"针对的是小民，逐次由重到轻，构成了一整套刑罚规范。

至于说"兵刑同制"或"兵狱同制"，则除了讲法律和司法的起源之外，还带有功能比较的色彩，即它们的功用是一致的，对此，东汉的王充说得最为充分：

"夫刑人用刀，伐人用兵，罪人用法，诛人用武。武、法不殊，兵、刀不异，巧论之人，不能别也。夫德劣，故用兵；犯法，故施刑。刑与兵，犹足与翼也。走用足，飞用翼，形体虽异，其行身同。刑之与兵，全众禁邪，其实一也。"〔2〕

由此可以很明确地看出，武、法、兵、刑，在一定程度上是通用的。刑罚由最初的征战开始，到最后形成了一整套规范。最初是赤裸裸的否定性的规范（刑），发展到后来，则产生出了复杂且系统的规则（礼），最终出礼入刑。所以《辽史》就对此总结：

"刑也者，始于兵而终于礼者也。鸿荒之代，生民有兵，如逢有螫，自卫

---

〔1〕《国语·晋语六》。
〔2〕《论衡·儒增篇》。

而已。蚩尤惟始作乱，斯民鸱义，奸宄并作，刑之用岂能已乎？帝尧清问下民，乃命三后恤功于民，伯夷降典，折民惟刑。故曰：刑也者，始于兵而终于礼者也。"[1]

这实际上也符合人类社会发展的规律，初民时代，人类社会只有丛林法则，弱肉强食。到后来道德的进步，才有意识的"恤功于民"，所以我们更可以坚信，伯夷所降之典，更多是道德礼仪性质的"礼"，用它最终规范人民的行为。

如果我们将这类文献记载与上述部落战争相联系，我们就会发现：经过战争，获胜后的黄帝部落联盟迅速发展自身的力量，数万个部落、氏族拥戴黄帝为中原盟主，因而在黄河流域形成了以黄帝部落为核心的部落大联盟。这一较为巩固的部落大联盟在中原大地不断扩展自己的势力，并在军事上采取向外扩张的态势，东征夷族，南伐苗蛮，向长江流域发展，先后形成陶唐氏、有虞氏、有夏氏的部落联盟。作为黄帝的后代，尧、舜、禹相继成为这个中央部落联盟的首领。

而部落联盟出于对外扩张以及在相互征战中维系自身生存与发展的需要，更加注重内部秩序的建立和维持。部落联盟在职能机构的设置以及对不同类型社会关系的调整等方面，已形成大量处理争端的判决以及确定某些事项的决定，并进而形成性质各异、功能不同的规范体系。其中相当一部分已为社会所承认和接受，具有普遍适用性和一定程度的强制性，从而已初步具备法律的特征。

首先，为共同生活及进行战争和组织生产而确立的、以承担不同公共职能为直接目的的部落联盟内部机构逐渐分化，形成各有分工、相对独立，同时又相互配合的不同职能部门。如史书记载：

"（黄帝）以师兵为营卫，官名皆以云命，为云师。置左右大监，监于万国……举风后、力牧、常先、大鸿以治民。"[2]

左右大监，风后、力牧、常先、大鸿，具体负责什么，已不可考，但他们无疑都是官职或者职业性的管理人员。

---

[1] 《辽史·刑法志上》。
[2] 《史记·五帝本纪》。

其次，部落联盟内部机构在职能上的分化直接导致机构数量的增加，逐渐衍生出一个脱离生产、专职管理的群体。如史书记载：

"轩辕乃习用干戈，以征不享。"[1]

这就是说黄帝在其盟主地位确立后，即要求向其臣服的部落定期交纳财物，否则干戈相见。从此，人分为两类："食人"与"食于人"。"习用"一词，固然可以理解为经常性运用，但也可以理解为脱离生产，而专门统治之义。此后的尧舜禹，无不如此。

再次，随着部落联盟势力的扩大，其内部事务也逐渐繁杂。原先以成员自身对群体依靠的信念以及群体舆论的评价来维系部落秩序的习俗，已难以继续奏效。某些成员的行为对部落内部既定的社会秩序造成严重的损害。为了维持部落内部正常的社会秩序，处理那些严重侵害他人或部落群体的行为，以部落机构的名义，对于行为人施以某种报应性惩罚的做法逐渐固定化。惩罚的目的在于使行为人遭受切实的痛苦，以至于不敢再次实施侵害行为；同时，也让部落其他成员了解实施侵害行为的后果，进而起到一般性威慑作用。类似惩罚措施的多次施行，渐而形成一种具有崭新意义的新型行为规范。

这一切，都溯源于部落战争的需要，而部落战争，则根本在于生存的需要。伴随着部落战争出现的"刑"，由此也带上了强烈的部落血缘的色彩。并对此后法律和司法的发展，带来了深刻的影响："'刑'归根结底是一种血缘集团的压迫法，并且始终限制在血缘范围之内。从这个角度出发，可以说中国的国家与法是血缘组织强化的结果，这是它们日后走上伦理化，并且在自我完善的同时又趋于封闭的历史渊源。"[2]

无独有偶，不仅仅是我国，在邻国日本上古时代的刑罚，也能找到"刑始于兵"的影子，如黄遵宪在《日本国志》中所记载的那样：

"（日本）自古刑无专官，用刑则令物部司其事。（物部，古为掌兵之官，盖是时兵、刑不分职。）亦无律法。"[3]

---

[1]《史记·五帝本纪》。
[2] 张中秋：《中西法律文化比较研究》，法律出版社 2009 年版，第 19 页。
[3]（清）黄遵宪：《日本国志》（下），吴振清等整理，天津人民出版社 2005 年版，第 654 页。

物部兼掌用刑事务，与我国司法官员最早诞生于军队之中，庶几相似，是可证"兵狱同制"，也许是早期司法的一种普遍类型。所以"刑始于兵"，是认识我国初民社会的规范与惩罚的一把重要的钥匙。

第三节　皋陶的历史形象及其在司法史上的意义

上文已经提到，在"圣人制刑"的一干人物当中，以皋陶最为著名，其形象最为突出，乃至被后世广泛地奉为"狱神"，成为中国法律和司法的始祖。虽然这个形象用顾颉刚的话来说，仍旧是"层累地"造成的，但中国司法文明的流向，在源头上似乎已经被型塑。所以分析皋陶的历史形象，对于我们理解整个中国司法文明的发展，具有重大的意义。

皋陶，偃姓，又作"咎陶""咎繇"，亦作"皋陶"、"皋繇"或"皋繇"，上古时人，辅佐舜、禹两君，主管狱讼，并参与国家大政，享有德声。皋陶的事迹在《史记·五帝本纪》《史记·夏本纪》中有记载，同时，古文《尚书》中留下以皋陶为名的谟一篇，即《尚书·皋陶谟》，这是关于皋陶最为古老，最为权威的记载。本文主要依据司马迁的历史记载和《尚书》中涉及皋陶的文字，来描绘皋陶的历史形象，并阐发其在中国法律史上的意义，以求传达皋陶表现出的法律精神，为当代法制建设提供历史借鉴。

一、《史记》"五帝本纪"和"夏本纪"中描述的皋陶形象

《史记》中关于皋陶的记载，最初出现在《史记·五帝本纪》中：

"舜得举用事二十年，而尧使摄政。摄政八年而尧崩。三年丧毕，让丹朱，天下归舜。而禹、皋陶、契、后稷、伯夷、夔、龙、倕、益、彭祖自尧时而皆举用，未有分职……舜曰：'皋陶，蛮夷猾夏，寇贼奸宄，汝作士，五刑有服，五服三就；五流有度，五度三居：维明能信。'……此二十二人咸成厥功：皋陶为大理，平，民各伏得其实……"[1]

唐人张守节为《史记》所作"正义"中提到皋陶为："高姚"二音，而

---

[1]《史记·五帝本纪》。

唐人司马贞为《史记》所作"索隐"中对皋陶的生平解释为："皋陶，字坚庭，英、六二国是其后也。"皋陶的第一次出场，是在舜将国家事务作分配的时候。从上述《史记》引文中，我们可以推知，皋陶，在尧帝时期，已经是一个重要的大臣，排名仅列于禹之后，是以皋陶在古史中的地位极高，与尧、舜、禹并列为"上古四圣"。不过尧帝时期，国家事务的专门化程度还比较低，所以虽然皋陶为重要大臣，但是其分管的工作并未明确，这就是文中所称的"未有分职"。等到了舜帝时期，即开始分职授权。首先授禹平水土，禹谦让于稷、契与皋陶，被舜阻止。此时，皋陶排名在禹、稷、契之后，这并不意味着其地位降低，当时舜分配职务时，是按照事务的紧迫程度和个人的才能来排序的，当时最为重要的事务是治水，禹的父亲即因治水不利而遭到尧帝的惩罚，禹平水土一定程度上也是子承父业，家学渊源，所以禹是第一个被安排工作的。第二个是弃，即稷，弃是主管农业生产的，因为舜认为当时"黎民始饥"，所以让百姓能够免于饥饿，自然是头等大事，所以让弃"播时百谷"。第三个被安排工作的是契，契被任为司徒，主管教化。因为舜认为当时"百姓不亲，五品不驯"，百姓吃饱饭后，不够驯良，必得教育，所以契排第三。第四个出场的就是皋陶了，所谓"蛮夷猾夏"，宋代裴骃在《史记集解》中引郑玄的解释为"猾夏"，指"侵犯中国也"，也就意味着，当时华夏民族受到方外或者野蛮部落的侵犯或战争威胁。而"寇贼奸宄"，郑玄则释为"由内为奸，起外为宄"，这两句连在一块儿，实际上就是当时华夏族人面临着内忧外患，内部有奸细出卖，外部还有敌人侵犯。于是舜要求皋陶作"士"，也就是司法官，《史记集解》中引马融的话，称之为"狱官之长"，而《史记正义》则解释为"若大理卿也"。很明显，皋陶履行司法职责，当然"士"还不仅仅是狱讼官长，还有军事意味，对外负责抵御侵略，对内负责镇压叛乱。由此可见，舜安排职务，实际上有一个次序，首先是安全的需要，当时就是治水，然后是基本生活的需要，即农业，然后是社会交往的需要，即礼教，这个与后来孔子的教义若合符节，即庶（安全）后，需要"富之，教之"。[1]如果教化不行，又该如何处理呢？那么只能用兵、刑二法来处理，

---

〔1〕《论语·子路》载：子适卫，冉有仆。子曰："庶矣哉！"冉有曰："既庶矣，又何加焉？"曰："富之。"曰："既富矣，又何加焉？"曰："教之。"人的需要首先是生存的需要，生存解决了以后是精神的需要，包括社交等，最后达到自我实现。实际上这个过程也是符合马斯洛需求层次理论的，只不过孔子没有用"层次"这个词而已。

从舜交代给皋陶的任务，我们能够看出"兵狱同制""刑起于兵"的影子，同时也可以看出，"刑之辅教"的味道。所以皋陶地位虽然仅次于禹，但因为工作的性质，被安排在第四个出场。这个次序，同后来《周礼》六官中的天、地、春、夏、秋、冬，亦有几分相似，皋陶负责的领域，属夏秋之官。

至于"五刑有服"，结合《史记集解》和"正义"中马融和孔安国的解释，五刑就是墨、劓、刖、宫、辟奴隶制五刑，有服就是"服，从也。言得轻重之中正也"。连起来解释就是五种刑罚的运用要轻重适中，用今天的语言就是法律的适用要公正适度。至于"五服三就"，据马融的解释，就是"大罪陈诸原野，次罪于市朝，同族适甸师氏。既服五刑，当就三处"。如果按照"大刑用甲兵"的道理，那么所谓的"大罪陈诸原野"，实际上就是诉诸战争，在原野中列好兵阵，加以讨伐。"次罪"则在公开场合加以刑戮，而"小罪"则在偏僻的地方执行，保持一个受刑之人的体面。所以"五服三就"，实际上意味着行刑需要考虑到场合和犯人的尊严之意。

而"五流有度，五度三居"，据马融的看法是如果人在八议，即后来西周的八辟之列，君主不忍肉刑，于是五刑按照其轻重等级，改为五流，所谓"度其远近，为三等之居"（"正义"引孔安国语），这三等之居，包括大罪投四裔、次九州之外，次中国之外。所谓四裔，实际上已经不在文明圈内，这点类似于驱逐出族群的意思。而九州之外，属于文明的边缘，此中国之外，则是不在华夏族中心地带，属于华夏族的边缘。通过有等差的处罚，从而对犯罪行为进行威慑。

只有处罚公正且适度，才能让他人信服，这就是"维明能信"。这些教导，实际上是舜对于刑罚的目的、性质和执行方面的总体意见，这些意见，可能构成了中国最早的法理观念。

那么皋陶接受了舜的任命，表现如何呢？《史记·五帝本纪》中记载得极为简略，就是"平""公平"，人民信服。在最初的出场中，皋陶作为第四个出场的人物，尚属配角，主角是帝舜，但是从舜的语言中，我们可以看出舜对皋陶的倚重，皋陶工作的艰巨以及皋陶人格的高尚之处。

皋陶作为主角出场，则是在《史记·夏本纪》中：

"皋陶作士以理民。帝舜朝，禹、伯夷、皋陶相与语帝前。皋陶述其谋曰：'信其道德，谋明辅和。'禹曰：'然，如何？'皋陶曰：'于！慎其身修，思长，敦序九族，众明高翼，近可远在已。'禹拜美言，曰：'然。'皋陶曰：'于！在知人，在安民。'禹曰：'吁！皆若是，唯帝其难之。知人则智，能官人；能安民则惠，黎民怀之。能知能惠，何忧乎驩兜，何迁乎有苗，何畏乎巧言善色佞人？'皋陶曰：'然，于！亦行有九德，亦言其有德。'乃言曰：'始事事，宽而栗，柔而立，愿而共，治而敬，扰而毅，直而温，简而廉，刚而实，强而义，章其有常，吉哉。日宣三德，蚤夜翊明有家。日严振敬六德，亮采有国。翕受普施，九德咸事，俊乂在官，百吏肃谨。毋教邪淫奇谋。非其人居其官，是谓乱天事。天讨有罪，五刑五用哉。吾言底可行乎？'禹曰：'女言致可绩行。'皋陶曰：'余未有知，思赞道哉。'"〔1〕

这段话，是在舜的朝廷会议时皋陶与禹的对话，主角是皋陶，皋陶重点讨论"以德化民""以德治国"的重要性。皋陶的言论很明显和《尚书·皋陶谟》文句相似，司马贞《史记索隐》就认为此取《尚书·皋陶谟》为文。所谓"谟"，就是治国之谋略，皋陶的这段话非常重要，属于战略性的言论，此中可见"德教"的重要性。我们需要注意，皋陶作为"士"，固然是以法为业，但是作为参与国家大政的，他却并没有以法为尚，而是强调慎独修身，为长久之道。很明显符合后来儒家的理念。这段话放在皋陶身上，似乎太超前了。古代即有人怀疑此语的真实性，且这段言论为古文《尚书》中语，而古文《尚书》诸篇，据清代学者考证为晋人伪造。不过，鉴于这段话在治国方略上的重要性，所以即便有人怀疑真伪，但是其权威性却终清之世为人承认。

在《史记·夏本纪》这段话之后，又有两段，则是舜和禹的对话以及禹对治国之道的阐发，大体还是治国以德为本，作为国君，应该亲贤臣，远小人。而作为臣子，则应该为君主股肱耳目，尽心辅佐。接下来，则是这样的结果：

"皋陶于是敬禹之德，令民皆则禹。不如言，刑从之。舜德大明。"〔2〕

作为舜之下的仅次于禹的股肱大臣，能够尊重禹，并维护禹的权威，其中重要的原因还是禹有"德"。而皋陶在树立禹的权威过程中，亦做出了重要

---

〔1〕《史记·夏本纪》。
〔2〕《史记·夏本纪》。

的贡献，因为皋陶是司法官，对于不听从禹的话，逆德之人，皋陶"刑从之"，从中亦可见到"出礼入刑"的影子，德之所去，刑之所取。德刑的关系在皋陶那里得到了很好的诠释。

这段之后，皋陶的故事也接近尾声，皋陶配合舜、禹的政策：

"皋陶拜手稽首扬言曰：'念哉，率为兴事，慎乃宪，敬哉！'"〔1〕

这段话很有警示意味，皋陶此时又作为风宪之官，所谓念哉，就是皋陶时刻率同群臣念帝之戒，率臣下为起治之事，慎重对待法度，各自奉公职守，兢兢业业。

皋陶的地位是如此重要，以至于最后帝禹打算荐皋陶代己，如果禅让传说能够成立，则皋陶很可能就是下一个禅让的对象，不幸的是，皋陶死在了禹之前，于是最后大禹封皋陶之后于英、六。

这就是《史记》中所载皋陶的事迹。根据李学勤先生的看法，这种古史很多流于传说的成分，难成信史。所以20世纪上半叶，"古史辩"学派兴起时，连禹存不存在都成为怀疑的对象。而随着后来"古史重建"一派的兴起，人们逐渐发现，这些古史传说，即便很难说某一个人的信史，但是作为华夏先民，他们的故事往往是一个人群的记忆。所以李学勤先生号召"走出疑古时代"，用更为详尽的考古资料来重建古史和解读古史。〔2〕

所以皋陶即使不是某一个具体存在的人物，也代表了一种正直、勤勉、公平、睿智且讲求道德的人文初祖的形象，尤其是他在治国以德礼和制法公正这两者间达成了一个完美的平衡，这就是《史记》所展示的皋陶的形象。

二、《尚书·皋陶谟》中所透露的皋陶形象

皋陶最主要的言论，出自《尚书·皋陶谟》，前述《史记》中皋陶部分，其叙及皋陶之言，也是折衷损益《尚书》而来，所以很多文辞，在《史记》中是原文抄录的。我们将《尚书·皋陶谟》部分抄录如下，这也是皋陶最为闪光的言论：

---

〔1〕　《史记·夏本纪》。
〔2〕　参见李学勤：《〈史记·五帝本纪〉讲稿》，生活·读书·新知三联书店2012年版。

"日若稽古，皋陶曰：'允迪厥德，谟明弼谐。'禹曰：'俞！如何？'皋陶曰：'都！慎厥身，修思永。惇叙九族，庶明励翼，迩可远在兹。'禹拜昌言曰：'俞！'

皋陶曰：'都！在知人，在安民。'禹曰：'吁！咸若时，惟帝其难之。知人则哲，能官人。安民则惠，黎民怀之。能哲而惠，何忧乎驩兜？何迁乎有苗？何畏乎巧言令色孔壬？'

皋陶曰：'都！亦行有九德。亦言其人有德，乃言曰，载采采。'禹曰：'何？'皋陶曰：'宽而栗，柔而立，愿而恭，乱而敬，扰而毅，直而温，简而廉，刚而塞，强而义。彰厥有常，吉哉！日宣三德，夙夜浚明有家。日严祗敬六德，亮采有邦。翕受敷施，九德咸事，俊乂在官。百僚师师，百工惟时，抚于五辰，庶绩其凝。无教逸欲有邦，兢兢业业，一日二日万几。无旷庶官，天工人其代之。天叙有典，敕我五典五惇哉！天秩有礼，自我五礼有庸哉！同寅协恭和衷哉！天命有德，五服五章哉！天讨有罪，五刑五用哉！政事懋哉！懋哉！天聪明，自我民聪明，天明畏，自我民明威，达于上下，敬哉有土。'

皋陶曰：'朕言惠可底行？'禹曰：'俞！乃言底可绩。'皋陶曰：'予未有知，思日赞赞襄哉！'"

文字比起《史记》来，更为古奥。比如"允迪厥德，谟明弼谐"到《史记》中即变为"信其道德，谋明辅和"。其意是一样的，都是强调要用道德来辅佐政事。而"知人安民""宽而栗"等"九德之行"，也为《史记》所抄录。我们需要注意的是《尚书·皋陶谟》中的早期天命观和人文色彩。关于中国早期的圣人与天命、德行的关系，下文拟专门阐释，此处仅聊赘数语。

为了表明德行的重要性，表明德行之于民心和国家存亡的意义，皋陶将天人联系在一起，认为典、礼皆为天定，正所谓"天叙有典""天秩有礼"，人间的秩序要则天而行，这就是"天工，人其代之"。清人孙星衍在《尚书今古文注疏》中注释这段文字的时候，引王符《贵忠篇》的文字"王者法天而建官，故明主不敢以私授，忠臣不敢以虚受"[1]。"天"就成为一切秩序的终极依据，皋陶强调"天"的权威，实际上是为人的行为预设一个前提，重

---

〔1〕 （清）孙星衍：《尚书今古文注疏》，陈抗、盛冬铃点校，中华书局 1986 年版，第 84～85 页。

点是为了强调君主行德，更为了强调臣子忠诚王命，兢兢业业的重要性。孙星衍认为："臣之有作福威而私授者，必受违天之咎矣，故经以为戒。"[1]

因为这个缘故，所以后文又有"天讨有罪，五刑五用哉"这样的话，法律由此开始，这便是我们熟悉的皋陶制刑说。皋陶是如何制定法律的呢？就是秉承天意，而定五刑。这里的"五刑"是个广义的概念，如汉代班固认为"圣人因天秩而制五礼，因天讨而作五刑"[2]。无疑，这里面的制刑圣人，可以归到皋陶。五刑五用，最早也就源于《尚书·皋陶谟》。

当然，《尚书·皋陶谟》中对后世最有影响和启发意义的是这样一句话："天聪明，自我民聪明；天明畏，自我民明威。"这应该说是"天人合一"或者说是"民本主义"最早的表达。在皋陶那里，已经不满足于神道设教，而是将天象与人事相联系，认识到人类的力量，关注民心向背，这可看作为高层政治人物所定的政治策略，即便用今天的眼光来看，也是非常高明的见解。至后代，思想家常常将天意与民心连在一起，宣传"天视自我民视，天听自我民听"[3]、"民之所欲，天必从之"[4]，从而将古人对鬼神的崇拜转移到民心向背上，这是理性的产物。由此人的地位提高了，神的价值被存而不论。而这个思想的源头，可追溯至皋陶。

所以，就《尚书·皋陶谟》所展示的历史形象，除了以上《史记》中《史记·五帝本纪》《史记·夏本纪》中的正直、勤勉、公平、睿智、讲求道德之外，又加上富有人文情怀，关注民生的"民本"色彩。并且更能凸显其理性的光芒，可能作为一个睿智的司法官，要想不偏不倚、一秉至公，必须保持理性，这也是传统上对司法官员形象的终极期待。

三、其他历史材料中所隐含的皋陶形象

直接而集中记载皋陶言行的材料也就是以上两种，但是皋陶作为"上古四圣"之一，后来不断为此后的人们所追忆。零散的记述到皋陶的历史材料数不胜数，我们还是通过先秦两汉时期的若干材料，来看看后人追忆中的皋陶形象。

---

〔1〕（清）孙星衍著：《尚书今古文注疏》，陈抗、盛冬铃点校，中华书局1986年版，第85页。
〔2〕《汉书·刑法志》。
〔3〕《尚书·泰誓中》。
〔4〕《尚书·泰誓上》。

第一个是有关皋陶相貌的记述。皋陶长相究竟如何，这个问题实际上是无法考证的，以上两种关于皋陶的直接记载中，都未提及其外貌形象。但是到了战国时期，《荀子·非相》一篇中，却明确提到了"皋陶之状，色如削瓜"。而唐代杨倞在其《荀子注》一书对此注释为"如削瓜之皮，青绿色"。也就是说，皋陶的肤色，是偏暗的，即俗话常说的"铁青着脸"，大约这样的相貌能够不怒而威。这符合后世对公正的司法官员的肤色期待，所谓"铁面无私"。这是关于脸色的。而对于脸形的记载，最早可以追溯到西汉时期的《淮南子·修务训》中，提到"皋陶马喙，是谓至信。决狱明白，察于人情"，而这段话又被东汉时期的《白虎通义·圣人》所沿用，唯一的差别就是原来的"马喙"到了这里变成了"鸟喙"，而到了东汉末年或三国初期的《牟子理惑论》中，则又有"皋陶马喙"的说法，但无论是鸟喙还是马喙，都说明了皋陶的嘴巴是向外凸，且特别明显。为什么要塑造成这个形象，史无明文，但是从《牟子理惑论》中，可以窥测到部分的缘由，在牟子的著述中，所有的圣贤外貌几乎都与常人异。[1]这也是为了满足于人们对"神人"的外表期待。

而《史记·孔子世家》中，也提到了皋陶：

"郑人或谓子贡曰：'东门有人，其颡似尧，其项类皋陶，其肩类子产，然自要以下不及禹三寸。累累若丧家之狗。'"[2]

这里提到了孔子"其项类皋陶"，那么孔子的脖子即"项"是如何的，我们无法得知，但是从有关孔子整体的相貌中，我们知道孔子很高大，脖子很长，又联系到皋陶鸟喙和马喙，可见皋陶的脖子也应该是很长的。综合以上这些零碎材料，我们大致可以得出皋陶的外表形象，即马脸、长脖、尖嘴、铁青肤色，这样的外表一定是相当骇人的，考虑到其为司法之官，民间构想出这个相貌，目的大概是为了让犯人震慑而胆寒，便于审判的进行。

第二个是有关皋陶作为狱神的记述。皋陶因为是最早的司法官，并且是

----

〔1〕牟子总结了九个圣人，都是异常人：尧眉八彩，舜目重瞳，皋陶马喙，文王四乳，禹耳三漏，周公背偻，伏羲龙鼻，仲尼反栩，老子日角月玄……此非异于人乎！目的是为了说明佛的相貌超常，没什么好奇怪的，圣人都是天赋异禀，相貌不凡。参见牟子：《牟子理惑论》，载（南朝·梁）僧祐编撰：《弘明集》，刘立夫、胡勇译注，中华书局2011年版，第22页。

〔2〕《史记·孔子世家》。

法律的开创者，如前述西汉史游著的《急就章》说："皋陶造狱，法律存也。"所以，后世之奉为狱神。尽管汉代的萧何等也有作为狱神被供奉的例子，但是影响最大，最为权威的狱神仍是皋陶。《后汉书·范滂传》载：

"滂坐系黄门北寺狱。狱吏谓曰：'凡坐系皆祭皋陶。'滂曰：'皋陶，贤者，古之直臣。知滂无罪，将理之于帝，如其有罪，祭之何益！'"[1]

从这段话来看，最迟到东汉时期，皋陶已经成为狱神，而被犯人祭祀。这种情况在后代发扬光大，宋代时，州县监狱普遍建有狱神庙，供奉的神灵即为皋陶。如：

"今州县狱皆立皋陶庙，以时祠之……皋陶大理善用刑，故后享之。"[2]
"今州县皆立皋陶庙，以时祀之。盖皋陶，理官也，州县狱所当祀者。"[3]

而《水浒传》第40回，在江州牢，宋江和戴宗在受刑前被"驱至青面圣者神案前，各与了一碗长休饭、永别酒"。这个"青面圣者"，就是皋陶。到了明清，皋陶祭祀仍旧继续，保留至今的清代内乡县衙中，位于西南角的县衙监狱的正北，就有一个小小的狱神庙，供奉的正是皋陶。

第三是作为有德之士和立法者的形象的追忆。这里仅以《左传》为例，庄公八年（前686年）春，郕降于齐师。

鲁国大臣仲庆父请伐齐师。公曰：

"不可。我实不德，齐师何罪？罪我之由。《夏书》曰：'皋陶迈种德，德，乃降。'姑务修德以待时乎！"[4]

这里鲁庄公引《夏书》中的言论，当然，这个《夏书》，即是《尚书》中的《虞夏书》，但是我们在现在的各种《尚书》版本中找不到这句话，可能是《尚书》的佚文，亦有可能这个是鲁庄公对《尚书》义理的归纳。《夏

---

〔1〕《后汉书·范滂传》。
〔2〕（宋）方勺：《泊宅编》。
〔3〕（宋）袁文：《瓮牖闲评》卷二。
〔4〕《左传·庄公八年》。

书》的话译成现代文即是"皋陶勉力培育德行，德行具备，别人自然降伏"。所以这是春秋时人对"以德服人"的经典论述，而提倡化民以德者，乃归在皋陶头上。

而文公五年（前622年）秋冬，楚人灭了英（蓼）、六之国。

臧文仲闻六与蓼灭，曰：

"皋陶、庭坚不祀忽诸。德之不建，民之无援，哀哉！"〔1〕

这是说鲁国的贤大夫臧文仲听说楚国灭掉了皋陶后代的封国英、六之地，感到很悲哀，因为皋陶从此没有封国祭祀，皋陶身上所蕴含的德行内涵再也得不到发扬，皋陶的后世也得不到帮助。这同样是对皋陶之德的无比感念。

更为著名的回忆到皋陶事迹的，在昭公十四年（前528年）冬：

"晋邢侯与雍子争鄐田，久而无成。士景伯如楚，叔鱼摄理，韩宣子命断旧狱，罪在雍子。雍子纳其女于叔鱼，叔鱼蔽罪邢侯。邢侯怒，杀叔鱼与雍子于朝。宣子问其罪于叔向。叔向曰：'三人同罪，施生戮死可也。雍子自知其罪而赂以买直，鲋也鬻狱，刑侯专杀，其罪一也。己恶而掠美为昏，贪以败官为墨，杀人不忌为贼。《夏书》曰："昏、墨、贼，杀。"皋陶之刑也。请从之。'乃施邢侯而尸雍子与叔鱼于市。"〔2〕

这是一个非常著名的案例，里面通过晋国贤臣叔向对一起案件的处理，回顾到了皋陶所定的法律。里面原审法官叔鱼因为收受了当事人雍子的好处（纳雍子之女），于是判另一名本应胜诉的当事人邢侯败诉，邢侯怒，将法官和叔鱼杀死。韩宣子问叔向如何处理此案。结果叔向提到了"皋陶之刑"，即犯"昏、墨、贼"三种罪的，要处死刑。而此案中，雍子己恶而掠美为昏，法官叔鱼贪赃枉法为墨，固然已死，但是邢侯纵然有理，却杀人无忌为贼，所以同样应该处死。

我们需要看到是，虽然此处的皋陶之刑表述极为简单，但是却已经超出了五刑这种单纯刑罚的范畴，而是将罪与刑联合起来，与今天的刑法条文结

---

〔1〕《左传·文公五年》。
〔2〕《左传·昭公十四年》。

构是一样的。说明在皋陶时，已经创造出了完整的罪名和刑罚。这实际上代表了先人伟大的法律智慧。

所以从《左传》这部影响深远，且忠实于历史的理性之书中可以看出，虽然提到皋陶的就这么三处，但是却很典型地反映出春秋时期，皋陶作为德行的化身和法律智慧的代表，而被人崇敬和追忆。

四、皋陶形象在司法史上的意义

通过以上相关的材料，大致勾勒出皋陶的形象。先秦的材料，大都是一个理性的叙述，重在记述皋陶之言。从皋陶之言中，我们不难发现，在治国理念和策略上，皋陶主张德行并用，且首先注重以德化民。而作为司法官员，在对待法律上，皋陶则主张则天立法，公正司法，且以身作则。这种立法的观念，颇类似于西方自然法学家的观念，里面隐含着一个预设，就是所立的法要符合自然的正义，具体而言，就是有差别层次、轻重适度，正所谓"五刑有服，五服三就；五流有度，五度三居"。而司法，则要注重民意，这也是为了符合自然正义的要求，正所谓"天工，人其代之"。

而随着时代的发展，皋陶的形象逐渐被神化，同时也更为形象具体，因为在德行传播和法律创造上的伟大贡献，皋陶遂一步一步地变成"狱神"，而受到后世的广泛祭祀。为了表示其强大的威慑力和公正威严的司法态度，皋陶被塑造成青面马喙、神情凛然的外表形象，而与凡人差别甚大。后来的包青天、海青天等，民间对其形象的塑造，虽然还普遍是凡人的形象，但是在肤色上，都用青脸、黑脸来表示，正所谓"铁面无私辨忠奸"。公正合理是传统上对法律的普遍要求和大众心态，正是这一要求和心态，催生出了皋陶的狱神形象，且逐步深入人心。

而对于后世司法者而言，皋陶的做法，很大程度上成为他们的标准。这个标准就是权威和刚正，叔向引用的《夏书》那句话，现在已散佚。当时皋陶是否制定出这样的罪刑条款，也无法得到最终证实。而叔向的时代，距离皋陶，至少也有一千四百多年，那么叔向为什么在断案时还需要引《夏书》，并说是"皋陶之刑"呢？很大程度上还是因为皋陶代表了司法的权威，司法如果无权威，是难以震慑当事人，也难以教育国人，更别提通过司法实现社会正义了。

因此皋陶的形象，或者说皋陶的事迹、传说，对现代法制也是具有很大的启示。深入发掘皋陶所蕴含的历史文化意义，至少有这三个方面的启示：

第一，司法一定要和道德教化连在一起，而绝不能像西方纯粹法学派那样强调让法律归法律，道德归道德。恶法亦法，在中国从来没有任何市场。道德评价可能代表了某种实体上的正义。皋陶为什么受人尊重，首先不在于他天才的法律创造，而是在立法、司法中始终贯彻了一种人道主义、民本的精神，甚至还有某种悲天悯人的情怀。我们这样说，并不是要混同道德和法律，只是意在强调，皋陶并不是像历史上的酷吏那样，一味以法为教。而是在法律运用中始终尝试着教化，立法时秉持理性和人文，司法时侧重公正和民意。所以就这一点，他要比后来的李斯、张汤更贴近百姓的心灵。以德化民和以法治国必须连在一起，合则两兴，分则两败。

第二，法律必须要有层次性、简洁性。皋陶所创制的法律，即便再原始，我们也可以看出其层次感，比如五典五惇、五服五章、五刑五用、五刑有服、五服三就、五流有度、五度三居等。这里面体现了很好的层次感，而层次感换言之就是逻辑，法律只有合乎逻辑，逐次展开，法制秩序才能有效构建。所谓良法，不仅要有好的内容，更要有好的逻辑。那么立法过程中，注重法律的结构和逻辑，就是一个关键的要点了。而只有法律具有了层次感和逻辑性，对于用法者和守法者而言才能相对容易理解，也就意味着这样的法是简洁的，所以最好的法，应该是言简意赅、概括性强、疏而不失的。而不是像《大清律例》般的时时修例，导致无论是立法者还是用法者，都疲于奔命，难以彻底领会法意。

第三，司法的权威，既来自于法律文本本身，更来自于执法之人。文本之善，并不必然导致法制之善，作为一个秩序，始终由人来创建。而皋陶之法为何有权威，且皋陶为何被封为狱神，在于皋陶本身的清廉公正的司法形象。皋陶所言立意高远，皋陶所行正大光明，言行高度统一。这个从反面也可以得到证实，舜任用了这么多官员，且弃、契还比皋陶排名靠前，但是舜在推荐继承人时，举的是皋陶，在尚德的"禅让时代"，可以想见皋陶的德行之深厚。所以在立良法之时，更要考虑到择良吏行法，如此这个法才能真正深入民心。正如白居易所说："虽有贞观之法，苟无贞观之吏，欲其刑善，无乃难乎？"皋陶所在的舜禹时期，不正是远古的"贞观盛世"？所以有舜禹之君，有皋陶之法，有类似皋陶之吏，这样的时代，怎会不令人称颂？

以皋陶为代表的初民时代的司法形象，深刻地传达了中国传统司法文化的民族性与道德人文色彩。尽管带有强烈的传说色彩，但是等过了一千余年，时间来到西周之后，道德人文和理性主义，就正式成为中国司法文明的主流。

本章小结

我国民族传说中的黄帝、炎帝、蚩尤、太皥、少皥、帝喾、颛顼等人文初祖，其行为事迹实际上反映了各地先民在新石器时代中的生产和斗争情况。他们作为各个氏族部落的代表或者象征，其分合也恰恰表现了我国远古各地区各民族的分裂与融合。最初，这些部落都是作为一个点状的文化而存在，每一个地方都发展出了自己的早期文化，有其地域性色彩。黄帝、炎帝等最初各自代表某一部落的小文化。这些小文化正如许多小河流一样，会一区一区地合并成较大的文化系统，而较大的文化系统又会进一步合并成更大的文化系统，这样文化就成为一个由点到线、由线到面的存在。这是一个不断交汇与融合的演变过程。交汇与融合在新石器时代最典型的表现即为各部落的联盟、战争乃至吞并等。

当然，不管如何交汇与融合，始终不能泯灭某个点的固有文化特征，这当中自然包括各地的规训与惩罚。诚如学者所论，不同的生态环境，不同的内容的生产活动，不同的文化传统，这是形成不同文化系统的根本原因。而每个文化系统自身发展所形成的文化特征决定了每个文化的性质。不同文化系统的边缘地区，是新石器文化的过渡区。过渡地区的新石器文化除受相邻地区的文化影响之外，具有自身的文化特征。[1]

因为征伐者最初依靠的力量为血缘部落，所以对于维系血缘关系的形式最为重视，这些形式逐渐发展成为一套繁琐的礼。由于部落共同体的血缘性质，对祖先的尊崇渐而发展成在性质上具有宗教色彩、在实施范围上具有普遍性的祖先崇拜。人们把已故的祖先当作超人的英雄，当作氏族、部落、民族的保护神，希望通过对先祖的崇拜，求得先祖在天之灵对后世子孙的保护。对祖先的崇拜活动，逐渐定期化，并形成固定的祭祀仪式。伴随着经常性的祭祀活动，以确定祭祀活动的程序与方式等为主要内容的习惯，也逐渐成为

---

〔1〕　参见张之恒：《中国新石器时代文化》，南京大学出版社 1988 年版，第 30 页。

更加具体、明确，且为部落社会所接受的行为规范——"礼"。这也是内部规范产生的重要原因，古书上称之为"礼起于祀"。因为与司法所涉稍远，在此就不再赘述。

总之，结合民族神话传说、古典文献，配合近年来的考古发掘和人类学调查，我们大体可以勾勒一条中国法律起源的线索：

第一，中国法律的起源，走了一条兵刑合一、刑法受到特别重视的道路。

第二，中国法律的起源，在很大程度上受到血缘、婚姻因素的影响。中国国家的起源和国家职能的完备，走了一条通过部落联盟机构的职能分化和完善内在结构的方式，使其直接转化为国家机构的特殊道路。

第三，在华夏先人中产生的祖先崇拜意识，通过一定的典礼、仪式，逐渐演化为具有宗教性质的祖先祭祀。

第四，中国法律的起源还表现出民族大融合的特征。三大部落联盟之间的相互征战，促成了不同部落之间的相互交往。不同的生活习俗、不同的管理方法，在相互接触中交流、融合。史书记载，在不同的部落，形成了不同的刑事惩罚方式。

第五，中国法律的产生，与其他文明中法律的起源一样，也体现了"由裁判到立法"的特点。

第二章

夏商时期的天罚与神判

（约前 21 世纪～前 11 世纪中期）

第一节　夏商酋邦国家形态与司法权力的形成及发展

一、夏商酋邦国家形态

（一）夏禹之前的部落治理形态

根据《史记》及相关古典文献记载，我们可知夏部落最初的统治者为黄帝。以后通过"禅让制"，尧、舜、禹先后被推举为夏族的首领。尧、舜时代，氏族部落中的一些重大事务，都要大家共同商议，如氏族部落首领人选和领导治理洪水的人选问题，都要与四岳共同商议。四岳是具有军事民主制性质的氏族社会的联盟议事会议，是当时的最高权力机关。

这就是我们所熟悉的原始时代的军事民主制，原本为帝制时代正统历史观下的一般说法。此论最初的源头恰好就是《尚书·尧典》一篇，尧舜所行"禅让"，如此被视为天下为公的楷模。从先秦一直到唐代，对于"禅让"的制度，虽有好坏之辩，但鲜有有无之争。如墨子、孟子、老庄主张"禅让"，荀子则反对，孔子则承认有其事却未置可否，但无一例外以为古代实有其事。不过到了宋代，疑古之风渐行，对于"禅让"，已经有人表示怀疑，认为"禅让"不过是老聃、墨氏为推行自己的道术而杜撰的言论。[1]不过宋儒考据不精，所以影响不大。但是到了清末民初，从崔述、康有为到"古史辨"学派

———————

〔1〕　参见（宋）王应麟：《困学纪闻》卷五。

的顾颉刚等人，又置疑"禅让"之制的存在。他们的做法，较之宋儒，似乎更为"科学"，他们从考证《尚书·尧典》的制作时代入手，试图从源头上推翻"禅让说"。康有为认为《尚书·尧典》是孔子所作，是为了论证"大同"思想，[1]而顾颉刚则认为是汉武帝时期创作的。[2]因为康、顾的学术地位，他们的说法产生了很大的影响，虽然后来如郭沫若、钱穆、吕思勉等史学家反驳康、顾的论调，但多数只能从逻辑上推翻后者的说法，在材料上并不占优势。

但是近年来，随着新的地下文献被发掘出土，再一次证实了古典的军事民主制，包括"禅让"制度，是确有其事的。[3]只是"禅让"的性质，又有一些新说。有的学者以为"禅让制"，"是一种由个人指定接班人的继位制度，属于个人独裁制的范畴。"[4]，而有的学者则认为："禅让制度是世界上最早的民主制度，也是唯一的一种有详细记录的 4000~5000 年前的非常成熟的民主政治制度。但从周代以后，人们对这些记录做了错误的读解，导致对历史的误解。"[5]这是两种较有代表性的看法，都显得很极端。

据笔者研究，"禅让制"所体现出来的部落治理形态，绝不可能是个人的独裁制，否则《尚书·尧典》上也不必出现尧咨询"四岳群牧"或"八伯十二牧"这样的记载了。且根据张政烺先生的研究，这一时期的军务总指挥官，还是由尊长会议经过全场一致选举出来的。而且指挥官"常常是两个，一正一副，彼此同时存在，可以互相监督。正的出缺，便由副的继任，再由酋长会议重新推选一个副的。传说中关于尧舜禅让的故事便是这样一个历史内容。"[6]如《帝王世纪》记载挚和尧共同执政 9 年，因为挚软弱无能，酋长会议拥护尧，尧才受禅，代为帝。而尧时举舜为副手，共同执政 31 年，尧死后舜继位，又举禹为副，共同执政 17 年。舜死后禹继位，又举皋陶为副，但皋陶早死，于是又举益为副，共同执政 10 年。直到禹死后禹的儿子启，才破

---

〔1〕 此类言论在康氏的《孔子改制考》《大同书》中均能发现。

〔2〕 参见顾颉刚："《尧典》著作时代考"，载中华书局编辑部编：《文史》（第24辑），中华书局 1985 年版，第 23~72 页。

〔3〕 参见梁韦弦："郭店简、上博简中的禅让学说与中国古史上的禅让制"，载《史学集刊》2006 年第 3 期。

〔4〕 唐冶泽："略论禅让制的性质"，载《史学月刊》1998 年第 6 期。

〔5〕 朱小丰："论禅让制度"，载《社会科学研究》2003 年第 3 期。

〔6〕 张政烺：《古史讲义》，中华书局 2012 年版，第 18 页。

坏了这一进程。即便这个规律并不足以说明"禅让制"的实质，但至少可以证明当时还远远达不到"独裁"的地步。

至于说当时"禅让制"表明当时已经有"非常成熟的民主制度"，则无疑是抬高了古人。当时的部落治理其实是比较粗糙的，并没有一整套完整的体制，张政烺先生对此同样举了一个例子，就是这个时候普通酋长的任用，同样是经过酋长会议的民主选举，但他们还不知道采用多数的原则，而是要全场一致。例如他们选举一位治水的酋长共工，未获得全场一致的同意便被推翻，最后又全场一致地举鲧充任。另一方面，一位军务总指挥官尧对鲧的任命表示反对，却没有能发生效力，因为参加酋长会议的军务指挥官并没有表决权。[1]一旦没有达到一致同意，决议就出不来，这是比较低效的。而拥有部落联盟治理权力的最高军事指挥官却不能在部落民主会议中表决，实在难说这个制度很成熟。

综上所述，我们可以认为夏禹之前的部落治理形态，乃是一种带有朴素民主主义的军事酋长制度。此时，政治统治虽然已经出现，但是还缺乏真正意义上的一个阶级对另一阶级的阶级统治，法律和司法仍旧处于早期形态，当然，时间越后司法活动就越趋于正规化。有学者从《尚书·尧典》中，归纳出了此时期存在的若干政治现象，并解释了此时部落治理的性质：

"（一）尧舜禹时代存在一个由部落联盟首长和'四岳'组成的联盟议事会作为'最高权力机构'。

（二）部落联盟首长是当时的正式领袖，他负责处理日常公共事务，召集所属部落酋长们开会，领导祭祀宗庙和社稷，代表整个联盟说话，受到人民发自内心的尊敬。

（三）惩罚'四凶'：'流共工于幽州，放讙兜于崇山，窜三苗于三危，殛鲧于羽山，四罪而天下咸服。'

（四）'五刑有服'。服者，用也。看来是把流传的习惯法加以整理。解释成'制定五刑'似乎不妥。

（五）设置管理民政、农业、司法、宗法等项事务的'官职'。

因为尧舜禹时代还不存在阶级和阶级斗争，所以上述政治现象都不带有

---

〔1〕　参见张政烺：《古史讲义》，中华书局 2012 年版，第 19 页。

阶级斗争的性质。"[1]

当然，夏禹之前的历史和夏禹之后的历史，并不可能截然分开。夏禹本身就是一个过渡时期的圣人。或者说夏禹就代表了中国从原始社会步入阶级统治社会的特定历史。所以从史书关于夏禹的形象中，我们既可以看到作为原始时代军事酋长的特性，同样也可以看到后世专制君主的某些影子。这确实表明，至夏禹之世，部落联盟已经进至于国家形态。司法文明的曙光，也于此开始显现。

（二）大禹治水与夏首邦国家的建立

关于上古圣人事迹中，流传最广的就是大禹治水的传说了。大禹的足迹几乎遍布了当时的疆域，现在全国许多地方都建有禹王庙来纪念大禹。古人对大禹治水的事迹应该是坚信不疑的，观先秦时代的文献，提及此事者比比皆是。[2]当然，随着后代对禹王的神化，大禹治水过程中出现了很多神迹，这当然可以部分归因于后世神道设教的需要，此点留待后文详叙。不过20世纪随着"古史辨"学派的兴起，大禹的存在与否都成了一个问题。但是近年来随着历史学、考古学和地质学研究的深入，人们发现在新石器时代后期，的确存在着滔天的洪水，而大禹治水地域很广，涉及古兖州（今山东省西北部、河北省东南部），古豫州（今河南省黄河以南地区），古冀州（今山西省和河南省、河北省的北部），古荆、扬、徐三州（今湖北省及以东的长江流域和淮河流域），古雍、梁二州（今陕西、四川两省及甘肃省、青海的东部）。[3]当然也有学者认为，大禹治水自然属实，但是，"在当时的生产力水平下，大禹是不可能治理黄河、长江的，所谓大禹治水不过是把济、濮流域的洪涝排泄出去而已，大禹治水的活动范围不出今天的豫东、鲁西南地区。"[4]这是两种相对有代表性的观点，前者几乎与《尚书·禹贡》篇中所述疆域一致，而后者则采一个极为有限的版图说。两位学者各举了一些考古学上的依据。

---

[1] 王汉昌："禅让制研究——兼论原始政治的一些问题"，载《北京大学学报（哲学社会科学版）》1987年第6期。

[2] 如《尚书·舜典》载："禹，汝平水土，惟时懋哉"；《诗经·商颂·长发》提到："洪水茫茫，禹敷下土方"；《孟子·滕文公上》提到："当尧之时，天下犹未平洪水横流，泛滥于天下"；《庄子·秋水》提到："禹之时，十年九潦"；《墨子·七患》提到："禹七年水"；等等。由此可知，大禹治水已经成为先秦文献中的历史事实。

[3] 参见杨善群："大禹治水地域与作用探论"，载《学术月刊》2002年第10期。

[4] 侯仰军："考古发现与大禹治水真相"，载《古籍整理研究学刊》2008年第2期。

但是我们应当知道，如果单凭大禹一人，即便是采后说，也无法治理洪水，且纯粹依据现在已经发现的考古遗迹而断定文献中的"茫茫禹迹"为无稽之谈，也过于武断。如果大禹治水只限于豫东鲁南，则绝不会形成后来全国范围内的大禹信仰。所以笔者判断，即便大禹所经疆域不如上述第一种说法那么广，但绝不仅限于济、濮一域。

实际上，大禹不过是古时治水的一个典型代表，或者说他是治水的实际领导者。不管他真正亲临的地方究竟有多广，有一点毋庸置疑，就是在治水过程中，他加强了其权力，并且制定了一系列规则，按照常理，这期间伴随着司法裁判的过程。我们在第一章法律的起源部分所述的"治水"说，有其很大的合理性。大禹治水对于中国国家和法律起源的重要性是不言而喻的。

其中就权力的性质而言，原来具备"商谈"式原始民主性质的公共权力，经治水一役，逐渐转化为高居于众人之上的"王权"，诚如杨善群所说："大范围、大规模的治水，需要公共权力进行统一的调度和指挥，才能形成伟大的力量，把洪水制服……禹掌握的指挥治水的公共权力，转化为高居于诸侯、百姓之上的王权，完成了人类历史上由原始社会向阶级社会的质的演进。"[1]

禹之时已经有"王权"的苗头，而禹死后，禹之子启强大起来，许多部落反对益而拥护启。"禹子启贤，天下属意焉。及禹崩，虽授益，益之佐禹日浅，天下未洽。故诸侯皆去益而朝启。"[2]此种记载中自然有史迁"道德历史观"的成分，但撇开"益衰启贤"的道德因素不谈，诸侯去益而朝启，的确表明了阶级国家的建立，表现为启即天子位，为夏后帝。这与此前原始民主制下的"禅让"做法，显然背离很远。自然有诸侯表示不服，比如史书中记载的"有扈氏"就不服，启于是发动战争，所谓"大刑用甲兵"又一次得以体现，启在"甘"这个地方大战"有扈氏"，最终将之击败，进一步巩固了其统治地位。此后启废除了原有的"禅让制"，确立了王位"世袭制"。"禅让制"的废除，王位"世袭制"的确立，标志着氏族公社制度基本瓦解，国家机器由此产生，这就是古史中第一个王朝——夏的开始。

因为在帝制时代乃至民国时期，关于夏的知识，都是后人的追忆，夏本

---

〔1〕　杨善群："大禹治水地域与作用探论"，载《学术月刊》2002年第10期。

〔2〕　《史记·夏本纪》。

身没有文字流传下来,又缺乏可靠文物。所以民国时期的疑古派甚至都怀疑夏王朝是否存在。但是随着河南二里头宫殿遗址与登封古阳城遗址的出土发现,益加证明古史所述非虚,证实了夏王朝确实存在,且的确形成了王权国家。

关于夏王朝的起讫年份,目前仍旧存在着争议。我国从1996年到2000年进行了大规模的夏商周断代工程,团队由历史学、考古学、文献学、古文字学、历史地理学、天文学和测年技术学领域内的权威专家组成。至2000年11月9日夏,作为初步成果,该工程正式公布了《夏商周年表》。《夏商周年表》定夏朝约开始于前2070年。虽遭到大量质疑,然而,如果从考古的文化类型来看,这恰恰是二里头文化的开端。这个文化类型延续了大约400年,和古史传说相仿。前已述及,历史具有延续性。谁都无法确定地断言前2070年与前2071年到底有多大差别,唯一可以肯定的是,作为第一个王朝的夏,既有此前新石器时代部落联盟的影子,更有此后殷商祭祀文化的萌芽。关于这段时期的文化编年,参看下表:

新时期时代终末期至商代的文化编年[1]

时代＼地域	河南中部	河南北部——河北南部
新石器时代	王湾3期文化	后岗2期文化
夏代	新砦文化（二里头文化1期） 二里头文化2期 二里头文化3期 二里头文化4期	先商文化
殷代前期	二里岗下层文化1期 二里岗下层文化2期 二里岗上层文化1期	

---

〔1〕 表格系引自 [日] 宫本一夫:《从神化到历史:神化时代·夏王朝》,吴菲译,广西师范大学出版社2014年版,第314页。

续表

时代 ＼ 地域	河南中部	河南北部——河北南部
殷代中期	仲丁 …	白家庄期（二里岗上层 2 期）
	盘庚 …	洹北商城前期 洹北商城后期
殷代后期	武丁 … 纣	殷墟文化 1 期 殷墟文化 2 期 殷墟文化 3 期 殷墟文化 4 期

　　夏朝的国家形态，与后世帝制王朝有很大的不同，它和继起的殷商一样，都属于"酋邦国家"，这是氏族部落联盟进化后的产物。根据谢维扬先生的研究：所谓酋邦，是带有强烈个人性质的政治权力色彩的社会，在转变到国家之后，在政治上便继承了个人统治这份遗产，并从中发展出人类最早的专制主义政治形式。在"酋邦国家"中，原来的个人性质的权力继续存在与发展，并缺乏必要的制衡。且酋邦发展中的征服特征促使新的国家出现专制政治的因素，在这种国家中，社会分层越发明显。[1]当然，这种国家形态，远远达不到后世的帝制专制。在夏部落氏族占据统治地位的同时，存在着商、周等其他部落氏族，这些部落与夏同时存在，只是奉夏为最高的酋长。夏商的嬗递，有点类似于"轮流坐庄"的味道。

　　之所以说夏已经形成了酋邦的"国家"，主要是与此前的社会相比较，夏治理形态有以下明显的几个特征：

　　首先，夏已经开始按照地域来划分其国民，这可以视作后世行政区划的雏形。夏时，由血缘关系形成的氏族公社已变为按照地理区域划分管辖，统治臣民。《左传》记载：

---

　　〔1〕　参见谢维扬：《中国早期国家》，浙江人民出版社 1995 年版，第 213~215 页。

"芒芒禹迹，划为九州，经启九道。"[1]

《汉书》也说：

"铸九鼎，象九洲。"[2]

禹、启时代已将全国划分为九个地区，并设有九个地方长官"九牧"进行管理。按照马克思主义的经典观点：国家跟旧氏族组织不同的第二个特征，是公共权力的设立，"构成这种权力的，不仅有武装的人，而且还有物质的附属物，如监狱和各种强制设施，这些东西都是以前的氏族社会所没有的。"[3]

其次，内部管理系统愈益专门化，形成了类似于后世的官僚组织体系。部落联盟管理机构在职能上更多地侧重于维持"家天下"的政治格局，保护居于统治地位的社会群体的特殊利益。在这一过程中，新的管理机构不断形成，机构新的职能不断明确，"国家"的轮廓逐渐明晰。史料记载，夏有"三宅制度"，即：事宅、牧宅、准宅，掌管中央、地方和宗教事务。[4]军队有六卿，另有牧正管理畜牧业，车正管理车子制造业，庖正管理王室膳食，稿夫管理奴隶耕作和作物收获等。当然，史书所追记的夏官僚体制，虽只言片语，难言其详，不过，从"夏后氏官百"[5]、"率百官若帝之初"[6]等言语中，我们可以知道，夏代已经形成了一个相对庞大的官僚体系。

最后，有了都城和一定规模的宫殿，由此亦可见国家机器的完善。从1959年"二里头遗址"被发现开始，经过考古工作人员长达半个世纪的发掘和研究，发现在该遗址中，存在面积不少于12万平方米的宫殿区，最大的宫殿建筑坐北朝南，由堂、庑、门、庭四部分组成，其面积有10 000多平方米，其中主殿就有约350平方米。经碳14测定，"二里头遗址"年代在公元前1900年左右，相当于夏代，距今有4000多年的历史。众多考古专家倾向于认为，二里头遗址就是夏代晚期都城遗址，即古史中所称的"斟鄩"的所在

[1]《左传·襄公四年》。

[2]《汉书·郊祀志上》。

[3]《马克思恩格斯选集》（第4卷），人民出版社1995年版，第171页。

[4]参见《尚书·周书·立政》。

[5]《礼记·明堂位》。

[6]《尚书·大禹谟》。

地。[1]参与发掘工作的许宏先生认为："二里头遗址这一当时东亚地区最大的聚落所显现出的作为国家权力中心的都邑的特征，比如都邑的庞大化与人口的高度集中，都邑布局的规划性以及大型礼仪建筑与青铜、玉礼器的独占，表现出高度的集权、社会阶层分化和行政机构内部专业分工，这正是早期国家所应有的特征。"[2]而21世纪初在河南省登封市告成镇的王城岗遗址先后发现了两座河南龙山文化晚期小城与一座大城。专家认定王城岗小城为鲧作之城与禹避舜子商均所居的"阳城"，而王城岗大城则是禹都"阳城"。[3]那么这样一来，无论是早期的禹都"阳城"，还是中后期的夏都"斟鄩"，都得到了考古学上的验证。[4]而都城与宫殿，都是国家权力的象征。这一切，都肇始于大禹治水。所以有学者认为："在大禹治水过程中，他按地域划分国民，社会组织与管理能力得到进一步增强，建立了国家暴力机关，完善了法律，个人权威得到增强，促进了中国国家的形成，为夏商周三代的文明发展奠定了基础。"[5]这一结论应属公允之论。

（三）殷商国家的形成及其统治

商族是一个古老的部落，世居东方濒海地带，《诗经》中有云：

"天命玄鸟，降而生商。"[6]

这当然是商人后裔祭祀祖先时想到的族群创世传说（关于创世传说与统治合法性问题，详后），但是也透露出一个信息，即此族群以鸟（凤）为图腾。对中国之后影响深远的龙凤文化，与此亦有关系。[7]一般认为，商代表

---

〔1〕　参见中国社会科学院考古研究所二里头工作队："河南偃师市二里头遗址中心区的考古新发现"，载《考古》2005年第7期。

〔2〕　参见中国社会科学院考古研究所二里头工作队："河南偃师市二里头遗址中心区的考古新发现"，载《考古》2005年第7期。

〔3〕　参见马世之："登封王城岗城址与禹都阳城"，载《中原文物》2008年第2期。

〔4〕　关于夏都与二里头文化的关系，参见严耕望："夏代都居与二里头文化"，载严耕望：《严耕望史学论文集》（上），中华书局2006年版，第1~26页。

〔5〕　李岩："大禹治水与中国国家起源"，载《学术论坛》2011年第10期。

〔6〕　《诗经·商颂·玄鸟》。

〔7〕　李白凤先生认为："商之先，就是在河南东部商丘一带最早聚居的以'鸟'为其图腾的氏族。"载李白凤：《东夷杂考》，河南大学出版社2008年版，第8页。而闻一多认为"凤是原始殷人的图腾"，参见闻一多："龙凤"，载闻一多：《神话与诗》，上海人民出版社2006年版，第58页。

东方部族，其活动与迁徙的经历，恰恰是海滨文化向中原文化融合的过程。[1]关于殷商约600年的史迹，传世文献亦多停留在"所传闻"的程度。直到清末甲骨文被关注，乃至20世纪30年代安阳殷墟的发现，才大大丰富了殷商时代的历史信息。1945年，董作宾先生的《殷历谱》一书问世，更是将殷商王位世系和年代历法清晰地呈现在了世人面前。根据传世文献和考古发现，殷商国家发展的历史大约可分三期。

第一阶段从商汤至第10任商王太戊之世，是为商朝前期。这一时期影响历史最大的当然是商汤伐桀以及汤之后的设范立制。《诗经·商颂·长发》一篇，似乎可以看成是一部殷商立国史诗，里面提到了商族的先公"相土"："相土烈烈，海外有截。"[2]说明在"相土"之时，商族活动范围主要还是在濒海之地。到了商汤之时，殷商的王业终于得以完成。商汤是乘着夏朝末年夏桀残暴、内外交困之际[3]，起兵讨伐，采取的方法是先剪除枝叶再伐躯干，所谓"韦顾既伐，昆吾夏桀"[4]，就是说汤先消灭了夏东面的盟国韦（今河南省滑县）、顾（今山东省鄄城县东北）、昆吾（今河南省濮阳），最后灭桀，成立商朝。成立商朝之后，汤"受小球大球""受小共大共"[5]等，都可视为为天下建立制度之举。

第二个阶段为第11任商王仲丁至第22任商王小乙之世，为中期。这一时期影响力最大的事件当然为盘庚迁殷，商唤作殷商，即源于此。《尚书》中《尚书·盘庚》三篇可信度较高，具载此事本末。从历史记载中，我们知道自商汤到盘庚之世，商朝都城凡五迁：亳（汤）——嚣（仲丁）——相（河亶甲）——耿（祖乙）——奄（南庚），要皆不出河南山东黄河两岸之域，故一般认为是要避黄河水患，这固然有道理，但从《尚书·盘庚》中，我们可知盘庚迁殷不只是自然灾害的原因，更重要的是一次内部的政治改革。所以

---

〔1〕傅斯年先生认为商虽非夷人，但抚有东夷，是从东北海滨之地西进中原，最后成为天下之主的。详尽的论证参见傅斯年："夷夏东西说"，载傅斯年：《民族与中国古代史》，河北教育出版社2002年版，第3~60页。

〔2〕《诗经·商颂·长发》。

〔3〕《尚书·汤誓》载："夏王率遏众力，率割夏邑，有众率怠弗协，曰：'时日曷丧，予及汝皆亡！'"从中可以看出夏桀为政暴虐，到最后至众叛亲离的地步，老百姓都宁愿与他同归于尽。当然，这里面同样带有儒家"吊民伐罪"的征伐正义观的色彩。

〔4〕《诗经·商颂·长发》。

〔5〕《诗经·商颂·长发》。

《尚书·盘庚》一篇事实上可以当作商朝的立法文献来看。根据张政烺先生的研究，是因为自商汤伐桀后，承平日久，原有的氏族贵族凭借旧有的权势，广占田土，垄断产业，放高利贷，并把持朝政，使得贵族和平民的对立日益加剧。《史记·殷本纪》中所载的自仲丁以后到盘庚之前的"九世乱"，或即指此。"盘庚要解除氏族贵族政治上、经济上的势力，便极力争取新兴的平民阶级。迁都便是为了平民的利益，平民自然就拥护他了。"[1]

盘庚迁殷带来的效果就是使得国家治理形态离原来部落的氏族贵族体制日益疏远，而越来越接近于西周式的封建体制。

第三个阶段为第23任商王高宗武丁至末代商王商纣之世，为商晚期。商朝自盘庚迁殷之后，政治重上轨道，国势中兴，至高宗武丁时达到极盛。《诗经·商颂·殷武》一篇，就是商人后裔歌颂武丁中兴殷商的祭歌，其中提到：

> "挞彼殷武，奋伐荆楚。罙入其阻，裒荆之旅。有截其所，汤孙之绪。维女荆楚，居国南乡。昔有成汤，自彼氐羌。莫敢不来享，莫敢不来王。曰商是常！"[2]

很显然，这是赞美武丁能克服艰难险阻征伐荆楚从而开疆拓土之举，而武丁将征伐的理由以及成功的因素，都归结在天命之上。正如后文我们所要提到的那样，商和夏一样，将"天命"奉为立法和司法的最高准则，这也使得"大刑用甲兵"的行为获得了某种正当性。

从武丁全盛到商纣失国，见之于史书和考古资料的商的主要活动，就是对外扩张和大肆征伐。武丁之后，享国最长久者，为末代商王帝辛（纣），因为亡国，所以成为"箭垛式"的罪人，"天下之恶皆归焉"，然而事实上，虽然纣王喜欢享乐，耽于田猎，但在政治上，他还是一位颇有作为的君主。董作宾先生在殷墟出土的殷代甲骨基础之上，认为帝辛对内革新政治[3]，对外讨伐反叛的东夷部族（人方），并且战胜了对手，证实了史书上所云的"纣克

---

〔1〕　张政烺：《古史讲义》，中华书局2012年版，第39页。

〔2〕　《诗经·商颂·殷武》。

〔3〕　参见董作宾："甲骨学六十年"，载刘梦溪主编：《中国现代学术经典　董作宾卷》，河北教育出版社1996年版，第243~253页。

东夷"的传说。[1]至于商纣的失国，董作宾先生并不认为是暴虐无德所招致，他指出："我们看甲骨文中，帝辛时代的制作、征伐、田猎、祭祀，无不整齐严肃，可以想见时王的英明，决不像亡国之君。"[2]继而他提出了商纣亡国的一种新解："帝辛以耄耋之年，听到了姬发造反，可能因气愤而致病，病而危殆，于是己未日妲己先殉，辛酉日帝辛乃崩，崩四日武王来。国王新丧，人心惶惑，三军无主，一战败北，武王乃能侥幸成功。"[3]虽然董作宾先生的论据还不够充分，却仍有很强的解释力。许倬云先生亦认为武王的成功，带有侥幸的色彩，武王结合他国，逐渐对商形成半包围态势，然后乘着纣王东征，后院不稳，用闪电战术，一举攻破殷都朝歌，从而灭亡了商朝。[4]

总之，撇开道德的因素不谈，商的治理形态显然要较夏发达得多，主要表现在：

第一，形成了更为系统严密的网络化等级统治制度。

商代的行政区划有"内服"和"外服"之别。《尚书·酒诰》云：

> "越在外服，侯甸男卫邦伯；越在内服，百僚庶尹，惟亚惟服宗工；越百姓里居，罔敢湎于酒。"[5]

这是西周周公针对殷人好酒败德失国，而对新得政权的周人所做的告诫。从中我们可以知道，之前已有"内外"之分。

所谓内服，是指商王直接控制且经常举行大型活动的区域，包括商族故邑以及屡次所迁的"时都"周围。所谓商族故邑，大致在今天的商丘至亳州一带。当然，商原始祖先更是僻居濒海，此故邑也是经迁徙后而得。商汤立国之后，又经过多次迁徙，每次迁徙所定之都，即"时都"，这样，"商"（故邑）和"都"（时都），共同构成商的内服，此乃商族根本之地。此后虽

---

[1]　参见董作宾："甲骨文断代研究例"，载刘梦溪主编：《中国现代学术经典　董作宾卷》，河北教育出版社 1996 年版，第 63~70 页。

[2]　董作宾："论商人以十日为名"，载刘梦溪主编：《中国现代学术经典　董作宾卷》，河北教育出版社 1996 年版，第 580 页。

[3]　董作宾："论商人以十日为名"，载刘梦溪主编：《中国现代学术经典　董作宾卷》，河北教育出版社 1996 年版，第 580 页。

[4]　详细的灭商过程，参见许倬云：《西周史》，生活·读书·新知三联书店 1994 年版，第 92~109 页。

[5]　《尚书·酒诰》。

然武王伐纣成功，但此商根本之地并不屈服，仍旧起来反抗，直到周公后来用文武两手的策略，才最终平定。而外服，则泛指商王的臣服者、依附者或臣属者，经商王认可所占有和支配的行政区域。对于外服中的经济资源，商王具有直接的占有权；但是处于外服中的行政长官，在其辖区内拥有极大的行政自主权。

张光直先生针对此，作了一幅图表，来表明商代国家网络的等级统治：

商代国家网络等级统治图 [1]

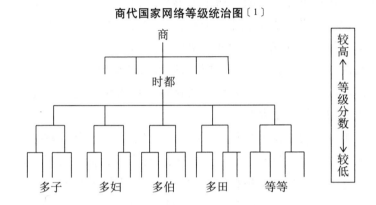

上图最后的"多子""多妇""多伯""多田"等，虽名称有异，但要皆不外外服的行政首长，他们都与商王有一定的联结，或者是家族成员，或者是商王通过征服而重加任命的诸侯。由此可见，商代已经形成了相对严密的网络等级统治。

第二，形成了相对稳定的宗法制度和王位继承制度。

所谓宗法制度，是在氏族社会父系家长制基础上演化而来的，是占统治地位的贵族按血缘关系分配国家权力，以便建立世袭统治的一种制度。通常认为完备的宗法制度要到西周才建立，表现为祭祀与墓葬序列中的"左昭右穆"，而这种思想，其实在商朝就已经出现。表现为"乙—丁"制度，"乙相当于西周的'穆'，丁相当于西周的'昭'。因此，乙组的商王死后埋在西侧，而丁组的商王死后则葬在东侧。" [2]这说明，商朝在规范王族秩序方面，已经有比较成熟的制度了。商朝统治成熟的另外一个表现，就是王位继承的

---

〔1〕 张光直：《商文明》，张良仁等译，辽宁教育出版社 2002 年版，第 211 页。

〔2〕 张光直：《商文明》，张良仁等译，辽宁教育出版社 2002 年版，第 178 页。

制度化。王国维先生以为殷人不立嫡无宗法，但是甲骨文专家胡厚宣先生则通过甲骨卜辞中的记载，认为商人存在着立嫡之制，他说："所以知殷代或已有立嫡之制者，卜辞中有大子之称，当即嫡长之意。又有称小王者，疑即指此种嫡长继立之王也。"[1]而根据《史记》的记载，帝乙长子微子启，因母亲地位低贱而不得嗣位为君；而少子辛，因为母亲为正后，而继位，这就是后来的纣王。[2]这就很显然，至少到商朝末期，如果要继承，首先在嫡子中寻找继承人，嫡长子优先。庶子通常无继承之权。至于前期存在的"兄终弟及"制，是商王去世，子未成年，为防止"国无长君"而带来灾祸，于是出现"兄终弟及"的权变情形。因此，至少在商朝中期开始（目前所发现的甲骨文，都是商朝中期之后的），王位继承是嫡长继承为主，"兄终弟及"为辅的。王位继承的制度化，一定程度上也保证了商人统治的稳定性，对于延续国祚，发展文明，具有重大意义。

第三，出现了文书行政的萌芽。张纯明先生批评帝制中国在处理公务时，过分强调文书的地位，"把文字与行为看成一件东西，如果有事该办，我们政府的办法是一纸公文命令下级机关遵照办理，下级机关也照例一事呈覆，此时就算已经照办了。"[3]这显然是批评文牍主义的弊害。但是如果要找到商代对后世影响最大的文物，莫过于甲骨文了。但是我们应该知道，今日之所以能看到甲骨，继而窥及商朝实况，还应该感谢这样的文牍主义。而在甲骨上刻字的，都属于"贞人"集团序列，董作宾先生认为，所谓"贞人"就是"史官"，当然，当时的史官并不只是纪录历史，而是重要的行政官员，他们所刻字的甲骨，其实就是最早意义上的"官文书"，所有在甲骨上刻字的，都不是偶然为之或者出于个人兴趣，而是公务行政使然。甲骨上出现的"×贞"字样，实际上就相当于我们现在在公文上的签名。"他们（指贞人）既能在骨臼上记事、刻辞、签名，那末骨版或龟版上的卜辞有他们书名贞问的，也当然可以是他们所写的了。"[4]除了有史官占卜刻辞外，到商朝末年的帝乙、帝

〔1〕 胡厚宣：《甲骨学商史论丛》，转引自胡留元、冯卓慧：《夏商西周法制史》，商务印书馆2006年版，第245页。

〔2〕 参见《史记·殷本纪》。

〔3〕 张纯明：《中国政治二千年》，当代中国出版社2014年版，第73页。

〔4〕 董作宾："甲骨文断代研究例"，载刘梦溪主编：《中国现代学术经典 董作宾卷》，河北教育出版社1996年版，第35页。

辛时期，这两位商王亲自贞卜之事，在目前已发现的甲骨中所在多有。贞卜的甲骨，犹如后世的公文，对于当时的行政活动至关重要，是各级行政官员执行的依据。20 世纪 30 年代，历史语言研究所在安阳殷墟发现的大批甲骨，实质上就是当年存留在商都的公文档案。甲骨文所反映出来的公文行政的发达，也是商朝治理完善的又一大例证。

二、夏商司法权力的形成与发展

（一）夏代司法权力的形成

如上文所述，伴随着治水活动的展开，夏禹逐渐发展设范立制，建立国家机器，并以类似于国家的名义来行使暴力，国家层面上的"司法权力"于此得以形成。见诸文献上的两个例子最能反映夏禹的司法权力。

第一个事例是夏禹杀防风氏之例：

"昔禹致群神于会稽之山，防风氏后至，禹杀而戮之。"[1]

这则材料见于《国语·鲁语下》，是孔子之世，吴国征伐越国，在会稽山得到一节巨骨，吴人不明其来源，于是遣人问博学多才的孔子，孔子具述古史传说，其中就提到了夏禹擅杀防风氏。按照孔子的说法，防风氏是汪芒氏族部落的头领，是守封山、嵎山一带地方的，漆姓。大概是因为禹约诸侯齐聚会稽山祭祀神灵，防风氏迟到了，于是夏禹就杀掉了防风并将之戮尸，得到防风氏的骨头，最大的有一辆车那么长。这个故事的真伪自然没有办法考证，不过仅仅因为晚到，禹就能够杀人，足见禹已经具有了后世帝王生杀予夺的大权。

另一个事例则是夏禹杀相繇之例：

"共工臣名曰相繇 …… 禹湮洪水，杀相繇 。"[2]

这则材料见于《山海经》，显然是属于齐东野语，但是我们从中仍可以读出历史的端倪。关于共工的传说有很多，且不乏自相矛盾之处，但将其理解

---

[1]　《国语·鲁语下》。
[2]　《山海经·大荒北经》。

为一原始部落首领，是没有什么问题的。我们需要注意的是，即便相繇有罪，按照氏族部落习俗，也应该由氏族首领共工发落，而这里禹直接越过共工，杀掉了相繇，只能看成是此时禹的司法权力，已经不是原始部落氏族的习惯权力，而是国家的司法权了。

至于说司法的依据或者说权力的来源，就是我们后面将要提到的天罚与神判。从传说中，我们可以知道，夏禹之时，已经形成了国家意义上的司法权力。从《史记》的记载中，我们还可以知道，夏禹将他的意志发展为国家意志，而其副手，也是掌管法律事务的皋陶将之用法律的形式固定下来。如果违背了这一意志，那么就用刑罚来处罚。这已经带有标准的司法权的味道：

"皋陶于是敬禹之德，令民皆则禹。不如言，刑从之。"〔1〕

此中的"德""则""言"，其实就是要百姓以禹的德为法则，并用言词的方式记录下来，要求百姓遵守之意。当时法律发达的情形如何，已无可考。按照史迁的说法，在夏代，贡纳赋税的制度已经很完备了，且已经出现了一套考核会计的方法，"或言禹会诸侯江南，计功而崩，因葬焉，命曰会稽，会稽者，会计也。"〔2〕那么相传的"禹刑"，或有所本。

禹由此可以视为夏代法律制度的开创者，这方面在《尚书》中亦可见到例证：

"明明我祖，万邦之君。有典有则，贻厥子孙。"〔3〕

这是《尚书·五子之歌》中的一段话，是夏王太康的昆弟批评太康不守先王之法而导致政治混乱。虽然该篇属于伪古文《尚书》，并不可靠。但是从"有典有则"中，还是能够看出夏禹的确是建立了制度的，这些制度为后面的夏王所继承，里面当有不少为司法制度。

而关于夏朝司法机构和场所，《史记》中提到了著名的"夏台"：

"帝桀之时……乃召汤而囚之夏台……桀谓人曰：'吾悔不遂杀汤于夏台，

---

〔1〕《史记·夏本纪》。
〔2〕《史记·夏本纪》。
〔3〕《尚书·五子之歌》。

使至此。'"〔1〕

很显然，此中的"夏台"是作为监狱用的，曾经囚禁过商汤。"夏台"又名钧台，后人以此作为监狱的代名词。《水经注》《竹书纪年校正》《读史方舆纪要》等古籍中均提到此台。现在河南禹州市内，还有一座"古钧台"〔2〕，气势颇盛，虽非原台，但结合"二里头遗址"考古所见的王城和宫殿规模来看，夏朝末年有此钧台，亦非不可能之事。由此，可推测夏朝司法的气象。

（二）商朝司法权力的发展

商朝开国规模宏大，司法权力也较之夏朝更盛。虽然商朝中期之前仍旧无任何文字记录，但是从后人的追记中，亦可一窥其情。

商汤武功赫赫，在征服天下的过程中，为被征服者立法。对此《诗经》有云：

"受小球大球，为下国缀旒，何天之休。不竞不絿，不刚不柔。敷政优优，百禄是遒。

受小共大共，为下国骏厖。何天之龙，敷奏其勇。不震不动，不戁不竦，百禄是总。"〔3〕

"受"通"授"，此无异议，但是何为"小球大球"，历来释诗者存在争议，《毛诗正义》解为小和大的玉珠子，缀在下国的旌旗之上。但是跟后面的"何天之休"的文句不能相连。所以朱熹《诗集传》碰到这个地方，也只能承认不知何物。而下面一段的"小共大共"中的"共"，《毛诗正义》则径直解为"法"，如此这段文义可通。如果我们将这两段连起来读，事实上可以发现两段所讲意思差不多，属于古文辞中常用的"互文见义"之法，那么整个意思就很显然了。笔者同意雒三桂、李山两位先生在《诗经新注》中的解释，"球"即是"捄"的假借，引申为"法则"之义。"诗之四章言汤受天之命制定了大小法则，作为万民表率……诗之五章言汤奉天命制定了大小典章保护

---

〔1〕《史记·夏本纪》。

〔2〕此钧台为康熙十八年（1679 年）建，为砖石结构，略呈方形，高 4.4 米，阔 7.4 米，台下有洞，进深 6.15 米。南面正中有洞门，宽 2.46 米，高 2.87 米，块石拱券，上额书"古钧台"。

〔3〕《诗经·商颂·长发》。

天下的各国……"〔1〕

　　且商汤为后世所立之法，颇值得称道。所谓的"不竞不絿，不刚不柔"和"不震不动，不戁不竦"，意思就是说所制定的法则，宽严适中，既不过分苛刻，也不流于宽纵，乃是顺天应人，所以商才得"百禄"。此处谈制定法度，自然也包括司法的情形，因为下国是在司法的过程中，才感受到商汤法度的适中的。

　　而商王为天下立法并施行法度的主题，在《诗经》中并不只有一件，紧接着这篇诗之后歌颂商王武丁的《诗经·商颂·殷武》一篇中，我们还看到了这样的诗句：

　　"天命降监，下民有严。不僭不滥，不敢怠遑。命于下国，封建厥福。"〔2〕

　　这是在歌颂武丁南伐荆楚的战绩之后出现的词句，一方面表明征伐的正义性，这就是我们后文要论述的"代天行罚""恭行天罚"的情形，而另一方面，恰恰也表明，商王为天下立法的正当性，所谓"天命降监"，就是说商王承受天命来监察人间，用法度来规范人民，使其"不僭不滥，不敢怠遑"。

　　从后来西周取代了殷商，但是对殷商旧制颇为推崇的情形来看，商朝的典章制度已经达到了一个相当规范的境地。这点从《尚书·多士》一篇可以证明。该篇文字是周初的周公代替成王向殷遗民，特别是殷商旧臣发布的诰令。其中提到：

　　"惟尔知，惟殷先人有册有典，殷革夏命。今尔又曰：'夏迪简在王庭，有服在百僚。'予一人惟听用德，肆予敢求于天邑商，予惟率肆矜尔。非予罪，时惟天命。"〔3〕

　　周公此诰意在安抚殷遗民，他是从商朝过来的，对于商朝的典章制度不会不熟悉。单从此诰中，可以看出他认为商的灭亡不在于制度的不完善，而在于两点：第一，商人自己放纵自己，不守自己的法度（这点在该篇上下文中反复提到）；第二，就是天命在周不在殷。但是在告诫时，对于商本身，周

----

〔1〕聂石樵编，雒三桂、李山注：《诗经新注》，齐鲁书社2000年版，第657~658页。

〔2〕《诗经·商颂·殷武》。

〔3〕《尚书·多士》。

公还是特别尊重的，尤其是提到了"惟殷先人，有册有典"，可见商朝原本也是法度森然的。此外对商称"天邑商"，即"大邑商"，承认商曾经的辉煌。

可见，此中的"册""典"，不仅可以表明商朝在立法上进入了一个新的阶段，也同时可以透露出商朝司法权力的发展。在《尚书·康诰》中，西周统治者对即将赴卫国（殷商故地，商纣覆灭之地朝歌即在此境）首任诸侯王的康叔姬封告诫道：

"汝陈时臬事罚，蔽殷彝，用其义刑义杀，勿庸以次汝封。"[1]

就是要求康叔在自己的封国处理案件时，不要率由己意，或者机械地适用西周新法，而要参考殷商旧法，吸收其合理之处。所谓"殷彝"，确切内容已不可考，一说是刻在青铜鼎彝上的法律，一说是殷族习惯法，但无论如何，"殷彝"应能代表商朝的法律，且即便是新的征服者，也承认殷商旧法的合理性，否则就不会出现"义刑义杀"的字样了。由此反证，在商朝，司法权力是有依据和限制的，虽然目前无法确证"典""册"是否可以说明商朝国家治理进入到类似于"法典化"的阶段，但是说商朝司法权较之以前，进入到更为规范的"制度化"阶段，应该是可信的，这点从殷墟墓葬排列以及出土青铜礼器所显示出来的等级有序性上，也可以得到佐证。[2]

第二节　夏商司法的依据及其形态：天罚与神判

一、夏商的天罚

（一）夏朝的天罚

夏商时期，司法的依据，我们见诸文献中的，最主要的就是"天"。夏商乃至后来的周，都自承"得天命"，代天行罚。"天命"问题至为重要，所涉较广，我们这里仅在司法的意义上来谈"天罚"。

如果仔细阅读反映夏商之前事迹的古典文献，我们会发现一个有趣的现象，就是在夏启之前的王进行刑杀（司法）时，一般不会给出其判决（司

---

〔1〕《尚书·康诰》。
〔2〕参见张光直：《商文明》，张良仁等译，辽宁教育出版社2002年版，第194~199页。

法）的依据。比如舜执政之时，进行大规模的司法活动，史载：

"流共工于幽州，放欢兜于崇山，窜三苗于三危，殛鲧于羽山，四罪而天下咸服。"[1]

《尚书》这段文字只说行为，没有说明判决的依据。当然，后人为了表示舜的刑杀具有合理性，补充了其理由，这在《世本》《大戴礼记》《史记》《山海经》等古籍记载中可以找到，但说法并不一致。最为著名的故事就是共工治水不力，还和颛顼争地位，欢兜参与了共工之乱，三苗滥杀无辜，而鲧则偷取了上帝的"息壤"，但还是治水失败，所以都遭到了不同的处罚。这些故事都是神话传说，但是从中我们发现在初民时代，刑罚是相当简单的，不外流放和处死。而流放相当于将某个氏族成员（乃至族群）从部落联盟中驱逐出去，让其自绝于人类命运共同体，类似于后来史书中所说的"盟誓"刑，[2]它和死刑一样，都是最为严酷的刑罚。但是我们找不到舜自己所说的判决依据。

同样的情形也发生在禹身上，从前述大禹杀防风氏、相繇之事迹，也未见禹提及判决依据。这只能说明，当时司法活动或者处刑行为，还带有相当个人化的色彩，还在向国家暴力的转化之中。

所以到了夏启之世，建立了国家之后，司法判决的情形就发生了很大的变化，表现在他们进行司法时，要为自己寻找依据，某种程度上带有"法理"的色彩。最为著名的例子就在启征有扈氏所作的《尚书·甘誓》中：

"启与有扈战于甘之野，作《甘誓》。大战于甘，乃召六卿。王曰：'嗟！六事之人，予誓告汝：有扈氏威侮五行，怠弃三正，天用剿绝其命，今予惟恭行天之罚。左不攻于左，汝不恭命；右不攻于右，汝不恭命；御非其马之正，汝不恭命。用命，赏于祖；弗用命，戮于社，予则孥戮汝。'"[3]

---

〔1〕《尚书·舜典》。

〔2〕关于此最详尽的考证，参见［日］滋贺秀三："中国上古刑罚考——以盟誓为线索"，载杨一凡主编：《中国法制史考证 丙编》（第1卷），中国社会科学出版社2003年版，第193~221页。该卷收录了日本学者考证中国先秦和秦汉法制史的重要成果，该卷主编为日本学者籾山明教授，译者为徐世虹教授。

〔3〕《尚书·甘誓》。

夏启讨伐有扈氏提到的罪名是"威侮五行，怠弃三正"，这无疑是一个口袋罪名，缺乏实质性内容。以此理由就兴师动众，可能难以让人心服。所以必须要有一个更好的理由，以便"大刑用甲兵"。而在《史记·夏本纪》中，史迁直接就说出了夏启动武的理由：

"有扈氏不服，启伐之，大战于甘。"[1]

所以事实很简单，夏启上面所提的罪名，只是一个托词，但是为了表明征伐的正义性，夏启只能以"天"的名义，这就是"天用剿绝其命，今予惟恭行天之罚"，将惩罚的理由归结在"奉天罚罪"上。

无独有偶，在夏王仲康之际，同样以此理由征伐羲和氏，见于《尚书·胤征》一篇中，不过较之于夏启伐有扈，对羲和所犯之罪，叙述备详：

"惟时羲和颠覆厥德，沈乱于酒，畔官离次，俶扰天纪，遐弃厥司。乃季秋月朔，辰弗集于房，瞽奏鼓，啬夫驰，庶人走。羲和尸厥官，罔闻知，昏迷于天象，以干先王之诛。"[2]

罪行既如此明确，那施加刑罚再正当不过了。然而仲康遣胤侯率众出征时，胤侯对众人所说的用武理由仍旧是：

"今予以尔有众，奉将天罚。"[3]

《尚书·胤征》一篇同样出自伪古文《尚书》，但是所叙征伐及其理由，在逻辑上是能够成立的。可见，在夏朝，"天罚"是征伐和司法的根本依据，即便所罚之人已经罪恶昭彰，讨伐者仍不能明言是出于己意罪及他人，一定要扯上"天"的幌子，司法方才具备正当性。

（二）商朝的天罚

商朝继承了夏朝的做法，同样用"天罚"来表明司法的正当性。比起夏来，商朝的"天罚"思想更为明确，且有条理。最著名的"天罚"，自然就

---

〔1〕《史记·夏本纪》。

〔2〕《尚书·胤征》。

〔3〕《尚书·胤征》。

是商汤伐桀了。我们来看商汤伐桀之时在鸣条之野所发布的文告：

> "王曰：'格尔众庶，悉听朕言，非台小子，敢行称乱。有夏多罪，天命殛之。'今尔有众，汝曰："我后不恤我众，舍我穑事，而割正夏？"予惟闻汝众言，夏氏有罪，予畏上帝，不敢不正。今汝其曰："夏罪其如台？"夏王率遏众力，率割夏邑。有众率怠弗协，曰："时日曷丧，予及汝皆亡！"夏德若兹，今朕必往。尔尚辅予一人，致天之罚，予其大赉汝。'"[1]

这段话强调自己伐夏，并非犯上作乱，而是因为"有夏多罪，天命殛之"，伐夏仍是躬行"天罚"。这在伪古文《尚书·仲虺之诰》中亦可得到佐证：

> "夏王有罪，矫诬上天，以布命于下。帝用不臧，式商受命，用爽厥师。"[2]

当然商汤所提到的夏王的罪行，相对是比较明确的，就是不体恤人民，乃至人民用"脚投票"的方式抛弃了夏政权，在后世儒家看来，汤得天下，乃是行仁政得民心，[3]但是在汤伐夏时，并未以"仁义"相号召，而是用"天罚"来强调其征伐的合理性。

因为夏王的不堪，所以商汤起来革命，他讨伐的理由是"予畏上帝，不敢不正"。这里面又出现了一个新的词汇——"上帝"，我们千万不要以为这是西方宗教意义上的"上帝"（God），这实际上是商人对"天"的习惯性称呼。出土的甲骨卜辞中，不见"天"字，而多见"帝"字，如：

---

[1] 《尚书·汤誓》。

[2] 《尚书·仲虺之诰》。

[3] 最典型的论证出现在《孟子·滕文公下》中，孟子提到："汤居亳，与葛为邻，葛伯放而不祀。汤使人问之曰：'何为不祀？'曰：'无以供牺牲也。'汤使遗之牛羊。葛伯食之，又不以祀。汤又使人问之曰：'何为不祀？'曰：'无以供粢盛也。'汤使亳众往为之耕，老弱馈食。葛伯率其民，要其有酒食黍稻者夺之，不授者杀之。有童子以黍肉饷，杀而夺之。《书》曰：'葛伯仇饷。'此之谓也。为其杀是童子而征之，四海之内皆曰：'非富天下也，为匹夫匹妇复仇也。''汤始征，自葛载'，十一征而无敌于天下。东面而征，西夷怨；南面而征，北狄怨，曰：'奚为后我？'民之望之，若大旱之望雨也。归市者弗止，芸者不变，诛其君，吊其民，如时雨降。民大悦。"可见汤因仁义而吊民伐罪，但这很明显是儒家的思想观念。在夏商鼎革之际，天罚的说服力要高于仁义。

"帝隹（唯）癸其雨。

伐邛方，帝受（授）我又（佑）？

王封邑，帝若（诺）"〔1〕

第一条是卜雨，第二条卜战争，第三条卜筑城，都是向上天祈福之举。可见商朝将夏朝比较抽象和模糊的"天"，改造成了具有人格化色彩的"上帝"。正如我们后文讨论天命观时要提及的那样，商人的鬼神信仰比较突出，将"天"改造成"上帝"，实际上是对"天"的神化过程。"上帝"再加上祖宗神（是对去世的祖先的神化），构成了商人司法行政的终极依据。大约是因为人格化的天帝，更能贴近人事，从而对人间行为有更为明确的指导。可见商人对于"天"的利用，显然较夏有更强的主动意识。

仔细研究《尚书·商书》诸篇关于"天"和"帝"的用法，似乎可以得到一个规律。即在叙述一个普遍的原理或者标明"天"对人一般性的要求时，往往用"天"字，而在提到"天"对人事特定的指导或者人对"天"有所祈求时，则往往用"帝"字。这在相对可靠的《尚书·盘庚》三篇中，可以得到部分的证明：

"今不承于古，罔知天之断命……天其永我命于兹新邑，绍复先王之大业，厎绥四方。"〔2〕

"予迓续乃命于天，予岂汝威，用奉畜汝众。"〔3〕

"肆上帝将复我高祖之德，乱越我家。朕及笃敬，恭承民命，用永地于新邑。"〔4〕

当然，无论是得到"天"的命令还是受到"上帝"指引，都可说明商朝天罚观念的兴盛。

我们再从商朝一起著名的政治案件中，来看天罚观念在司法中的运用。这个案件就是"伊尹放太甲案"。伊尹为商朝开国名相，协助商汤治国理政，商汤去世之后，本该继位的汤长子太丁未及继位也去世了，于是伊尹立太丁

---

〔1〕《卜辞通纂》，转引自郭沫若：《青铜时代》，中国人民大学出版社 2005 年版，第 3 页。

〔2〕《尚书·盘庚上》。

〔3〕《尚书·盘庚中》。

〔4〕《尚书·盘庚下》。

的弟弟外丙继位（"兄终弟及"），外丙当国三年后去世，由外丙的弟弟中壬继位，四年后亦去世，此时伊尹立汤的嫡长孙太甲为商王。太甲在位的头三年，暴虐昏庸，不遵守汤所立下的法度，伊尹就将之流放到桐宫，令其改过自新。伊尹遂摄政，太甲居桐宫三年，改过迁善，于是伊尹将太甲迎回并归还大权，并作《太甲训》三篇，以褒奖太甲。[1]

史迁在叙述伊尹放太甲事时，只有寥寥数语，我们见不到司法的过程。今伪古文《尚书》中，倒是有《尚书·太甲》三篇，其中上篇对于放太甲一案的决定过程相对详尽。兹录于下：

"惟嗣王不惠于阿衡，伊尹作书曰：'先王顾諟天之明命，以承上下神祇。社稷宗庙，罔不祇肃。天监厥德，用集大命，抚绥万方。惟尹躬克左右厥辟，宅师，肆嗣王丕承基绪。惟尹躬先见于西邑夏，自周有终，相亦惟终；其后嗣王罔克有终，相亦罔终，嗣王戒哉！祇尔厥辟，辟不辟，忝厥祖。

王惟庸罔念闻，伊尹乃言曰：'先王昧爽丕显，坐以待旦。旁求俊彦，启迪后人，无越厥命以自覆。慎乃俭德，惟怀永图。若虞机张，往省括于度则释。钦厥止，率乃祖攸行，惟朕以怿，万世有辞。'

王未克变。伊尹曰：'兹乃不义，习与性成。予弗狎于弗顺，营于桐宫，密迩先王其训，无俾世迷。'王徂桐宫，居忧，克终允德。"[2]

嗣王即新任的太甲，阿衡即伊尹。此文大意：伊尹强调商汤顺天应人，建立法制，抚绥天下，各方在商汤法度的指导之下，取得了很大成就。希望新王太甲遵守祖先法度，勤勉治国。（第一段）但是太甲对伊尹之言置若罔闻，于是伊尹继续进谏，强调先王的种种美德，比如朝乾夕惕、勤谨治国、善于谋划，请新王遵守祖训，谋定而后动。（第二段）然而太甲仍未改变其"不遵汤法，乱德"的习性，于是伊尹就认为太甲的行为乃不义。必须要改变这种习性，而不能由着太甲的性子来，因此必须将之放逐到桐宫，并用先王的法度促其改过自新。（第三段）正所谓"天作孽，犹可违；自作孽，不可逭"[3]。

---

[1] 参见《史记·殷本纪》。

[2] 《尚书·太甲上》。

[3] 《尚书·太甲中》。

这篇文字因列在伪古文《尚书》，自非殷人所作。且在《尚书·太甲》中、下两篇之中，大谈天命和德行的关系，并竭力阐发天命无常、惟德是亲的观念，很明显是西周以后才有的思想。但是作者在写作是篇中，却不可避免地会提到伊尹放太甲所援引的法律依据。否则，以臣放君，无疑犯上作乱。后世对这个问题，还一再置辩。比如孟子的学生公孙丑就请教孟子："其君不贤，则固可放与？"孟子回答："有伊尹之志则可，无伊尹之志则篡也。"[1]孟子是赞扬伊尹的高风亮节，其放逐太甲的行为光明正大。那么伊尹是如何行使"伊尹之志"的呢？这个又回到放太甲的理据。从上文中，伊尹对君主所作判决，援引最多的就是先王之法，而太甲的最大罪行，也是不守先王之法。先王的法为什么可以管束后王呢？追溯到最后，还得是"顾諟天之明命，以承上下神祇"。也就是说这个法度是承天命而定的。所以用承天命的法来适用在违天命的人身上，本质上还是一种"天罚"的观念使然。

这个观念在《尚书·太甲》下篇中，又一次得到了回应：

"先王惟时懋敬厥德，克配上帝。今王嗣有令绪，尚监兹哉。"[2]

言下之意就是说，如果一个王不克配"上帝"，是不配当王的。"上帝""天"就是行政与司法的最上位的法度。所以文虽伪作，但是其中流露出商朝"天罚"的司法原理却是至为明显的。

二、夏商的神判

神判法，顾名思义，就是乞灵于各种神灵，通常还须借助于一定的器具和形式，将神灵的意志表达出来，并以此为判断是非曲直理据的审判方法。如瞿同祖先生所云："神判法（ordeal）是各民族原始时代所通用的一种方法。当一嫌疑犯不能以人类的智慧断定他是否真实犯罪时，便不得不乞助于神灵。最简单的方法是测验他能否逃过一危险，出死入生。"[3]

征诸现代人类学调查，神判之事在比较原始一点的部族所在多有。比如"伸手捞油"以证清白这样的做法，在古代的"西南夷"地区普遍存在。如

---

〔1〕《孟子·尽心上》。
〔2〕《尚书·太甲下》。
〔3〕 瞿同祖：《中国法律与中国社会》，中华书局2003年版，第270页。

"蛮僚有事，争辩不明，则对神祠热油鼎，谓理直者探入鼎中，其手无恙。愚人不胜愤激，信以为然，往往焦溃其肤，莫能白其意者。此习土著之民皆从之，少抱微冤，动以捞油为说"[1]。现代也有学者提到："'捞汤神判'在新中国建立前的黔东南苗族侗族地区普遍存在。"[2]

由此反推，夏商存在着神判，乃是应有之义。然而，现在能够找到的关于此期神判的材料少之又少，瞿同祖先生甚至认为："中国人中找不到神判的痕迹，是慎重而较合于历史事实的论断。"[3]其理据之一，乃是"中国有史以来就以刑讯来获得口供，早就不仰赖神判法了。"[4]他只承认"但在使用刑讯以前，似也曾经过神判的阶段。"[5]比如皋陶用獬豸来断案，就类似于一种神判法。但是皋陶属于上古传说中的人物，其事之可信度依旧是存疑的。

瞿先生的论断不无道理，但稍嫌笼统。第一，虽然材料极少，但是并不意味着"痕迹"全无；第二，以刑讯获得口供，和神判并不是必然不能兼容。以上二点可从流传至今的甲骨文文献中可见端倪。此前的法律史学界在讨论商朝法制的时候，通常会涉及以下三条材料[6]：

"王又作辟。"（《粹》487）

"贞，王闻不惟辟，贞王闻惟辟。"（《乙》4604）

"兹人刑不。"（《佚》850）

通常的理解，将"辟"解释为"法"或"处死刑"，而将"刑"则理解为"处刑"之义。但是根据考古学界的研究，这样的理解有误，此处的"辟"当作"孽"解，意为"为害"，而"刑"则是"匕丹"合写之误，以上甲骨卜辞，都没有明显的犯罪和刑罚的味道，对此，李力先生辨析甚明，

---

〔1〕（清）沈日霖《粤西琐记》，载（清）王锡祺：《小方壶斋舆地丛钞》卷三八，光绪十七年（1891年）南清河王氏铅印本，第七帙，第185页。

〔2〕徐晓光："狩猎采集活动中早期习惯法渊源探析——以黔桂边界瑶族的几个支系为视点的研究"，载《贵州民族研究》2015年第2期。

〔3〕瞿同祖：《中国法律与中国社会》，中华书局2003年版，第272页。

〔4〕瞿同祖：《中国法律与中国社会》，中华书局2003年版，第272页。

〔5〕瞿同祖：《中国法律与中国社会》，中华书局2003年版，第272页。

〔6〕关于法律史学界利用这些材料进行商朝法律研究的情形，参见李力："寻找商代法律的遗迹——从传世文献到殷墟甲骨文"，载《兰州大学学报（社会科学版）》2010年第4期。

无烦赘述。[1]不过李先生同样从有限的卜辞中推断出了商朝法律的痕迹，根据来源于胡厚宣先生主编的《甲骨文合集》第 1 册中有关"王大令"的辞例：

"00001…（1）〔王〕大令众人曰协田，其〔受〕年。十一月。

　　　　　（2）〔受〕年。

00002…〔王大令众人〕曰协〔田〕，其受年。

〔十〕一〔月〕。

00003…〔王〕大令众人曰：协田…

00004…曰：协〔田〕

00005…〔卜〕，般，贞王大令众人曰〔协田，其〕受〔年〕。"[2]

这五条卜辞都不完整，很难知道占卜的场合或者背景，李先生综合考古学界各家学说，得出一个基本结论，就是这五条卜辞都是商王下达命令"协田"，"协田"究为何义仍待考，不过"协田"的过程中，需要进行占卜，这是毫无疑问的，而发出这个命令的是商王，由此，商朝存在着"令"这样一个法律的范畴。

遗憾的是，这样一个证据，至多也只能证明商朝已经存在着"令"这样一个法律形式，至于司法诉讼中行"神判"，只能通过因其流行占卜这种活动的逻辑而推测之。

商人迷信鬼神，凡事占卜，正所谓"殷人尊神，率民以事神，先鬼而后礼"[3]。众多甲骨卜辞的发现，也证明了传世文献记载的确切。从卜辞中可以确证，商代盛行占卜，凡事大至祭祀、征伐，小至疾病、生育，无一不求神问卜。虽然迄今并未见到直接对用刑占卜之例，但联系到"大刑用甲兵"，卜征伐过程中兼带"神判"，似乎也能说得通。

还有一些证据来自于《周易》，尽管冠以"周"这个朝代名称，然而南

---

〔1〕　参见李力："寻找商代法律的遗迹——从传世文献到殷墟甲骨文"，载《兰州大学学报（社会科学版）》2010 年第 4 期。

〔2〕　胡厚宣主编：《甲骨文合集释文》，中国社会科学出版社 1999 年版。

〔3〕　《礼记·表记》。

宋时期朱熹就曾说过:"窃疑卦爻之词,本为卜筮者断凶吉,而因以训戒。"[1]毫无疑问,《周易》卦爻辞并非一朝一夕的产物,而是经历了一个长期的历史过程。近人胡朴安先生即将《周易》六十四卦作为史书加以全面、系统的解释,形成了独特的周易古史观。按胡先生的分析,自《屯》卦到《离》卦是原始时代至商末之史。[2]在不少卦爻辞中,依稀可见夏商神判痕迹。如《履》卦卦辞提到"履虎尾,不咥人,亨",胡先生认为这是上古争帝位之文,以履虎尾看虎吃不吃人,来决定帝位的归属,这显然就是一种神判的方式。又如《噬嗑》一卦,为用狱之卦。胡先生认为:"可观而后有所合者,以神道设教,民众有一致之趋向也。故受之以《噬嗑》者,《观》上九之志未成,受之《噬嗑》以治之也。"[3]"神道设教"云云,盖指卜筮以用狱也。其他如《蒙》《讼》等上经卦内,亦依稀可见商代社会"神判"的影子。

最能代表商代"神判"事例的,还是纣王时期的酷刑——炮格,史家一般将之作为纣王暴虐的证据,《史记》对此的记载很简单:

"百姓怨望而诸侯有畔者,于是纣乃重刑辟,有炮格之法。"[4]

它只说炮格之法是纣王重刑辟一大罪状,至于如何行炮格,太史公未明言,但到了据说是西汉刘向所编的《列女传》中,则对炮格有了一个相对明确描述:

"膏铜柱,下加之炭,令有罪者行焉,辄堕炭中,妲己笑,名曰炮格之刑。"[5]

但作者之意显然不在于阐释炮格,而在于以此鞭挞妲己之罪恶,不过这个解释至少是将炮格之刑形象化了。后来诸家给《史记》作集解和索隐时,基本上都采纳这一见解,以之彰显纣王和妲己之恶。实则这是"次第地"塑造一个暴虐的纣王的过程,诚如孔子的弟子子贡所论:

---

〔1〕 (宋)朱熹:《答吕伯恭书》,转引自韦政通:《中国思想史》(上),吉林出版集团有限责任公司2009年版,第18页。

〔2〕 参见胡朴安:《周易古史观》,上海古籍出版社2006年版,第7页。

〔3〕 胡朴安:《周易古史观》,上海古籍出版社2006年版,第60页。

〔4〕 《史记·殷本纪》。

〔5〕 《列女传》卷七,《孽嬖传·殷纣妲己》。

"纣之不善，不如是之甚矣。是以君子恶居下流，天下之恶皆归焉。"[1]

是以纣王乃一个"箭垛式"的人物，代表了罪恶君主的典型，顾颉刚先生亦对此辨之甚详，事实上炮格的意义可能不仅仅如此。[2]

如果我们纯粹用司法的眼光来看待炮格，则我们发现这种情形和上面我们说的"捞汤神判"颇有几分相似。所不同者仅在于"捞汤神判"是要将手伸进沸汤中来验证其清白与否，而炮格则通过赤足走铜柱这一方式来判断有罪与否。那么所谓炮格，很可能是将一根铜柱子上涂满油，横置于炭火之上。然后令犯罪嫌疑人赤足踩在上面，令其从铜柱的一头走到另一头，如果未坠于炭中，则可判令无罪，而坠于炭中，则是"神判"如此。这很可能是在一种证据不足的情形下，依靠"神判"而做出的司法决定。用来作为"神判"的铜柱，当不会太长，和"捞汤"一样，这种过程一般会非常短暂。当然，后世理性发达之后，人们再回过头来看这种"神判"，无疑是非常残酷的。

当然，因为历史久远，目前的考古发现也没有发现此类实物，所谓"炮格神判"，依旧是一个可能的推测。衡诸世界法律发达的历程，商朝存在"神判"这一司法方式应该是可信的。

第三节　古文献和甲骨文中所见其他夏商司法情形

一、古文献中所见夏商司法情形

古文献中关于夏商司法的记载寥寥无几，主要载于《尚书》和《周易》中，基本上都是关于司法中出现的刑罚和刑具的记载。

首先来看《尚书》，即便将有争议的古文经中《尚书·虞夏书》《尚书·商书》等篇目列入，可考的夏商司法情形也不过这么六七条的样子。

（1）"……弗用命，戮于社，予则孥戮汝。"[3]

---

[1]　《论语·子张》。
[2]　参见顾颉刚："纣恶七十事的发生次第"，载顾颉刚：《顾颉刚古史论文集》（第2册），中华书局1988年版，第211~221页。
[3]　《尚书·甘誓》。

（2）"尔无不信，朕不食言。尔不从誓言，予则孥戮汝，罔有攸赦。"[1]

（3）"成汤放桀于南巢，惟有惭德。"[2]

（4）"惟兹三风十愆，卿士有一于身，家必丧；邦君有一于身，国必亡。臣下不匡，其刑墨，具训于蒙士。"[3]

（5）"太甲既立，不明，伊尹放诸桐。"[4]

（6）"乃有不吉不迪，颠越不恭，暂遇奸宄，我乃劓殄灭之，无遗育，无俾易种于兹新邑。"[5]

（7）"今商王受弗敬上天，降灾下民。沈湎冒色，敢行暴虐，罪人以族，官人以世。惟宫室、台榭、陂池、侈服，以残害于尔万姓。焚炙忠良，刳剔孕妇。"[6]

其中第（1）（2）（6）条来自今文经，是比较可靠的文献，且其意思一致，"孥戮""劓殄"学界均作"族诛"义，合族诛灭，即"罔有攸赦"。这一点似乎是从上古时代的"盟誓"刑发展而来，不同的是"孥戮"或"劓殄"采取的是更为极端的方式将人彻底清除出氏族共同体。第（3）（4）（5）（7）条则来自伪古文《尚书》，（3）中提到了一个刑罚"放"，类似于后世的流刑，商汤放桀，是一个比较有名的故事，但历来受人怀疑，战国时齐宣王似认为不可能，问博学的孟子，孟子也只能回答"于传有之"[7]，认为传说是如此。（4）被认为是商朝大臣伊尹所发的训示，其中提出了著名的"官刑"——三风十愆，如果臣子对其主有三风十愆的罪行不进行匡正，则要受"墨刑"的惩罚。（5）则是伊尹放太甲桐宫之例，和（3）一样，涉及"放"刑。虽出自古文，但鉴于史书中关于盘庚迁殷后的事迹，已经由当代甲骨文专家根据出土文字加以确证[8]，是可以推测《史记·殷本纪》关于太甲的

---

[1]《尚书·汤誓》。

[2]《尚书·仲虺之诰》。

[3]《尚书·伊训》。

[4]《尚书·太甲上》。

[5]《尚书·盘庚中》。

[6]《尚书·泰誓上》。

[7]《孟子·梁惠王下》。

[8] 最著名的例子即董作宾《殷历谱》一书，该书主要利用殷墟出土的甲骨文材料，配合传世文献，缀合出盘庚迁殷直至帝辛（商纣）亡国的200多年间的商代历谱与商王事迹，高度印证了史记的记载。参见董作宾：《殷历谱》，载《董作宾先生全集 乙编》（第1册、第2册），艺文印书馆1977年版。

记载并非杜撰，且桐宫故址亦有所据〔1〕，故伊尹放太甲并非全是空穴来风，由此推知，夏商时期存在"放"刑，是完全有可能的。(7) 则出自伪古文的《周书·泰誓》，这篇相传是武王伐纣，于孟津渡河时的誓师之辞，辞中揭示了商王的罪恶，从语气和所示的纣王残暴之语来看，应该是后世伪作无疑，但是其提到"罪人以族"，即商朝有族刑之说，则确无疑义。之于"焚炙"和"刳剔"，可归为商纣酷刑，而非常刑。总之从文献记载来看，相对可信的，就是商朝至少存在族刑和流放刑这样的刑罚措施。

其次再来看《周易》，如上文所述，《周易》的制作年代殊难判断，伏羲说、文王说、周公说、春秋战国说都能见到。通说以为伏羲画八卦，文王演六十四卦，孔子作"十易"，但这也是经过汉儒演绎过的说法。不过我们姑且还是按照上述胡朴安先生的说法，将周易的《上经》看成是原始时代至商末的历史，原始时代蒙昧不可述，将之统括为夏商时期先民的活动也能说得通，那么综合《乾》至《离》的《上经》三十卦，我们看到与司法用语相关的则有这么几处：

(1) "初六，发蒙，利用刑人，用说桎梏，以往吝。"〔2〕
(2) "上六，拘系之，乃从维之，王用亨于西山。"〔3〕
(3) "初九，屦校灭趾，无咎。"〔4〕
(4) "上九，何校灭耳，凶。"〔5〕
(5) "上六，系用徽纆，寘于丛棘，三岁不得，凶。"〔6〕

解易作品汗牛充栋，很多存在牵强附会之嫌，有学者单纯根据卦爻辞中的字词，用其现代义来解释，比如看到以上 (1) 中有"刑人""桎梏"字样，再联系到《蒙》卦具有发蒙教育的意思，遂认为这是对受刑之人进行发

---

〔1〕 考古学家邹衡先生从文献和考古资料两个方面论证并提出了偃师商城并非汤都西亳，而是太甲流放的桐宫，即早商离宫，虽然这一说法在此后的数十年间频遭质疑，但却也表明"桐宫"也并非纯为传说。参见邹衡："偃师商城即太甲桐宫说"，载《北京大学学报（哲学社会科学版）》1984年第 4 期。

〔2〕 《周易·蒙》。

〔3〕 《周易·随》。

〔4〕 《周易·噬嗑》。

〔5〕 《周易·噬嗑》。

〔6〕 《周易·坎》。

蒙、教育，帮助他们从桎梏中解脱出来。实则这样的理解是不了解卦和象之间的联系所致。这方面胡适先生说得浅显明白："一切变迁进化，都只是一个'象'的作用……'象'是原本的模型，物是仿效着模型而成的……先有一种法象，然后有仿效这法象而成的物类……孔子以为人类历史上种种文物制度的起源都由于'象'，都起于效仿种种法象，这些法象，大约可分两种，一种是天然界的种种'现象'；一种是物象所引起的'意象'，又名'观念'。"[1]显然，这个卦象的"象"，并非实相。袁庭栋先生解释是："由于迷信活动的特点，对所卜问的事物必须要有多侧面的，乃至由某种理论联系着的完全不同的解释，所以，这些占卜的文字记录不可能是详尽而确切的，而只能是既十分简单又有着多种理解的文字。"[2]所以如果一个卦中谈到"刑"，谈到"桎梏"，未必讲的就是"刑""桎梏"行为或者实体本身，而有可能是以之作为"意象"，而阐发一定的道理。我们且来看上述爻辞。

（1）为《蒙》卦的初六爻。蒙主要有启蒙、发蒙之义。利用刑人，用说桎梏。"说"通"脱"。大概意思应该解释为教育或者启蒙，应当像用刑那样果断而坚决，从而使得受教育者从桎梏中解脱出来。爻辞本身并非讲司法，而只是借用了司法活动中的"刑"和"桎梏"的物象，引起"发蒙"的意向。不过由此可知，至少在作词爻辞时，现实生活中已经有"刑"和"桎梏"的存在。"桎梏"，《说文解字》云："木在足曰桎，在手曰梏。"其他《广雅·释诂》等籍解释与此大同小异。"桎梏"因此也就是木制的脚镣手铐，用以束缚人，是一种械具或刑具，夏商时已经用于司法活动中。上文（2）中的"拘系"亦有限制人身自由义。（3）（4）两项的"校"，亦解为"桎梏"义，具体到（3）指出木制的脚镣，而（4）则指木制的枷锁。至于（5），可理解为将人用绳索捆住，拘禁起来。拘禁的地点为"丛棘"，古时为了防止犯人逃跑，在拘禁地四周用荆棘堵塞，这就是最初的监狱，后世遂常常用"丛棘"指代监狱。

由上述《易经》中不多的材料，我们可知夏商时已经出现了"桎梏"等司法械具或刑具，并且出现了监狱这样的国家机器。当然"桎梏"在后来亦

---

〔1〕 胡适：《中国哲学史大纲》（上），商务印书馆1919年版，第64~66页。
〔2〕 袁庭栋：《周易初阶》，巴蜀书社1991年版，"前言"。

可以做广义解，即"受刑"之义，如孟子云："桎梏死者，非正命也。"[1]这里的"桎梏"，不一定是被手铐脚镣拘系而死，而泛指犯罪受刑而死。但同样可反证，至少此类刑具或者械具的长期存在。

此外《史记·夏本纪》《史记·殷本纪》中，亦提到不少的刑罚和刑具，至纣王，更是酷刑繁多，对此前已提及，不再赘述。

二、甲骨文中所见商中后期司法情形

目前的出土材料中，仍未见到有任何关于夏朝司法的东西。而关于商的考古发现，最著名也是最有价值的就是殷墟甲骨文字了。从 1899 年甲骨文被发现，迄今为之，共出土了约 15 万片甲骨，累计约有 15 万字，共 5 千多个单字，其中考释成功的单字约 1300 个~1500 个左右，但是考释出来的单字部分依旧存在争议。

我们下面就以胡厚宣先生主编的《甲骨文合集释文》[2]为据，来看看其中可能涉及的夏商司法的情形，需要注意的是，到目前为止，有字的甲骨几乎都来自盘庚迁殷之后，所以即便甲骨文释读无误，最多也只能反映商中后期的司法情形，当然，因为甲骨文记载极为简略且存在不少脱漏，只能从一些字形上来推测文字所记载的内容，主要涉及刑罚方面。

首先来看拘禁刑的执行场所，即监狱。我们可以发现下列卜辞：

05974

……〔令〕辛……奠……业……圉……

05977

⑴贞〔勿〕圉。

⑶丁丑卜，方，贞圉。

---

[1] 《孟子·尽心上》。

[2] 以下卜辞均来自该书，参见胡厚宣主编：《甲骨文合集释文》，中国社会科学出版社 1999 年版，其编号为原编者所加。

05978

(1) 壬口卜．殻．

(2) 貞圂．

(3) 貞勿圂．

(4) 貞袞五牛．

05979

(1) 貞勿圂．

(2) 丁丑卜．方．貞執．

20770

(1) 癸……袞……自入至囲門．　一　二

(2) 不往．雀．十一月．　二　三

以上圂字，经文字专家考释，疑与"囹圄"的"圄"字同义，如此，则表监狱义，而圂字，方框内含一"执"字，更为形象地表明将人拘执在某地。而囲字，则带有有人监视的大门之义，同样可表监狱。是故可见，商朝的监狱系统应该是比较发达的。

06025

(1) 辛酉卜．争．贞圂用于西．　二

(2) ……隹……雨〔小〕．　一

(3) 贞　一

06026

(1) 癸口〔卜〕．贞……〔小臣〕……

(2) 口口卜．口，〔贞〕……圂……

06027

勿……圂……

其次来看相关的刑罚，我们从上古最著名的"五刑"开始。首先是"墨刑"，又称"黥刑"，即刺面的耻辱刑。在《甲骨文全集释文》中未看到"墨"或"黥"的字眼。不过胡留元、冯卓慧两位先生提出一个比较合理的说法，就是"黥刑很难用象形办法表现于简单字形中，故卜辞便借黥刑刑具剠、劓以表示之，此乃甲骨文中有黥刑之佐证"[1]。当然，因为甲骨文本就是用图形来说明问题，既然无确切文字，所以这个结论仍旧是一个推论。

其次"劓刑"，《甲骨文全集释文》中，明确地把"劓"这个字给释出来了，来看下面两片甲骨的释文：

05994

　业劓。

05995 正

(1) 贞亡舌于𡆥遘复值。 一 二 三

　　二告 四

(2) 贞亡舌告于妣庚由羊用。 一 二

　　三 不玄冥 四 五

(3) 贞乎劓（若）。 一 小告 二 三

　　四 五 不玄冥 六

(4) 不若。 一 二告 二 三 四 五

　　六 不玄冥

由上述释文可知，虽然在什么情况下运用以及如何运用还不是特别明确，但是"劓"作为割鼻这一刑罚还是存在的。

再次"刖刑"，"刖"字义是砍脚，但根据文献记载，历史上处"刖刑"，有单纯砍掉脚掌、砍整个下肢、仅砍膝盖以下部分下肢，或者仅仅挖掉膝盖骨（最著名者如战国时期的孙膑所受的膑刑）等做法，"刖刑"具体在商朝时期如何执行，这一点我们同样不得而知。不过"刖"这个字在《甲骨文全集

---

〔1〕 胡留元、冯卓慧：《夏商西周法制史》，商务印书馆 2006 年版，第 74 页。

释文》中出现的频率还比较高，仅举数例如下：

06000 反

(1) 戊辰卜．凶。

(2) 貞囚屮五十。

(3) 貞其刖。

(4) 貞黄尹希。

06001 正

(1) 貞〔勿〕……中方。

(2) 丁巳卜，亘．貞刖者。 一

06002 正

(1) 乙酉卜．〔設〕．貞刖〔羹〕。

(2) 勿业于多介父犬。

(3) 戊寅卜．争．貞于羌甲…… 小吉

06003

□寅卜．設．貞其业刖。

06004

……其刖……死。

06005

□□〔卜〕．亘．貞〔刖〕其死。

06006

　　……刖……

06007

　　⑴辛卯卜．殷．贞刖……

　　⑵丁酉卜．凹．贞宦王。

　　⑶贞不宦。

06008

　　刖。

06009

　　刖。

06010

　　刖。

　　不仅仅有以上文字记载，在 20 世纪 70 年代之后，在殷商墓葬的考古中，曾经发现过被砍掉下肢或者小腿的尸骨，是可以证明在商朝中后期时，"刖刑"已经普遍存在了，而且可以推测，这应该是司法活动中的常刑。

　　接着"宫刑"，也称"腐刑""椓刑""阴刑"等，甲骨文中亦有反映：如

05996

　　⑴……蛊……

　　⑵□寅（卜），贞剢。

　　⑶……犬……

05997

　　□剢。　二

05998

　　剠．

05999

　　(1)甲口〔卜〕．囗．貞……

　　(2)〔貞〕……剠……

　　以上的"剠"，通"椓"，"剠"有阉割公猪之义，后来应用到人身上，则成为"宫刑"的前身。至于"宫刑"的执行方法，在商代，到底是男子去势，女子幽闭，还是男子摘除睾丸，女子拍打脱落子宫，同样无从考证。

　　最后是"死刑"，死刑种类繁多，甲骨文中最为常见的做法如下：

06011

　　(1)小子〔漁〕业从。

　　(2)子漁业从。

　　(3)庚申卜．宁．貞戕。

　　(4)貞于工……

06012

　　囗囗卜．囗．〔貞〕戕。二

06013

　　……戕〔多〕……

06014

　　貞……戕。

06015

　　……戕……

　　上面的戕字，大概就是用斧钺之类的东西砍人头颅的做法，后来的斩刑当由此发展而来，其他如火烧、活埋、刳剔、射杀等一系列做法，在甲骨文中也有反映。至于"隶""众"等字，在甲骨文中所在多有，是可以推断商朝时劳役刑也很盛行，所谓"傅说举于版筑之间"，说的就是傅说从徒刑犯中被提拔上来，虽是后世的追记，但在商朝时，还是可能存在的。

当然，甲骨文的优点是它直接用字形来证实了某种事物在商朝的实际存在，但是缺点是它无法证明何物在商朝不存在。而且，用甲骨文来推断商朝司法的情形，本身就具有较大的风险。这是因为：第一，甲骨文当中关于司法的记载极为有限，限于生活所需以及技术条件，当时在甲骨上刻字比较困难，所刻的内容，也一定是与生产生活关系非常大的，这些优先需要向上帝卜问，并非所有的生活都要占卜。据罗振玉先生在《殷墟书契考释》一书中对占卜内容所做的统计来看，卜祭祀 306 次，卜告 15 次，卜享 4 次，卜出入 128 次，卜田猎渔鱼 130 次，卜征伐 35 次，卜年 22 次，卜风雨 77 次。[1]可见关于司法的卜筮，在当时的生活中所占比重微乎其微，故而甲骨虽多，可用的至少。第二，甲骨文本身也是支离破碎的，因为是卜筮之辞，带有迷信或者神秘的色彩，只会记载一些关键的信息，诸如人名、时间、所卜的事件等，无法将事物之间的联系或者事件的前因后果等信息一一记录完整。且在出土过程中，不可避免会在一定程度上破坏原有的完整性，所以单靠甲骨文的只字片语，想要复原殷商社会，绝无可能，更不要提本来记载就少的司法活动了。第三，目前利用甲骨文进行的商朝法制史研究，基本上还是从字形上来推断刑罚和事件，而字形的揣摩和文字的解释，虽然在甲骨文专家的努力之下，已经取得了很大的突破，但是商朝的语法具体规则，还有字词字义在特定语境下的意义，依然是一个难解的问题。且限于甲骨文支离破碎故，靠字形辨认和字义揣测去推断商朝法制，风险很大。如考古专家张光直批判有学者关于商朝的陈述"是建立在一二个字的不确切的解释之上"，并认为这样做"显然不妥"。[2]而我们这里所论的甲骨文中所见商朝中后期司法情形，也是建立在几个字的解释之上，有的字比较确切，但有的字仍需进一步证实，因此，甲骨文材料，充其量只能说是对商朝司法存在情形的一个佐证，详细的论证仍俟来日。

---

〔1〕　具体内容参见罗振玉：《殷墟书契考释》，中华书局 2006 年版。
〔2〕　参见张光直：《商文明》，张良仁等译，辽宁教育出版社 2002 年版，第 192 页。

本章小结

从出土的青铜器和甲骨文等材料中，我们可以证实，至晚到商朝中期，文明已经进入到一个非常发达的阶段。而司法文明，亦臻至一个新的高度。从传世文献中，更是可以看到典章制度的发达。《尚书·五子之歌》中，殷商贵族在哀叹世风日下，回忆祖先荣耀时，提到：

"明明我祖，万邦之君。有典有则，贻厥子孙。"[1]

可见商朝一开国就制定了一整套规模宏大的制度，为后世所用。即便在西周取代了商朝的统治后，也没有否认殷商的制度之美，反而强调商人原本是有一套很好的制度的，只是到了末期，商王悖法，商民涣散，所以天命才转向"小邦周"，这是人的问题，而非制度的不善，所以在向殷遗民发布文诰时，西周统治者提到：

"惟尔知，惟殷先人有册有典，殷革夏命。"[2]

这"有册有典"和前面提到的"有典有则"相通，都是指制度的成熟。更能反衬这个"有册有典"的事实，西周统治者在派子弟往殷商故地去当诸侯时，谆谆告诫司法活动中的注意事项：

"王曰：'外事，汝陈时臬，司师兹殷罚有伦'。又曰：'要囚，服念五六日，至于旬时，丕蔽要囚。'王曰：'汝陈时臬事，罚蔽殷彝，用其义刑义杀，勿庸以次汝封。乃汝尽逊，曰时叙，惟曰未有逊事。'"[3]

这就要求该诸侯王要照顾到此地人民的遗民特色，不要用西周法制强加于他们头上，而要按照"殷彝"用"殷罚"，因为"殷彝"是"有伦有要""义刑义杀"的，具有很强的先进性。"殷彝"可能就是殷商旧法，至于到底

---

〔1〕《尚书·五子之歌》。
〔2〕《尚书·多士》。
〔3〕《尚书·康诰》。

是刻在青铜器上的法令还是殷商的习惯法，不得而知，衡诸法律发展的阶段，后者的可能性要大一点。不管如何，这都说明殷商创造的法制文明是可观的。其司法活动，虽带有强烈的天罚神判色彩，但比之于以前的时代，应该是有很大的进步的。绝不能用传说中纣王妲己的暴虐，来涵盖这一时期的司法活动整体。

遗憾的是，夏商历史距今实在久远，确切可考的文献实属凤毛麟角。夏商文献不足征之苦。孔子在世就已经感慨："文献不足征"。很可能孔子从来就没有见到过甲骨文。即便在材料已经相对丰富的商朝，关于法律的大体情形，也只能如张光直先生所云："法律所体现的权利和义务的平衡式有两部分组成，即商王对仁慈统治的许诺和对臣民服命的期冀。"[1]他还说："我们认为，要想对商王朝的法律制度有一个较好的认识，只能通过发现一些有关编汇法律制度的文献，并从中发现有益的资料……甲骨卜辞可能就是册的一部分，但是，至目前为止还没有发现有关商典的任何痕迹。"[2]

总之，这段时间的司法文明，可以确定的线索是，较之于原始时代末期，已有很大进化，司法活动的确定性大大增强。到了商朝时期，可能还出现过"典""册""则"之类的法律渊源。司法活动一开始以"天罚"展开，最初纯粹是无意识的"天"，之后，人们将自己的主观情感和判断，融入进"天"这个命题当中，于是在"天罚"之外，加上"神判"的色彩，同时，在这个过程中，还建立了一整套司法设施和司法技术。这些都给后来西周时期的司法，留下了一笔宝贵的文明财富。

---

[1] 张光直：《商文明》，张良仁等译，辽宁教育出版社 2002 年版，第 191 页。

[2] 张光直：《商文明》，张良仁等译，辽宁教育出版社 2002 年版，第 192 页。

第三章

理性司法的开端

——西周司法文明（约前 11 世纪中期~前 770 年）

第一节　西周司法文明的思想文化与制度背景

王国维先生在阐述商周嬗递的历史进程时，有一段经典的论述："中国政治与文化之变革，莫剧于殷周之际……殷周间之大变革，自其表言之，不过一姓一家之兴亡与都邑之移转；自其里言之，则旧制度废而新制度兴，旧文化废而新文化兴。又自其表言之，则古圣人所以取天下及所以守之者，若无以异于后世之帝王；而自其里言之，则其制度文物与立制之本意，乃出于万世治安之大计，其心术与规摹，迥非后世帝王所能梦见也。欲观周之所以定天下，必自其制度始矣！"[1]

历来这段话被人反复征引，作为商周分野，王氏的判断诚为卓论，但是这一变化却不是一蹴而就的，西周的文化，是在继承商朝文化遗产的基础上，批判吸收，不断"扬弃"而逐渐形成的，西周时期的司法文明的发展同样如此。在继承了夏商天命神权司法观的基础上，结合历史和现实，逐渐远神近人，最终确立了一种理性和人文的形态。欲理解西周司法文明，必得由其文化与制度背景入手，方能了解何以王氏称西周制度文物与立制本意是出于"万世治安之大计"，也才能深入理解西周的司法文明样态。关于西周兴亡的

---

〔1〕　王国维：《观堂集林》卷十"史林二"，中华书局 1959 年版，第 452~453 页。

整体历史，学界成果颇丰〔1〕，不再赘述，本节仅取其与法律制度相关者做一个概述。

一、偶然与必然：西周法律文化的历史背景

钱穆先生曾说："除却历史，无从谈文化。"〔2〕要了解法律文化，需要先了解西周法律文化的历史背景。

（一）周人的起源

古代思想文化的世界都崇尚一个神圣的起源，这个起源多半具有神话色彩。周人的来源与商人相似。商部落的简狄吞了天边玄鸟产下的五彩的卵，于是受孕生了契，是为商人的始祖。而周则是姜嫄因为有德行而被上帝所赏识，她诚心祭祀，祈求上帝赐给她一个儿子，有一天她在野地里走路，看到大地上有个很大的脚印，一时的好奇心驱使她将自己的脚放在这个脚印里去，不想因此怀孕产下一子。这个男孩长成以后，会种各种植物，后人尊之为后稷，此人便为周人的祖先。从商周祖先的起源中，可以看出他们的出现均未经过人类正常的生育过程，是神话传说，所以也可以说商周都是神带来的产物，得到神灵的庇佑。但是细细比较其中的差异可以发现：商是简狄吞了一个有形的物体——鸟卵所生，这个故事还是鸟与人的结合，还是比较形而下的；而周是姜嫄偶然踏进一个脚印里产下一子，没有任何物质注入其体内，比起商，已更为抽象，这反映人类的思维的某种进化观。而且商简狄吞卵时，是和妹妹建疵争夺之后取得胜利从而才食到鸟卵，而姜嫄则是因为有德行，偶尔踩入脚印，上帝才赐予其子孙。从这个细微的区别中，我们似乎可以看到德行观念的萌发。"天命靡常""惟德是亲"等周代德行观念似乎在周人起源的传说中，已经奠定基础。

（二）迁徙与开拓

周人在先周的阶段，不窋时代在山西汾水，承袭了当地的光社文化（农业文化）以及若干草原文化，而北方有强大的的戎族环视，这就使得周人时

---

〔1〕 关于西周兴衰历史叙述，主要参见以下研究成果：（1）李峰：《西周的政体：中国早期的官僚制度和国家》，吴敏娜等译，生活·读书·新知三联书店2010年版；（2）李峰：《西周的灭亡：中国早期国家的地理和政治危机》，徐峰译，汤惠生校，上海古籍出版社2007年版；（3）杨宽：《西周史》，上海人民出版社2003年版；（4）许倬云：《西周史》，生活·读书·新知三联书店2001年版。

〔2〕 钱穆：《中国文化史导论》，商务印书馆1994年版，"弁言"第6页。

时有忧患意识，从而较之黄河下游土地肥沃的商部落更加关注现实世界。到了公刘时代，他们开始向东北地方迁徙。公刘的儿子庆节迁到陕北泾水流域，那边土地广阔丰茂。九传到了太王，周国势更盛，不想碰到了一个意外的打击，因陕西东北住着一个强大的游牧部落，名鬼方。太王为了避开鬼方这股压力，又迁徙到渭河流域的歧下，之后一直在此发展。到了王季时代，周实力大增，王季不仅有很好的德行，又有显赫的武功，四周部落开始臣服于周。此时商王文丁看到周势力增大，就把王季杀害。王季有一个聪明睿智的儿子，德行高尚、富有野心又韬光养晦，此人便是后来名垂青史的一代圣人——周文王姬昌。在不停的战争与迁徙的历史进程中，周人在保持对天的敬畏的同时，更多的则是对人事的关注，他们注重现实，生活认真、严谨、勤劳。我们看《尚书·周书·酒诰》《尚书·周书·梓材》两篇，就能发觉周人善于从历史中吸取教训。如《尚书·周书·酒诰》中就讲到商人因奢靡无度而获罪于天的情况，所以周人在总结他们自己迁徙与开拓这段历史时，有意识地将生活细节与德行、与天地联系在一起，所谓"以德配天""与天地合其德"，即以生活小事看出了天道，这一点成为后来细致的"周礼"的最初的源头。由此似可明白"礼"原本源于生活，但又服务于江山社稷，这是一个必然的过程。

（三）武王克商

文王继承了太王、王季的事业，号西伯，俨然商西部的霸主。他第一步在西北两方戎狄中求发展，第二步灭了密须氏，又和西南面部落小帮联盟。但是诚如许倬云所说："周人以蕞尔小邦，人力物力及文化水平远逊于商，其能克商而建立新的政治权威，由于周人善于运用战略，能结合与国，一步一步地构成对商人的大包抄。"[1]与此同时，商朝也面临着巨大的危机。一方面，周人在北边已循山西南部拊殷都朝歌之背，而山西高地可俯视周人王畿，中路一线，已克服崇部进入中原，南路一线，江汉已成为周人疆土。另一方面，纣王还在忙于讨伐东夷，商纣的实力被大大消耗。武王在克商时并没有把握，即使到牧野，举行"牧誓"时，他还在强调纣王失德，天必败之。与其说这是一种个人自信，倒不如说是精神激励更为恰当。但在牧野，许多从东夷俘虏的商战士临阵倒戈，这一事件很具有偶然性，使得在这一仗中周人决定性地打败了商王国。这一历史进程，使得周人对此有不可思议的感觉，"必须以

---

〔1〕 许倬云：《西周史》，生活·读书·新知三联书店2001年版，第11页。

上帝所命为解，另一方面又必须说明商人独有的上帝居然会放弃对商的护佑，势需另据血缘及族群关系以外的理由，说明周之膺受天命。于是上帝赐周以天命，是由于商人失德，而周人的行为却使周人中选了。"[1]

（四）周公的宗法封建

武王克商后，发觉自己初入中原，和商的人民没有什么关系，而且商的土地辽阔，人民众多，要立即成为商的主人同样很困难。所以武王在取得了商朝的许多宝物之后，觉得还不如享有东方宗主权来得好，他就命令纣王的儿子武庚仍做商王，另外派两个弟弟管叔鲜和蔡叔度帮着商王管理政事，称为"三监"，要他们监视商原住民，不许叛乱。所以武王刚克商后，并没有发展出一套新的政治制度，依旧是两个独立的部落国家，现代意义上的"华夏国家"还没有形成。武王早逝，其子尚幼，政权交给周公，武庚乘机叛乱，周公平定三监。这次是第二次克商，不但克商而且连带克了商的很多属国，周人的势力才开始真正渗透到了东方。周公做长治久安的打算，将西周王族族人和姻亲分封到新征服的地方，在其他商王势力所及的地方，比如燕齐，也都分封给了周王室内的重要人物，这种以家族血缘为纽带联系，封邦建国的方法，即为封建。所谓：

"惟王建国，辨方正位，体国经野，设官分职，以为民极。"[2]

建国克邦过程中所做的最伟大的制度设计。这一设计对周代法文化乃至整个传统社会影响深远，以至于表面看宗法封建只是周公对偶然事件做出的回应，实则是周人在为长久的谋划。

二、封建与宗法：精巧的国家制度设计

（一）封建宗法制度

西周国家到了成康之世，已经基本定型。其国家结构形式，横为封建制，分封诸侯，建立家园；纵为宗法制，亲亲尊尊，嫡长继承。一横一纵，完成了国家建制。从现存的《周礼》中，我们似可看到这样一个制度模式在如何发挥作用。尽管它叙述的制度令人怀疑是周公之制，但是我们将之与其他资料

---

[1]　许倬云：《西周史》，生活·读书·新知三联书店 2001 年版，第 103 页。
[2]　《周礼·天官·大冢宰》。

相印证，其中仍有许多却为周代国家制度。《周礼》极其详细地分立各种职位和官职，且都关乎国家总的政治生活和治理模式，将之比拟成古代封建国家的"宪法"也不为过。总之，作为一个伟大的制度设计，周人对中国法制文明的贡献是难以估量的。后来春秋时一位贤人师服论及封建的好处时提到：

"吾闻国家之立也，本大而末小，是以能固。故天子建国，诸侯立家，卿置侧室，大夫有贰宗，士有隶子弟，庶人工商各有分亲，皆有等衰，是以民服事其上，而下无觊觎。"[1]

所以封建制度首先是划分等级，在国族内部设立一个秩序，"以政治制度而言，周初才举行大规模的封建制度。原有的部落，有的仍然存在，多数则不免于周民族的窥觎裂割，成了分封的局面。"[2] 上述师服所谈的是土地民人的分配问题，明晰的产权界定依然莫如《诗经》中的那句明言：

"溥天之下，莫非王土；率土之滨，莫非王臣"。[3]

至于职业分化，也有层层分封以相统属的关系，这就是所谓的：

"公食贡，大夫食邑，士食田，庶人食力，工商食官，皂隶食职。"[4]

从天子到士，均属于贵族阶级，是役使百姓，食于百姓的特权阶级。宗法源于氏族社会末期的父系家长制，依血缘区分大宗和小宗（嫡庶之分），强调大宗对小宗的支配，卑幼对尊长的服从。宗法组织也是应封建制度所需而生的，或者说正是血缘上的宗法关系引发到政治上的封建关系。为了维持封邑或土地的完整，为了维持封邑主或国君行政上的完整，便只有宗族一系相传。没有宗子，才能旁及其他嫡子或庶子。后来它与国家君主制、官僚制相结合，家国一体，君父合一，构成了中国传统社会政治结构，数千年间一脉相沿。西周封建除了上述作用外，还有武装集团的向外垦殖。钱穆因而说道："因此西周封建，同时具有两种作用，一是便于对付殷朝之反动，一是防御四围游牧

---

〔1〕《左传·桓公二年》。
〔2〕瞿同祖：《中国封建社会》，上海人民出版社 2003 年版，第 259 页。
〔3〕《诗经·小雅·北山》。
〔4〕《国语·晋语四》。

人的侵扰，所以周代封建是当时以军事与政治相配合，而又能不断地动进的一种建国规模。"[1]

（二）宗法封建制度的文化意义

一种制度可以说是文化的一个组成部分，又可以说其背后必有一种深厚文化的支持，那么这种"封建主义"说明了什么？如同美国学者本杰明·史华兹先生所认为的："中国'封建主义'的效力可能也反映了统治者权威背后的宗教基础相对强大"[2]。这里面所说的"宗教基础"，其实是与夏商传下来的祖先崇拜和祭祀息息相关。他又说："如果周代的建立者们在他们的亲属中'分配治权'，那么，他们的确是依赖根植于祖先崇拜的亲缘纽带的深厚的宗教方面。从这种观点看来王室的'诸侯'成员在帝国的某些要害地区构建了'周之屏藩'。如果周王将土地赐给非亲属的盟友和各地的掌权者，那么他们或许信赖诸侯们将其自身的物质与精神利益很好地认同于该制度的意识。此外君王权威的宗教性基础——他声称与上天有特殊关系——可能会赢得普遍的接受。"[3]就封建而言，周王是最高的主宰。他分封天下，谁给予他权力？追问到最后只能是天的旨意，但天高高在上，太过玄虚，怎么才能知道天意？商代是靠巫卜神谶，巫谶的作用就是沟通神意与天意，如同张光直先生所论述的"萨满教"内的萨满。[4]他们通过巫术仪式来表现天的权力。到了西周，虽然也信神，但更关注于道德之"天"。由于更加关注现实世界，又得对种种现实找出区别于夏商简单的"神造"观念的解释，于是他们找出了一个解决方案，就是祖先崇拜。通过祖先来得知天的意图，这样祭祀祖先就更加深化了王权，顺应了天意。"祖先崇拜，固然如学者所说，以祈求本宗亲属的繁殖与福祉为目的，但其更重要的一项功能，是借仪式的手段，以增强与维持同一亲团的团结性，加重亲团成员对本亲团之来源与团结的信念。"[5]这个慎终追远的情节，又是宗法制度的来源。在之后的帝制中国，有良好的法律传统。"祖宗之法不可变"，中国法律的发展，千百年来即使屡有变易但

---

〔1〕 钱穆：《国史新论》，九州出版社 2011 年版，第 2~3 页。

〔2〕 ［美］本杰明·史华兹：《古代中国的思想世界》，程钢译，江苏人民出版社 2004 年版，第 44 页。

〔3〕 ［美］本杰明·史华兹：《古代中国的思想世界》，程钢译，江苏人民出版社 2004 年版，第 44 页。

〔4〕 参见张光直：《中国考古学论文集》，生活·读书·新知三联书店 1999 年版，第 115~135 页。

〔5〕 参见张光直：《中国考古学论文集》，生活·读书·新知三联书店 1999 年版，第 133 页。

仍不绝如缕，与周代封建宗法观念的深入人心莫不相关，即沿着"天——祖先——王道（封建/宗法）"的次序等级发展着。总之在传统法律体系中，我们始终可以看到血缘宗法的烙印。[1]

三、从神祈到人事：西周法律文化的人本主义特色

（一）民心与理性的自觉显扬

张晋藩先生认为：人本主义是中国古代法文化的哲学基础，这个传统是从西周开始的。[2]在殷商时代，"殷人尊神，率民以事神，先鬼而后礼"[3]。但是鬼神天帝并没有保护延续商朝的统治，相反终究因为其奢侈无度、压榨百姓、穷兵黩武，使得民众叛逃，阵前倒戈，而被小邦周推翻。这一历史事实使继起的西周统治者在认识上发生了新的转向，[4]他们发现：

"天畏棐忱，民情大可见。"[5]

即民众对于维持统治政权的重要作用，因此提出"敬天保民"，将天意与民心连在一起，宣传：

"天视自我民视，天听自我民听。"[6]
"民之所欲，天必从之。"[7]

这种思想或者情绪，同样通过诗歌口耳相传，如《诗经·小雅·天保》一篇中即有这样的句子：

---

〔1〕相应原理与具体例证，参见［日］滋贺秀三：《中国家族法原理》，张建国、李力译，法律出版社 2003 年版。

〔2〕参见张晋藩："综论独树一帜的中华法文化"，载《法商研究》2005 年第 1 期。

〔3〕《礼记·表记》。

〔4〕孟子对此总结得最为到位："桀纣之失天下也，失其民也；失其民者，失其心也。得天下有道：得其民，斯得天下矣；得其民有道：得其心，斯得民矣；得其心有道：所欲与之聚之，所恶勿施尔也。民之归仁也，犹水之就下、兽之走圹也。故为渊驱鱼者，獭也；为丛驱爵者，鹯也；为汤武驱民者，桀与纣也。今天下之君有好仁者，则诸侯皆为之驱矣。虽欲无王，不可得已。"参见《孟子·离娄上》。

〔5〕《尚书·康诰》。

〔6〕《尚书·泰誓》。

〔7〕《尚书·泰誓》。

"神之吊矣，诒尔多福。民之质矣，日用饮食。群黎百姓，遍为尔德。"〔1〕

此诗诚如论者所谓：

"诗中虽然讲了许许多多上天神灵赐福的话，关键还是在神灵与百姓对应地联系起来，这是在殷商文明到周文明的转化期，即由完全依附于神灵到把神与民联系起来的过程中，表现出人可贵的'类觉醒'理性精神之萌生。"〔2〕

由此可见，殷商时代对鬼神的尊崇，此际已经逐渐转移到民心的向背上。这是人理性的产物。由此人的地位提高了，神的价值被存而不论。又将民心的向背与天的赐福与否联系在一起，是人心之于天道，具有先决决定性。

（二）人本主义在刑罚领域中的影响

西周人本主义在刑罚领域内的影响便是"重视人命""克明德慎罚"（《尚书·康诰》），后来流行于百姓口耳的"人命关天"一说，颇能说明此一问题。由第二章我们已经知道夏商存在着"天罚"，统治者动辄以天的名义行残酷的刑罚。但至西周时，施行刑罚时就较为慎重了，不轻易处死。比如在武王和周公的弟弟康叔封即将赴卫国担任始封君时，统治者谆谆教导他要：

"若保赤子，惟民其康乂。非汝封刑人杀人，无或刑人杀人，非汝封又曰劓刵人，无或劓刵人"。〔3〕

又告诫狱讼判决既要谨慎，又要及时，所谓：

"要囚，服念五六日，至于旬时，丕蔽要囚"。〔4〕

可见，到了周代法官普遍表现出了对刑罚的慎重，刑罚是圣人不得已而为的手段。其后的文化根本正是"以人为本"，表现出对个人生命的敬畏。

---

〔1〕《诗经·小雅·天保》。
〔2〕刘毓庆、李蹊译注：《诗经——雅·颂》（下），中华书局 2011 年版，第 411 页。
〔3〕《尚书·康诰》。
〔4〕《尚书·康诰》。

（三）从神判到理性审判

人本主义表现于司法审判方面，我们更加清楚地看到从鬼神到人事的演变脉络。在第二章中，我们述及殷商时代，占卜之风盛行，大事小事都赖于神示。司法活动中采取"神判"，也是借此为人事行为取得神的支持，似乎有不自信感，需要借助外部力量来加强确定性。但是到了西周时期，在长期的实践过程中，人们发觉人的理性更可靠，于是逐渐开始摆脱审判法束缚，便有了"以五声听狱讼，求民情"的神判方法。这是一种早期审判心理学的典型运用，表明人的主观思考与判断不再依赖神的力量。另外，周人在审判中又发明了"三刺"（讯群臣、群吏、万民）、"三宥"（宥不识、过失、遗忘）、"三赦"（赦幼弱、老旄、愚蠢），表明了周人在审判中发挥理性的作用，区别不同情况，进行司法。理性审判在民事诉讼中，表现为重视物证的价值，所谓：

"凡民讼，以地比正之；地讼，以图正之。"〔1〕

"凡以财狱讼者，正之以傅别、约剂。"〔2〕

以上这些规定都表达了科学的进步和对人价值的重视，具体的西周司法思想和司法制度，详见本章第二、三节。

（四）祭祀——人性的彰显

现在再比较一下商周祭祀的异同。关于祭祀的作用，上文已有所提及，这里所讲的是殷商后期，关于祭祀出现了新旧两派。旧派祭祀的对象极其复杂，卜问的问题无所不包。而新派祭祀的对象仅仅限于先王，世系遥远的先公也被排除在整齐划一的祭祀礼仪之外。新派占上风的时候，问卜的问题大都为例行公事。占卜事的稀少表明鬼神的影响力减少，而与之相对应则人事较受重视，祀典只剩下井然有序，轮流奉祀先王先妣。礼仪性的增加毋宁反映了巫术性的减低，若干先公、先臣的隐退，则划分了人鬼与神灵的界限，可见重人事的态度取代了对鬼神畏惧而起的崇拜，这是新派祭祀代表的一种人道精神。当然新旧两派免不了激烈斗争，最后妥协的结果是发觉人实在有限，那么信奉祖先神话也是不可避免，只不过不再毫无保留地崇拜图腾和自然神。

---

〔1〕 《周礼·地官·小司徒》。
〔2〕 《周礼·秋官·士师》。

这种合流开启了新的神道设教的新传统，不仅安定了当时的世道人心，而且为后世的儒家政治法律哲学开了先河，为中国的政治权威设下了民意人心的规则与约束。[1]

四、天命与德行：西周法律文化的内涵

（一）天命与德行的结合

关于天命与德行结合的详细论证，留待下章。简言之，则是西周统治者从商亡周兴的长期历史中，总结出一个规律：单凭天命无法说明周人取代商人统治的合法性，而单凭德行又无法构筑统治的权威性，最好的做法是将两者相结合。作为一个佐证，我们比较一下商周青铜器，就会发觉，殷商的青铜器器物精美，上面多为图案，内容大抵为兽鸟虫鱼，多为祭神的礼器。而西周青铜器则相对质朴，上面刻着许多铭文，内容或为宣示天的旨意，或为发布的行政命令，或为一项严肃的记事。其原则在于要求人民则天而行，注意德行。"德"的观念的生发，确乎是西周异于殷商的一个重要方面。

（二）礼——德的外在形式

《礼记》有云：

"故圣人耐以天下为一家，以中国为一人者，非意之也，必知其情，辟于其义，明于其利，达于其患，然后能为之。何为人情？喜、怒、哀、惧、爱、恶、欲，七者弗学而能。何谓人义？父慈子孝，兄良弟弟，夫义妇听，长惠幼顺，君仁臣忠，十者谓之人义。讲信修睦谓之人利，争夺相杀，谓之人患。故圣人所以治人七情，修十义，讲信修睦，尚辞让，去争夺。舍礼，何以治之？"[2]

此语将"礼"的作用，表达得至为明白。"礼"是一种规范，它的作用正在于实现"德"。

《周礼》中篇章亦可作为佐证，如《周礼·地官·大司徒》中讲大司徒"以乡三物教万民而宾兴之"：

---

[1] 参见许倬云：《西周史》，生活·读书·新知三联书店2001年版，第11页。
[2] 《礼记·礼运》。

"一曰六德：知、仁、圣、义、忠、和；二曰六行：教、友、睦、姻、任、恤；三曰六艺：礼、乐、射、御、书、数。"[1]

这是总体上讲德行，先述德行本体，次述德行表现，再述发扬德行需要具备的能力，最后又说：

"以五祀防万民之伪而教之中，以六乐防万民之情而教之和。"[2]

是可知礼所以指导人的行为，使其归于德，乐所以陶冶人的性情，使其善于行。这一点开启了后世"礼、乐、政、刑"综合为治、而以德礼为政教之本的治术传统。

（三）礼——从宗教到世俗

礼原来是氏族社会敬神祈福的一种宗教仪式，东汉许慎在《说文解字》中解释"礼"时说，"礼，履也，所以事神致服也。"说的就是这个意思。早先的五礼：吉、凶、军、嘉、宾，各自在不同的领域内行事以符合社会对德行的需求。以吉礼事邦国之鬼神示，范围主要是祭祀活动，对象为昊天上帝、日月星辰、风云雷电、三山五岳及先王；凶礼主要是丧吊到抚恤之礼；军礼是与外邦打交道的礼节，嘉礼亲万民，宾礼主朝聘。当时最为重大的礼，主要是吉礼、祭祀之礼，带有极强的宗教神圣性。但是到了西周至春秋时期，尽管五礼依然兴盛，但已经渐渐趋向于人事，趋向于现实生活，所谓的周公九礼：婚、冠、朝、聘、丧、祭、乡饮酒、宾、军旅，则主要是面向世俗生活的，展现的是不同的人生阶段需要具备的嘉言懿行。正如张晋藩先生所指出的：阶级社会越发展，作为氏族社会祀神祈福仪式的礼，顺应社会发展的需要，成为一种统治的手段。有关礼的概念和学说构成国家的一种精神，礼的着眼点已经由神转向人，由天上到地下，由帝廷到社会，最后礼法竟然与纯粹世俗的法合在一起，共同规范人们的行为。[3]这个过程自然不能一蹴而就，但毫无疑问的是，这个过程在西周得到了特别明显的印证。

总之，比较系统的典章文物、法律制度的确是到西周才开始的，诚如许

---

[1]《周礼·地官·大司徒》。

[2]《周礼·地官·大司徒》。

[3] 参见张晋藩："综论独树一帜的中华法文化"，载《法商研究》2005 年第 1 期。

倬云所述："西周以蕞尔小国取代商崛起于渭上，开八百年基业，肇华夏意识端倪，创华夏文化本体，成华夏社会基石，是中国古代史上的一个重要的历史阶段。"[1]西周上承之前殷商灿烂的祭祀礼乐文化，下开之后礼乐政刑综合为治的法文化先河，为一代典章制度之始。虽然，目前讨论西周法制的材料，有许多仍属"传疑"的性质，但较之讨论夏商乃至更早历史阶段的材料而言，已经堪为信史了。

第二节　西周时期的司法思想

西周时期的司法思想，是西周法律文化思想中的重要组成部分，在以上第一节中已有概括。本节我们所要讨论的，限于"狭义"的司法思想。

在以人为本、明德慎罚这一西周整体法律原则的指导之下，司法思想也主要强调先教后刑，反对不教而诛，而且必须刑罚得中，罚当其罪。具体来看，主要有以下三个方面。

一、敬明乃罚，哀矜折狱

"敬明乃罚"，即执行刑罚必须严明而谨慎。《说文解字》云："敬者，肃也。"所谓"在貌为恭，在心为敬"[2]，敬明乃罚要求司法者在心中慎重地对待司法活动，不怠慢不苟且。此语见于周王在对卫国始封君康叔封的告诫中：

"王曰：'呜呼！封，敬明乃罚！'"[3]

为了表明什么才算是"敬明乃罚"，周王举例加以说明：

"人有小罪，非眚，乃惟终，自作不典；式尔，有厥罪小，乃不可不杀。乃有大罪，非终，乃惟眚灾，适尔，既道极厥辜，时乃不可杀。"[4]

---

〔1〕　许倬云：《西周史》，生活·读书·新知三联书店 2001 年版，"封底"。
〔2〕　《礼记·曲礼》。
〔3〕　《尚书·康诰》。
〔4〕　《尚书·康诰》。

意思是有人犯了小罪，但仍旧怙恶不悛，是一种故意的惯犯，那么即便罪小，也要杀；反之，如果有人偶犯，且是过失，能真心悔过，即便罪大，只需要对之进行适当的惩罚，而不一定要杀掉。一般的法律史学著作中，通常将之作为惯犯和偶犯的区别对待原则。实则是周王对什么叫"敬明乃罚"所举的一个事，通过详细区分犯罪者的主观方面，到底是故意还是过失，到底是惯犯还是偶犯，来决定最后的处理方式，这一细致的过程，就能体现"敬"这个字的内涵，目的是为了实现司法的公平。

除了区分犯罪者的主观方面，司法的程序和时间保障，也能体现出司法的严明和谨慎。周王在告诫康叔封时，又提到：

"要囚，服念五六日，至于旬时，丕蔽要囚。"[1]

即要求对与囚犯，要仔细审理五六天，甚至于十天到一个季度，直到审理得没有冤屈的时候，才能判定他们的刑罚，到这个时候，才算达到"明"的地步。如此审慎的做法，在《周礼》中表现得更加明显，如"三刺""三赦""三宥"之法等，此点在下节讨论具体制度时再涉及。《礼记》很明显地受到了《周礼》的影响，在《礼记·王制》一篇中，同样强化了敬明乃罚的做法：

"司寇正刑明辟以听狱讼。必三刺。有旨无简不听。"[2]

它要求作为司法主官的司寇，须公正审判，法度严明。对于疑难案件，要多方质证。当事人如果口说无凭，"有旨无简"的，不能采信。"旨"即陈述或者请求，而"简"，字面上表示"简册"，引申义为证据。审判活动中注重证据，就是一种谨慎的表现。《礼记·王制》一篇，虽非西周制度实录[3]，但是当中反映的司法思想，结合其他西周材料来看，是若合符节的。《尚书·

---

[1]《尚书·康诰》。

[2]《礼记·王制》。

[3]《礼记》一书的作者和各篇制作年代同样存在着争议。但通说认为编定者是西汉学者戴德和他的侄子戴圣。戴德选编的八十五篇本叫《大戴礼记》，后来部分散佚，至唐代只剩下三十九篇。戴圣选编的四十九篇本叫《小戴礼记》，即今本《礼记》。一般认为，《礼记》是战国至秦汉年间儒家学者解释说明经书《仪礼》的文章选集，是一部儒家思想的资料汇编。但其中保留了许多西周以来的社会思想和礼仪制度。

吕刑》一篇，同样谈到了要重视证据，严明司法：

"五刑之疑有赦，五罚之疑有赦，其审克之！简孚有众，惟貌有稽。无简不听，具严天威。"〔1〕

"其审克之"一语，可见统治者对司法慎重的强调，而"无简不听"，似乎已经成为周穆王时期的司法常态。

当然，与"敬明乃罚"相应的，则是西周"哀矜折狱"思想的萌发。"敬明"也可以说是"哀矜"的一种表现。《尚书·吕刑》云：

"察辞于差，非从惟从。哀矜折狱，明启刑书胥占，咸庶中正。"〔2〕

是说对待犯罪者的前后参差之辞，司法者应该秉承"非从口供，惟从实情"的原则。务必以哀怜矜惜之心来处理刑狱之事，包括明察其口供在内。司法者还需要明白无误地开读刑书，与众人共同参究拈准，诸狱官取得共识后，再做决定。这样，司法才能得中正而无冤滥过误。

"哀矜折狱"思想是西周统治者"以德配天，敬天保民"思想在司法领域内的贯彻。与第二章中所述的夏商"天罚"相似，西周统治者在取代了殷商之后，反复地强调，灭商并非周人私心作祟，实乃"恭行天罚，吊民伐罪"。且放低姿态，强调周本小邦，商为大邑，之所以天命在周不在商，实乃因商人丧德，天命由商转移到周所致，正所谓：

"予一人惟听用德，肆予敢求于天邑商，予惟率肆矜尔。非予罪，时惟天命。"〔3〕

殷商统治者不恤人民，残暴统治，导致商人离心离德，人民临阵倒戈等历史教训，深深刺激了后来的周统治者，所谓"殷鉴不远"，故而周统治者一上台，就鲜明地提出"保民"的观念，作为"以德配天""敬天"的落实，认为只有这样，才能保证国祚的绵延，正所谓：

---

〔1〕《尚书·吕刑》。
〔2〕《尚书·吕刑》。
〔3〕《尚书·多士》。

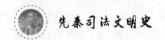

"若保赤子，惟民其康乂。"〔1〕

也就是说对待人民要向小孩子一样加以呵护，这样人民就会拥护你，天下才能太平。是故周统治者在殷遗民前不以征服者面目自居，反而一直强调商人的祖先是道德的典范，自己也要效法他们：

"自成汤至于帝乙，罔不明德恤祀。亦惟天丕建，保乂有殷，殷王亦罔敢失帝，罔不配天其泽。"〔2〕

"我时其惟殷先哲王德，用康乂民作求。"〔3〕

在这一思想的支配下，司法领域中的"矜恤主义"也就水到渠成了。西周统治者在一篇文诰中对此说得很明白：

"其惟王勿以小民淫用非彝，亦敢殄戮用乂民，若有功。"〔4〕

意思就是说不要为了小民可用，就非法地尽量使用他们；就是他们犯了罪行，也不要用过度的刑罚去惩罚他们，只有这样才能发生功效。这段话传统上一般理解为召公之诰，但据刘起釪先生的研究，当为摄政的周公对在洛阳的召公及其他周室高级官僚所做的训诰，〔5〕可见这是西周正统思想无疑。上述论断中不要用过度的刑罚去惩罚，实质上就是"哀矜折狱"的另一种表述。

"哀矜折狱"表现在刑事处罚上，在文献中多有体现，例如：

"司圜掌收教罢民。凡害人者，弗使冠饰，而加明刑焉。任之以事，而收教之。能改者，上罪三年而舍，中罪二年而舍，下罪一年而舍，其不能改而出圜土者，杀。虽出，二年不齿。凡圜土之刑人也，不亏体，其罚人也，不亏财。"〔6〕

〔1〕《尚书·康诰》。

〔2〕《尚书·多士》。

〔3〕《尚书·康诰》。

〔4〕《尚书·召诰》。

〔5〕参见顾颉刚、刘起釪：《尚书校释译论》（第3册），中华书局2005年版，第1448~1449页。

〔6〕《周礼·秋官·司圜》。

虽然《周礼》的说法多带有理想主义色彩，但作为思想史材料，这段对囚犯分层改造的措施，实则直观地表达了西周"哀矜折狱"的观念。

对受刑者，心存哀矜，古文献中最为著名的一段话谓：

"与其杀不辜，宁失不经。"[1]

此话出自伪古文《尚书·大禹谟》中，而衡诸历史，宁可触犯大经大法也不杀掉无辜之人，这样强烈的矜恤主义的思想，似乎只有到西周才能实现。《周礼》中的赦宥之法，《尚书·吕刑》中的赎罪之条，都可以看成是"哀矜折狱"思想在制度上的体现。为了表示对罪人的矜恤，《尚书·吕刑》中出现一个词，称为"祥刑"。"刑"本为不祥之物，何以要和"祥"连称？实则表达良善用刑，宽以待民之义，即便对待罪人，也要如此。刑罚乃阴性之物，矜恤宽容乃阳性之物，在司法过程中给予罪人罪行以适当的矜恤，乃阴阳相调和之法，"祥刑"的提法，符合传统古代最为正统的"中和"观。致中和，天地位，万物育。这恰恰是西周司法理性的典型体现。[2]

这一"哀矜折狱"思想，至春秋时，孔子又将之发挥，流传下一句名言：

"上失其道，民散久矣。如得其情，则哀矜而勿喜。"[3]

这可以理解为人民的犯罪其来有自，即便是自作自受，也得对之怀有同情之心。此一肇端于西周的司法思想，对后世影响至为深远，所谓：

"司寇行刑，君为之不举乐，哀矜之心至也。"[4]

几乎已经成为后世官僚士大夫对待司法的常态。后世每每有以"祥刑"作为律学著作名称的事例，也可证实此点。[5]

---

[1] 《尚书·大禹谟》。

[2] 关于"祥刑"一词的演变与司法理性主义的联系，参见包振宇："《尚书》'祥刑'思想中的司法理性"，载《扬州大学学报（人文社会科学版）》2016年第5期。

[3] 《论语·子张》。

[4] （晋）傅玄：《傅子·法刑》。

[5] 有关"祥刑"著作与传统司法思想的关系，参见邱澎生：《祥刑与法天：十七世纪中国法学知识的"信念"问题》，载"历史语言研究所学术讲论会"文集，2002年4月29日。

敬明乃罚、哀矜折狱，体现出自商到周，法律思想由神祇到人事的转变，散发出强烈的人文理性精神。

二、义刑义杀，刑兹无赦

在敬明乃罚，哀矜折狱的司法思想的统率下，对待刑罚问题，西周统治者强调"义刑义杀，刑兹无赦"。

"义者，宜也。"义刑义杀，强调刑杀的正当性，就是说处刑杀伐时，必须是合理正当的。吴汝纶《尚书故》中，将之释为"善刑善杀"，[1]在正当性之外，又加上了"祥刑"矜恤的色彩，亦符合思想本义。

西周对待文明程度不同的地域，采用不同的治理方法。西周的国家结构详见本章第三节，早先的国家形式，是所谓的"五服"结构，这就是《国语》中所谓：

"夫先王之制，邦内甸服，邦外侯服，侯、卫宾服，蛮、夷要服，戎、狄荒服。"[2]

到西周，由于行分封，使得"甸服""侯服""宾服"事实上已被"王化"，成为"化内人"，而"要服""荒服"一则距离西周王庭较远，一则还未服王化，所以仍旧是"化外人"。根据这样的差别，西周王庭采取不同的治理手段：

"甸服者祭，侯服者祀，宾服者享，要服者贡，荒服者王。日祭、月祀、时享、岁贡、终王，先王之训也。有不祭则修意，有不祀则修言，有不享则修文，有不贡则修名，有不王则修德，序成而有不至则修刑。于是乎有刑不祭，伐不祀，征不享，让不贡，告不王；于是乎有刑罚之辟，有攻伐之兵，有征讨之备，有威让之令，有文告之辞。布令陈辞而又不至，则增修于德而无勤民于远，是以近无不听，远无不服。"[3]

也就是说，对于"王化"地域，西周更多强调以礼"治"之，"祭"

---

〔1〕 转引自顾颉刚、刘起釪：《尚书校释译论》（第3册），中华书局2005年版，第1332页。
〔2〕 《国语·周语》。
〔3〕 《国语·周语》。

"祀""享"都是礼的反映，是文化共同体内交流的基本方式。而对于"化外"之地，则强调以礼"待"之，或者以"礼"化之，希望将之逐渐吸收进"化内"，"贡""王"是周王庭与化外地方交流的形式。总之，王庭对于各地方，总的原则就是以礼来规范。只有在各地都违礼的时候，才有"刑""伐""征""让""告"的强制形式。且强制形式，也是对于"化内人"相对严，而对于"化外人"相对宽。对于"不贡""不王"者，仅仅只是用"威让之令""文告之辞"来处理。其中特别提到"序成而有不至则修刑"，可见"修刑"是在其他措施用尽的情形下，才采取的手段。对"五服"相应做区别对待，就是周王庭所谓的"义"。虽然以上两段文字出自春秋战国时期的史官，是对西周历史的追溯，但是从中还是可以看出西周的"义刑义杀"的理念。

"义刑义杀"一语，最初出现于《尚书·康诰》一篇：

"王曰：'……蔽殷彝，用其义刑义杀，勿庸以次汝封。'"〔1〕

如上章所述，这是西周统治者在告诫康叔封在殷商故地卫国进行治理时，不可师心自用，而得参考殷商旧法，正当地司法。西周统治者还强调商朝的先王，从成汤到帝乙，都是明德慎罚，义刑义杀的典范：

"……乃惟成汤克以尔多方简，代夏作民主。慎厥丽乃劝，厥民刑用劝。以至于帝乙，罔不明德慎罚，亦克用劝。要囚，殄戮多罪，亦克用劝。开释无辜，亦克用劝。"〔2〕

大意是说只有成汤善于取得多方人士的支持，才取代夏王做了民众的君主。商汤对于用刑一事至为谨慎，民众感念其德而勤勉向善，商汤要用刑罚，必针对有罪之人，其结果是让民众引以为戒而改过迁善。从商汤直到帝乙，莫不明德慎罚，使民向善，无论是对罪小者处以幽闭，还是对罪大者处以杀戮，都能使罪刑相适应，对于无罪之人，必定开释无疑，更能劝化人心。这段话与其说是追溯商朝先王的事迹，不如说是周统治者的夫子自道。商汤至

---

〔1〕《尚书·康诰》。
〔2〕《尚书·多方》。

帝乙的事迹不可确考，但是西周凭借着"义刑义杀""亦可用劝"的做法，在关于西周的各种文献记载中是一致的。

"义刑义杀"也是上述"祥刑"思想的突出表现，即强调"宜"，也就是司法要得其"中"，罪刑要相适应。针对不同的情形，要相应作出合理适度的处罚措施。例如：

> "上下比罪，无僭乱辞，勿用不行，惟察惟法，其审克之！上刑适轻，下服；下刑适重，上服。轻重诸罚有权。刑罚世轻世重，惟齐非齐，有伦有要。"[1]

这是《尚书·吕刑》中在谈到比附量刑问题时总结的经验。是说如果所犯之罪于法无其专条之时，就可以上比其重罪，下比其轻罪，在两者之间找一个合适的尺度来判定。但不能差错妄乱其供词借以为奸乱法，不能用不合理的理由罗织罪状，只能明察秋毫，以法为据，必须要慎之又慎。如果犯的是重罪，但有从轻情节，那么可以适当从宽处罚；反之，如果犯的是轻罪，但情节恶劣，那么可以适当从重处罚。既要衡量犯罪行为人个人的情形，又要照顾到时代因素。刑罚要随着时世不同或用轻刑，或用重刑。这样刑罚或轻或重，表面上看起来并不齐一，但实质上符合法律"公正""齐一"的内在本质。犯罪与刑罚之间，自有伦次，自有纲要，比罪量刑，需要视具体情形而定，不能一概而论。这段话，可以看作是"义刑义杀"最好的注解，是中国传统法文化中"动态合理正义观"[2]的突出体现。

当然，并不是说明敬明乃罚、哀矜折狱，或者义刑义杀，就是对犯罪者的姑息。哀矜也需要辩证地来看。对罪大恶极者的姑息纵容，恰恰是对良善

---

〔1〕《尚书·吕刑》。

〔2〕"动态合理正义观"，是一种中国古代传统的正义观念，这个观念由张中秋先生提出。张中秋先生认为，这一传统正义观区别于形式公平的正义观，而强调内在的"合理性"，这一正义观内涵丰富，简言之要求等者同等，不等者不等，等与不等在一定条件下可以转换。即同样条件和同样身份的要齐一对待，不同条件和不同身份的要区别对待，条件和身份在一定条件下转换后，相应的对待也需要转换，只有如此才能保证事实上的合理，合理是一种动态化的平衡。当平衡被打破后，那么就会出现不正义。参见张中秋："传统中国法特征新论"，载《政法论坛》2015年第5期。更为详细的讨论，参见张中秋：《原理及其意义——探索中国法律文化之道》，中国政法大学出版社2010年版。

百姓的不负责任，是不符合人类理性的。所以西周统治者在强调明德慎罚时，旗帜鲜明地提出也要"刑兹无赦"：

> "王曰：'封，元恶大憝，矧惟不孝不友。子弗祗服厥父事，大伤厥考心；于父不能字厥子，乃疾厥子。于弟弗念天显，乃弗克恭厥兄；兄亦不念鞠子哀，大不友于弟。惟吊兹，不于我政人得罪，天惟与我民彝大泯乱，曰：乃其速由文王作罚，刑兹无赦。'"[1]

这段话同样是西周统治者对康叔封的告诫，强调要严惩两种人，一种是"元恶大憝"，另外一种是"不孝不友"，前一种当然即指罪大恶极之流，而后一种则是有亏孝悌之道者，都是不能加以宽宥的。并且统治者认为，如果对这类罪行加以宽容、不给予处罚的话，那么有违天理常道，所以特别提醒康叔封要按照文王所制的刑罚，来处罚这些恶不可赦的人。

文王当然被西周人视为最高德行的化身，从"速由文王作罚"一语来看，在西周统治着那里，明德慎罚和刑兹无赦是统一的。德行的发扬并不排斥刑罚的严惩。明德慎罚针对一般的百姓和一般的罪行，而刑兹无赦则针对罪大恶极者。

那么什么罪行方能达到"刑兹无赦"的程度呢，因为系统的西周法律制度并没有流传下来，所以无法对无赦的罪名作一数量的统计。但是从《礼记·王制》的相关记载中，还是可以看到一点线索：

> "析言破律，乱名改作，执左道以乱政，杀。作淫声、异服、奇技、奇器以疑众，杀。行伪而坚，言伪而辩，学非而博，顺非而泽，以疑众，杀。假于鬼神、时日、卜筮以疑众，杀。此四诛者，不以听。凡执禁以齐众，不赦过。"[2]

《礼记·王制》虽非周王之制，而是理想化的制度，但其中应该保留有周代制度。从上面看到，断章取义曲解法律，擅改既有制度，用歪门邪道祸乱政令者，要杀掉。制作靡靡之音、奇装异服、怪诞之技、奇异之器而蛊惑民

---

〔1〕《尚书·康诰》。
〔2〕《礼记·王制》。

心的人，也要杀掉。言行不一，还要巧言令色，向民众灌输异端思想的，要杀掉。凡是假托鬼神、时辰日子、卜筮招摇撞骗以蛊惑人心者，仍旧杀掉。上述的四种被杀者，不再接受他们的申诉。推行禁令就是为了让民众一道遵守，所以民众明知故犯，绝不饶恕。

上述四种行为只是"刑兹无赦"中涉及的一个方面，其他"无赦"的情形必定还有。但以上四种，可能是统治者最关心的问题。第一种是政治性犯罪，针对扰乱政令者；第二种是社会性犯罪，针对离经叛道者；第三种是思想性犯罪，针对危言耸听者；而第四种则是宗教性犯罪，针对装神弄鬼者。其中第二种也可归于第一种，而第三种也可归于第四种，这样看来，上古"国之大事，惟祀与戎"的理念，在这四种不得赦的犯罪中得到贯彻。"祀"可以理解为宗教活动，而"戎"从广义上讲就是政治。西周距夏商神权政治不远，鬼神、卜筮仍有一定的市场，这对用人文理性精神来治国的西周统治者而言，无疑是一个威胁，所以在法律上特别于此加以打击，从这一点上来看，《礼记·王制》这一段言论，可以代表西周"刑兹无赦"思想的贯彻。

总之，义刑义杀、刑兹无赦这一司法思想，就是要求司法者在司法活动中贯彻理性，采取合理手段或方法进行司法，罚当其罪；同时，对于严重扰乱统治秩序、破坏社会生活者，必须严惩不贷，绝不姑息。

三、非佞折狱，惟良折狱

敬明乃罚、哀矜折狱，这一司法原则要想贯彻落实，除了制度的保障外，还得仰赖司法人员的素质。所以西周统治者特别强调要择良善之士进行司法。《尚书·吕刑》篇云：

"非佞折狱，惟良折狱，罔非在中。"[1]

明确地表明了司法需择人而行的观念，奸佞之徒断不能使之断狱，而只有良善的人才担任断狱，良善之人断狱，才会使得刑罚合于"中道"，做到轻重不差。司法活动有其特殊性，不容差池，需要慎之又慎，《礼记·王

---

[1] 《尚书·吕刑》。

制》云：

> "刑者侀也，侀者成也，一成而不可变，故君子尽心焉。"〔1〕

就是说，"刑"定型之义，而定型，就是形成的意思。判决一经形成就不可改变，所以君子对审理案件需要非常尽心。"惟良折狱"中"良"第一要义就是要认真勤谨，即"尽心"。

西周统治者在要求臣下诸侯择贤人司法时，特别提到了一个反面的例子，要大家吸收"历史"的教训：

> "惟时苗民匪察于狱之丽，罔择吉人，观于五刑之中，惟时庶威夺货，断制五刑以乱无辜，上帝不蠲，降咎于苗，苗民无辞于罚，乃绝厥世。"〔2〕

苗民不认真对待狱讼之事，不择善人（吉人）来司法，导致权贵横行无忌，官僚货贿夺法，随便变乱五刑残害无辜，终于引发上天降下惩罚，断了苗裔世系。这与其说是周王所列的历史典故，不如说是其有感于现实的危机，而"创造"出一个"历史"的教训，来警示臣下和诸侯，"惟良折狱"是其司法工作指示中的一大重要方面。

"良"的总体要求就是上文所述的"尽心"，怎么才算做到"尽心"呢？《尚书·吕刑》中同样从正反两个方面来诠释何为"良"。

从正面而言，

> "典狱，非讫于威，惟讫于富。敬忌，罔有择言在身。惟克天德……"〔3〕

这是西周统治者告诫职掌刑狱的官员，不应以向民众立威为终极目标，而应以造福人民为富的。"富"通"福"。在执行司法事务的时候，司法人员应心存敬畏，谨言慎行，这样才能肩负起行"天德"的重任。"天德"，刘起釪先生释为："决定一个人生死寿夭之命的是天德，典刑狱的人肩任着这一天

---

〔1〕《礼记·王制》。
〔2〕《尚书·吕刑》。
〔3〕《尚书·吕刑》。

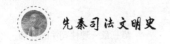

德"〔1〕，无疑在周人那里，人命关天的理念已经形成。

要做到"非讫于威，惟讫于富"，司法官必须不畏权势，追求真相，处断时哀矜勿喜，即：

> "虽畏勿畏，虽休勿休，惟敬五刑，以成三德。"〔2〕

就是说司法官在处理狱讼时，当不为威屈，不为势夺，遇到权势不畏惧，治理狱讼，即便讯得真相，也应当哀矜而勿喜。且对五刑之用保持敬畏，以成三德。所谓"三德"，据刘起釪先生的解释："刑当轻为柔德，刑当重为刚德，刑不重不轻为正直之德（刚、柔、正直为'三德'，见《洪范》）"。〔3〕

做到刚柔并济，正直无私，那么就能成就"良"了。

从反面而言，就是要避免某些行为，如果司法官员有下列行为者，即可归于"佞"之列，即"五过之疵"：

> "五过之疵：惟官、惟反、惟内、惟货、惟来。"〔4〕

是哪五种行为呢？第一是"惟官"，利用权位挟势以凌下，或者只看上官的命令行事，枉法裁判；第二是"惟反"，官员滥用司法权力，公报私仇；第三是"惟内"，官员内情用事，袒护亲友；第四是"惟货"，官员贪污受贿，贪赃枉法；第五是"惟来"，官员接受请托，徇私枉法。

当然，"佞"肯定不止以上五种，不过以上"五过"，确实为司法腐败的典型体现。所以周王一而再，再而三地谆谆教导臣僚"祥刑"之道：

> "在今尔安百姓，何择非人，何敬非刑，何度非及！"〔5〕

是说现在你们大臣、诸侯要安抚百姓，当选择什么呢？不就是选择良善之人来进行司法嘛！当敬用什么呢？不就是既定的法律嘛！应当以什么为准

---

〔1〕 顾颉刚、刘起釪：《尚书校释译论》（第4册），中华书局2005版，第2079页。
〔2〕《尚书·吕刑》。
〔3〕 顾颉刚、刘起釪：《尚书校释译论》（第4册），中华书局2005版，第2079页。
〔4〕《尚书·吕刑》。
〔5〕《尚书·吕刑》。

绳呢，不就是事实嘛！可见，统治者将"人""刑""事"（"及"）均看作司法工作中缺一不可的环节。且将择人这一环节，安排在刑和事的前面，高度看重人的问题。

这一"非佞折狱、惟良折狱"的司法思想对后世同样影响深远，孔子的"为政在人"[1]、孟子的"徒善不足以为政，徒法不能以自行"[2]、荀子的"有治人，无治法"[3]，无一不强调择人的重要性。后世将择人与治法两者相结合，在此基础上形成"德法兼治"的治国方略。在司法活动中，以治法为本，以治人为用，成为中华法系的一个重要特征。[4]

综上所述，到了西周，虽然"天命""神权"的影响仍然存在，但已经和夏商有了根本区别，在夏商"天命""神权"是司法活动的依据，而到西周，它们已经成为"神道设教"的工具，是为人文和理性铺路的，西周鉴于夏商两朝兴亡的历史经验和教训，结合现实统治的需要，弘扬"以德配天，敬天保民"的统治思想，在此指导之下，遂逐渐形成以上司法思想，一以理性与人文为旨归。诚如西周统治者所强调的：

"皇天无亲，惟德是辅。民心无常，惟惠之怀。"[5]

尽管西周倡导的理性和人文主义的司法思想，最终的落脚点还是为了维护统治之需，但在客观上，的确起到了"惠民"的效果，周朝国祚的绵长，莫不与此相关。

第三节 西周时期的司法制度

根据学界通说，西周还处于"秘密法"的状态。此时法律虽未公布出来，

---

[1] 《礼记·中庸》。

[2] 《孟子·离娄上》。

[3] 《荀子·君道》。

[4] 张晋藩先生认为，治法与治人是中国古代治国理政的方法、谋略与措施。中国古代政治家、思想家在长期的实践中，形成了治法为本、治人为用，二者相辅相成，综合治理国家的经验和智慧，在历史上发挥了重要作用。参见张晋藩："论治法与治人——中国古代的治国方略"，载《法律科学（西北政法大学学报）》2011 年第 4 期。

[5] 《尚书·蔡仲之命》。

但并不表示不存在成文形式的法律。[1]遗憾的是，因为时代久远，并无法典流传下来。后世欲了解周的典章制度，所能依靠最为系统的文献，仍只有《周礼》一书。《周礼》形式上最类法典，但是它不可能是周公所作，这点已经成为学术界的主流观点。关于《周礼》的作者和成书年代，至今仍众说纷纭[2]，一个相对可信的观点是："《周礼》一书乃是战国末年富有复古济世思想的儒家所作。当时列国纷争，兵连祸结，邪说暴行充斥世间，有儒生怀匡时救世之志，意欲拯黎民于水火，无奈道不见用，报国无门，只得退而著述，追思三代圣王之道，勾画邦国典制蓝图，藏之名山以俟后人。"[3]

虽然不尽为西周时期的制度，但诚如梁启超先生所说的："惟书中制度，当有一部分为周代之旧。"[4]近年来的商周考古发现，也在某些方面佐证出《周礼》中所述的部分制度确为周制。故而本节主要以《周礼》中述及法律的《周礼·秋官》一篇为基础，配合其他传世文献，来勾勒西周司法制度轮

---

　　[1]《左传·昭公六年》中，晋国的贤臣叔向说："先王议事以制，不为刑辟，惧民之有争心也……犹不可禁御"。很多中国法制史学教材解释为先王临事设法，不预设刑罚，是因害怕人民看到了刑书，会根据相应条款，起争斗之心。实则根据该文文意，"惧民有争心"，应该与"犹不可禁御"等下文连读。因为叔向的本意，在于强调德主刑辅、明刑弼教。所以先肯定先王临时制刑，不预设法的做法。但是同样强调"惧民之有争心，犹不可禁御"，就是临时制刑、不预设法，只是一种理想状态，而在现实生活中，这样做无法防止民有争心。单靠临时制刑，无法禁御百姓的犯罪。于是后文紧接着写道"是故闲之以义，纠之以政，行之以礼，守之以信，奉之以仁。制为禄位，以劝其从；严断刑罚，以威其淫……"，从"是故"一词可知，这是因为犹不可禁御引发的一系列治民措施，这些措施有"义""政""礼""信""仁""刑罚"等，即"礼"与"法"，或者德与刑两手。所以从叔向的话中，并没有办法得出先王没有法律，或者没有既定的法律文本的做法。且叔向并不反对施用刑罚，甚至还主张有成文法，比如《左传·昭公十四年》中，晋国韩宣子问如何处理邢侯杀叔鱼与雍子于朝一案时，叔向还征引《夏书》，说"昏、墨、贼杀，皋陶之刑也。"主张对"杀人不忌"的邢侯处死。从叔向的种种举动中，我们可以看出，叔向绝对不是议事以制，不为刑辟，也不赞成临时设法的做法，也绝对不反对使用刑罚，更不会反对制定法律。他所反对者，只是将本来由统治阶级内部才看得到的法律制度，公布给社会其他阶级。且反对随意更改祖制，多设法律，造成法令滋彰的做法。这和古代"学在官府"的"王官学"的思维相一致，是一种旧贵族精英式的法律观念。
　　[2] 钱玄先生的说法最为妥切，《周礼》为"理想国的官制"，参见钱玄等注译：《周礼》，岳麓书社2001年版，"封三"。从这部书里，我们可以看到各种各样的官职，被有条不紊地组织起来，从而形成一整个体系精密、分工井然的国家治理结构，堪称各种典章制度的大全。关于《周礼》的作者和成书时间，最有影响的有"西汉末刘歆伪造说""末世渎乱不验说""周公之书说""战国时人作书说"这四种说法，每一种说法都有一定的根据。具体说法参见蒋伯潜：《十三经概论》，上海古籍出版社1983年版，第251~257页。
　　[3] 张晋藩、陈煜：《辉煌的中华法制文明》，江苏人民出版社、江苏凤凰美术出版社2015年版，第2页。
　　[4] 梁启超：《读书指南》，中华书局2012年版，第11页。

廓，至少表明理想中的西周司法制度究竟如何。至于考古方面的实证材料，留待下一节来补充。

一、司法机构

西周的司法机构，有常设司法机构，有临时性司法机构。西周实行宗法封建制，通过分封王室同姓子弟和异姓诸侯，将领土划分为周王直接统治的国畿地区和诸侯王统治的诸侯国。名义上"溥天下之，莫非王土；率土之滨，莫非王臣。"〔1〕天下都是周王所有，诸侯王只是接受周王分封而代其统治地方。但诚如李峰先生所论，西周国家的功能是由众多的地方代理人来执行的，而且大国诸侯有时还可以兼任周王室的官吏，如周初卫康叔封曾为周司寇，西周末期郑桓公也做过周的司徒。这些受封的地方封国，也可以当作是中央政府在地方的翻版。周王在直接统治的国畿之外，是通过诸侯的统治来实现的，周王实际上放弃了自己对这些领土的管理权。〔2〕一开始，诸侯国君要么为周室宗亲，要么为姻亲勋贵，或者为前朝旧贵族，他们与周王室或者关系亲密，能屏藩周室，或者势单力薄，无力挑战周室权威。所以分封制在西周初期至中期，是一个比较理想的制度，但随着时间的推移，诸侯王和周王的亲缘关系不可避免越来越远，加上诸侯国自身势力的增强，逐渐形成内轻外重之势，这种封建制度的离心力就慢慢出现了，诸侯国也越来越成为诸侯王的私产，从西周中期开始，封建制就开始走上衰落一途，最终酿成西周末年的"礼崩乐坏"。

这个分封体制，也决定了西周的行政区划，主要划分为周王直接管辖区（简称"国畿"）和诸侯国。国畿和诸侯国内部的地方建制是一样的，均分为"国""野"两大块。国畿和诸侯国都将其周围的中心区叫"国"，中心区以外的地方叫"野"，类似于城市和农村的区别。与国野制度相配合的是乡遂制度，国人所在的区域实行乡制，野人所在的区域实行遂制。也即是说在周王所在的中央王畿内，以及诸侯王所在的都畿内实行乡制，而在王畿和都畿以外的边远地区实行遂制。按照文献记载，在乡制中，五家为比，五比为间，

---

〔1〕《诗经·小雅·北山》。

〔2〕参见前述李峰《西周的政体：中国早期的官僚制度和国家》和《西周的灭亡：中国早期国家的地理和政治危机》二书相关章节。

四闾为族，五族为党，五党为州，五州为乡，那么乡内相应就有比长、闾胥、族师、党正、州长、乡大夫这样的管理人员。而在遂制中，五家为邻，五邻为里，四里为酂，五酂为鄙，五鄙为县，五县为遂，那么遂内相应有邻长、里胥、酂师、鄙正、县长、遂大夫这样的管理人员。

西周的司法机构，理论上应该和这种国野区划及乡遂体制相配套，国野各有专司。但如果纯粹按照《周礼·秋官》篇所述，我们会发现书中的司法官制，很难与上述西周行政体制一一对应。《周礼》似乎杂糅了西周封建制和春秋战国之后逐渐兴起的郡县制两种体制，一方面，强调中央周王廷的司法机构及其佐官的权威，带有某种大一统的意味；而另一方面，也给地方保留了封建的因素，且强调中央周王庭与地方诸侯的司法合作和沟通。因此，《周礼》中所描述的司法机构，较之于历史上真实存在的西周司法机构，明显要复杂得多。故而我们对西周司法机构的说明，应当同时考虑西周分封制度和《周礼》文义。

所谓"惟王建国，辨方正位，体国经野，设官分职，以为民极"，[1]官职也就意味着机构，因此我们所提的司法机构和司法官职，实质是一体两面的关系。就中央王畿而言，最重要的司法机构为大司寇，其次则是作为大司寇的副贰官——小司寇与士师，再次则是司刑、司刺等负责具体司法事务的官员。地方则相应有乡士、县士、遂士等司法官员。

（一）中央（周王庭）主要司法机构

1. 大司寇

大司寇由卿一人担任，是除周天子之外的国家最高司法官员。此官职也可由诸侯国的国君来充任。大司寇之职，"掌建邦之三典，以佐王刑邦国，诘四方。"[2]"三典"就是"刑新国用轻典，刑平国用中典，刑乱国用重典"，即上文"刑罚世轻世重"原则的贯彻，大司寇应用"三典"，总理司法事务，协助周王统治天下。

大司寇不从事具体的司法事务，从其职能来看，他主要负责两项工作。

第一是根据社会实际情况制定相应的司法政策，最终"明刑以弼教"。除了上述的"三国三典"之外，尚有：

---

〔1〕 （汉）郑玄注，（唐）贾公彦疏：《周礼注疏》，上海古籍出版社 1997 年版，第 639 页。

〔2〕 《周礼·秋官·大司寇》。

（1）"以五刑纠万民"。此"五刑"不同于前述墨、劓、刖、宫、辟传统五刑，也不纯粹是具体的司法行为，而是野、军、乡、官、国五刑，针对不同的人群，适用不同的政策，以促使野人勤力、军人奉法、乡人行孝、官员称职、国人去暴。

（2）"以圜土聚教罢民"。"圜土"狭义指圆形的监狱，而广义上则泛指拘禁之所，"罢民"，泛指窳惰无行者，针对这样一类人要进行强制性改造，将之聚集起来，关在一定的场所，并施以职事，能改正者，则释放；不能改又试图逃跑的，则要处死刑。此处大司寇行为的重点不在于刑罚，仍在于"教"。

（3）"以两造禁民讼""以两剂禁民狱"。表面上看这两条都是在讲诉讼费用的问题，似乎很具体（相关的制度详后），而实际传达的意思，则是劝民息讼之义，还是一种刑事政策上的指导。

（4）"以嘉石平罢民""以肺石达穷民"。前一条针对有轻微违法者，使之"坐嘉石"加以改造；后一条则针对弱势群体受迫害而告诉无门者，使之"立肺石"而获得救济的途径。这仍是政策方面的引导。

第二则是及时公布并宣传各种法令，作为司法的标准，"悬法象魏"，传达到各个邦国都鄙。针对邦国、诸侯、卿、大夫不同的行为，相应用盟约、邦典、邦法、邦成不同的标准来处理。从中可以看出大司寇有一定的立法之权。

以上两项为大司寇最主要的职责。当然，作为六官之一的国家高级官员，大司寇还要参与国家的重大祭祀和朝聘活动。总体而言，其在司法中的作用主要是领导和指示全局性的工作。

2. 小司寇

小司寇由中大夫两人担任，是王畿司法机构的次官，为大司寇之副，地位仅次于大司寇。小司寇之职，"掌外朝之政，以致万民而询焉。"[1]清代孙诒让先生注曰，此处"外朝之政"上当有"建邦"二字，[2]也就是说小司寇是大司寇的副贰长官，势要协助大司寇掌全国的司法工作，而不仅限于"外

---

〔1〕《周礼·秋官·小司寇》。

〔2〕 参见（清）孙诒让：《周礼正义》（第11册），王文锦、陈玉霞点校，中华书局1987年版，第2762页。

朝"，此说可信。此处的"建邦"，即为"三询"："一曰询国危，二曰询国迁，三曰询立君。""询"即"谋"，广泛听取各个阶层的意见，以辅佐大司寇及周王治国，"以众辅志而弊谋"。至于专门的司法职责，也主要有两项。

第一，贯彻落实司法政策，对司法工作予以指导。小司寇在司法方面的职能，相比大司寇显然要具体得多。大司寇立足于宏观政策方面的制定，而小司寇已经深入到司法诉讼审判领域方面，以指导性的工作居多，主要表现为：

（1）"以五刑听万民之狱讼"。此处的"五刑"，直接与狱讼相联系，而不像大司寇所用的五刑立足于教化，专指墨、劓、刖、宫、辟五刑，且后面还有"附于刑，用情讯之"的文字，从《周礼·秋官·乡士》一篇来看，似乎小司寇还有死刑复核权，是以小司寇除了司法指导之外，自身还需要负必要的审判之责。

（2）"以五声听狱讼"。具体制度仍旧留待下文解释，简言之就是在审判活动中注意观察当事人的言辞、脸色、声气、反应状态、眼珠，以此来判断当事人供述的真伪，求得案情真相。这是在审判方式上的指导。

（3）"以八辟丽邦法"。"八辟"即亲、故、贤、能、功、贵、勤、宾八种司法上需要优待的对象，对这八类人，轻罪则宥，重罪则改附轻比。这是在定罪量刑尺度上的指导。

（4）"以三刺断庶民狱讼之中"，"三刺"即讯群臣、群吏、万民，实际上就是要求司法官员司法需要慎重，多方研判，确定证据无误后，方能断狱。这同样是审判方式上的指导。

第二，配合大司寇的工作，进行普法宣传。《周礼·秋官·小司寇》云：

"正岁，帅其属而观刑象，令以木铎。曰：'不用法者，国用常刑。'令群士，乃宣布于四方，宪刑禁，乃命其属入会，乃致事。"[1]

其中小司寇率领属僚所观的"刑象"，正是大司寇所悬象魏之法。小司寇为推行大司寇的法令，专门在木铎上声明不听大司寇命令的后果——"国有

---

〔1〕《周礼·秋官·小司寇》。

常刑"。这可以看成是对大司寇命令的落实和补充，小司寇同样派人四处宣传法令。

作为司法机构的次官，小司寇同样要参与国家的祭祀和朝聘活动，盖祭祀和朝聘在宗法社会中最重要的活动之列，诸侯、卿、大夫均有参与之责。

3. 士师

士师亦为大司寇副贰，同时亦受小司寇领导，由下大夫四人担任，手下亦有僚属多人。唐代贾公彦在《周礼注疏》中云："训士为察者，义取察理狱讼，是以刑官多称为士。"[1]故士师一般专掌狱讼之事，所从事的司法活动较之大司寇、小司寇更为具体。其职责为：

（1）"掌国之五禁之法，以左右刑罚"。"五禁"指宫、官、国、野、军，按照不同的对象设置不同的禁令，对触犯禁令者，适用相应的刑罚。

（2）"掌官中之政令，察狱讼之辞""掌士之八成"。士师与下文的乡士，均为"士"，均掌刑狱，均在"国"的范围内司法，那如何区分两者职权界限？从《周礼》所作的区分来看，士师主要纠察国中贵族官员狱讼之事，而乡士则主要掌国中平民——"乡民"狱讼之事。"官中之政令"置于大司寇官府中，如果贵族官员犯法，则由士师按照大司寇"官中政令"，先行处理，再报大司寇决断。而"士之八成"，按照贾公彦的说法，皆是狱官断成事品式。类似于后代的决事比或判案成例，"士师掌以此八者，定百官府之刑罚，即刑官之官成、官法。"[2]这"八成"为"邦汋""邦贼""邦谍""犯邦令""桥邦令""为邦盗""为邦朋""为邦诬"，皆是危害邦国的犯罪行为。

此外，士师作为下大夫，同样要参与某些祭祀和朝聘工作，有时还要参与赈灾、军旅之事。但与其说这是司法工作的需要，不如说这是其"士"的身份使然。

（二）地方主要司法机构

此处所述的地方，指除中央周王庭之外的司法机构，包括王畿的其他"国中"部分，诸侯国的"国"的部分，以及全国的"野"的部分。

---

〔1〕　转引自（清）孙诒让：《周礼正义》（第11册），王文锦、陈玉霞点校，中华书局1987年版，第2711页。

〔2〕　转引自（清）孙诒让：《周礼正义》（第11册），王文锦、陈玉霞点校，中华分局1987年版，第2787页。

1. 乡士

乡士掌国中，即中央周王庭以外的国中平民的狱讼，由上士担任，下有僚属多名。乡士各掌其乡之民数而纠戒之，听其狱讼，察其辞。如果遇到死罪案件，乡士进行审理，审理后十天内要报小司寇复核，小司寇再经过"三刺"等程序，决定执行死刑后，再交由乡士负责执行，执行死刑的地点还在乡里。

当然，乡士也不纯粹是司法官员，同时还得负责国中的治安管理。比如：

"大祭祀、大丧纪、大军旅、大宾客，则各掌其乡之禁令，帅其属夹道而跸。"[1]

这实际上就是在国中有大事时，乡士得做好所辖地方的安全保卫工作。此外三公如果有邦事，那么乡士还得"为之前驱而辟"，显然这也是行政性质的活动。总之，从乡士活动中，我们已经可以看到后世地方官员司法与行政合一的趋势了。

2. 遂士

遂士掌四郊，"四郊"属于"野"中靠近"国"的地区，类似于城郊，由中士担任，下有僚属多人。各掌其遂之民数而纠其戒令，听其狱讼，察其辞，辨其讼狱。遇到死刑案件，与乡士相似，也要先行审理，然后于二十天内上报到周王庭，因为遂离开周王庭比乡要远，所以预留的时间也要长一点，待决定后就在遂中执行死刑。遂士同样要处理遂中的治安与行政事务。

3. 县士

县士掌野，此处的"野"应属"野"中较偏僻的地区，与"遂"相区别，亦由中士担任，其职责与县士大同小异，惟因为地方距周王庭较远，故而死罪案件先行审理完后，放宽到三十天内报周王庭。刑杀亦于野中进行。

4. 方士

方士掌都家，"都家"一词殊不易解，旧解以为"都"为王子子弟及公卿之采地，而"家"为大夫之采地。既然是"采地"，在西周，则相当于诸侯国。诸侯国内部应该也有一套自"司寇"至"县士"的司法系统，是周中

---

[1]《周礼·秋官·乡士》。

央王国这套制度的具体而微。但观《周礼·方士》一篇，"都家"之地似乎很小，且远离周王庭，方士之责与遂士、县士几乎相同，且方士品级不过中士。惟死罪案件初审完报周王庭时间扩大至三月而已。所以很难将"方士"理解为西周时期诸各诸侯小王庭内的"司寇"。这样的都家更类似于战国之后功臣所受的封邑，财产的成分多而权力的成分少，与西周诸侯国不可等量齐观。所以方士是否在西周真的存在，实在可疑。

另外一个可能的证据是，后世"乡""遂""县"作为行政区划用词都流传了下来，并在真实的历史中确凿存在，而唯独"方"则彻底消失，这可见"方"的设计，缺乏任何现实的基础，故而不具有生命力。

（三）特别司法机构

以上论述的"中央"和"地方"司法机构，特指周王国和各诸侯国内部的"中央"和"地方"。如果按照后世"大一统"的观念，则周王国和各诸侯之间，又构成"中央"和"地方"的关系。前者侧重于地理区划，而后者侧重于权力的分配。那么这样一来，周王国和各诸侯国之间的司法关系如何协调呢？势必牵涉到一些特别的司法机构，来处理两者的关系。[1]所以我们看《周礼·秋官》一篇，有不少机构，更像是外交机构，这倒是比较符合封建的情形的。资料所限，只能就最具可能的特别司法机构做一介绍。

1. 讶士

讶士掌四方之狱讼，论罪刑于邦国。讶士由中士担任，亦有僚属多名。"讶"，通"迎"，东汉郑众释"四方之狱讼"为"四方诸侯之狱讼"，贾公彦亦疏云"皆言诸侯之事"[2]，可见讶士牵涉到周王室与诸侯的关系。从《周礼》文本看来，讶士负有三方面职责：

（1）"论罪刑于邦国"，即向诸侯解释法律制度和司法疑难问题。诚如孙诒让所述："谓以刑书告晓邦国制刑之本意，谓依罪之轻重制作刑法以治之，

---

〔1〕　打个不太确切的比方，这种情形有点类似于今天美国的双轨制法院系统，联邦有联邦的法院，各州有各州的法院，公民既是各州的公民，又是联邦的公民。只要不属于联邦事务的，都归各州解决。联邦依据联邦的法律来进行处理，这是全国性的。而各州依据各州自己的法律来处理州事务，这是地方性的。西周与之相区别者，是没有这样明确的权力划分，何者属于周王庭管辖范围内的，并没有确立，理论上大司寇有权处理全国的一切司法事务，但是落实到地方，必定还需要有一个协调的机制。

〔2〕　转引自（清）孙诒让：《周礼正义》（第11册），王文锦、陈玉霞点校，中华书局1987年版，第2812页。

其意义或深远难知，讶士则解释告晓之，若后世律书之有疏议也。"〔1〕

（2）接待从诸侯国来办理司法事务的人员。"凡四方之有治于士者，造焉。"如诸侯国遇到疑难案件或者需要告到中央周王庭的司法事务，先要通报到讶士那，由讶士再通报士师，再行处理。

（3）受派遣巡回审判。"四方有乱狱，则往而成之。"如果诸侯国发生"乱狱"，即孙诒让所谓的"君臣宣淫，上下相虐"的案件，那么讶士就受周王庭的指派，到诸侯国地方进行审理，相当于开设巡回法庭来审理案件。

2. 朝士

朝士掌建邦外朝之法，亦由中士担任，僚属多人。从《周礼》文义来看，朝士更像是"外交人员"兼理司法。司法业务，主要是贯彻执行大司寇、小司寇、士师的指示，具体处理司法事务。而与"讶士"相比，朝士处理的，更多是外朝的平民百姓的狱讼事务，所以《周礼·朝士》一篇中，大量出现拾得遗失物，货财，钱债，以及针对私闯民宅而进行的正当防卫等这样的处理规定。这都说明"朝士"和"讶士"一样，都是一种协调"中央"周王庭和诸侯国之间司法关系的特别司法机构。

当然，除了以上两种特别审判机构外，还有其他的形式，比如军事审判机构，或者周王派到军队监军的军法官等。这点已经得到了出土的西周青铜器铭文的证明。如西周康王时期的大盂鼎铭文中有：

"王曰：而，令（命）女（汝）盂井（型）乃嗣且（祖）南公。王曰：余乃鬶（绍）夹死（尸）司戎，敏谏罚讼，夙夕（绍）我一人𤼈（烝）四方"〔2〕

其中的"夹死（尸）司戎，敏谏罚讼"，即是周王指派盂协助管理军戎之事，处理军中的狱讼，这自然属于一种特别的司法机构。另外在周穆王时期的师旂鼎铭文中，亦记载师旂的部下不跟随周王征伐方雷，师旂令下属弘向

---

〔1〕（清）孙诒让：《周礼正义》（第11册），王文锦、陈玉霞点校，中华书局1987年版，第2813页。

〔2〕铭文选自王沛："西周金文法律资料辑考"（上），载徐世虹主编：《中国古代法律文献研究》（第7辑），社会科学文献出版社2013年版，第19页。

伯懋父控告这些不出征的部下，伯懋父最终判处被告赔偿罚金给原告。[1]同样是一个军事裁判的案件。

金文中亦出现周王派人到诸侯国审理案件的事例，可佐证西周存在着巡回审判这样的方式。当然，关于巡回审判最有名的事例，出自《诗经·召南·甘棠》一篇：

"蔽芾甘棠，勿剪勿伐，召伯所芰。
蔽芾甘棠，勿剪勿败，召伯所憩。
蔽芾甘棠，勿剪勿拜，召伯所说。"[2]

诗本身很简单，就是说不要破坏甘棠树，因为这是召伯工作过和休息过的地方。表达了百姓对召伯的敬爱与怀念。召伯究竟在甘棠树下做了何种惠民事业呢？《史记》备述本末：

"……召公之治西方，甚得兆民和。召公巡行乡邑，有棠树，决狱政事其下，自侯伯至庶人，各得其所，无失职者。召公卒，而民人思召公之政，怀棠树，不敢伐，歌咏之，作《甘棠》之诗。"[3]

可见召公在甘棠树下组织了一个巡回法庭，决民狱讼，类似于现场办公。清末王先谦比较鲁、齐、韩三家诗，认为召公"当农桑之时，重为所烦劳，不舍乡亭，止于棠树之下，听讼决狱，百姓各得其所。"[4]是可见，"甘棠听讼"虽为口耳相传的诗歌，但还是有一定的历史根据的，这也符合召公作为西周贤士大夫的形象。

以上三种机构，构成了西周司法机构的主体，尤以前两种为要，由此，西周的司法机构体制，可以下图标识。

（四）其他司法机构

按照《周礼》记载，除了以上三类司法机构之外，尚有其他的司法机构

----

〔1〕　关于这个案件的介绍，参见王沛："西周金文法律资料辑考"（上），载徐世虹主编：《中国古代法律文献研究》（第7辑），社会科学文献出版社2013年版，第30~31页。

〔2〕　《诗经·召南·甘棠》。

〔3〕　《史记·燕召公世家》。

〔4〕　（清）王先谦撰：《诗三家义集疏》（上册），吴格点校，中华书局1987年版，第83页。

（官职）。这些司法机构，或者为上述司法机构下属的具体部门，或者为辅助司法的相关部门。

1. 具体的司法部门

这些司法部门所从事的司法活动至为具体，专业化程度比较高，一般一个部门只负责司法程序中的某一环节。这样的机构主要有：

（1）司民。"掌登万民之数，自生齿以上皆书于版，辨其国中，与其都鄙，及其郊野。异其男女，岁登下其死生"〔1〕，主管司法活动中的立案和审查，同时又有当今的公安机关户籍管理的性质。

（2）司刑。"掌五刑之法，以丽万民之罪"〔2〕，负责刑事裁决的执行。

（3）司刺。"掌三刺三宥三赦之法，以赞司寇听狱讼"〔3〕，是协助长官进行审判的佐官。

（4）司约。"掌邦国及万民之约剂"〔4〕，负责收储证据及相关档案，侧重于契约。

（5）司厉。"掌盗贼之任器货贿"〔5〕，亦负责收储证据，侧重于刑事方面的。

（6）司圜。"掌收教罢民"〔6〕，具体执行大司寇"以圜土聚教罢民"的政策。

（7）掌囚。"掌守盗贼"〔7〕，针对盗贼，掌囚需要用械具收押盗贼，用何种械具体视囚犯的犯罪轻重程度及罪人身份而定：上罪梏拲而桎，中罪桎梏，下罪梏，王之同族者拲，有爵者桎。如果囚犯犯死罪需要刑杀，那么掌囚还得负责其从监狱到刑场这个过程的用械情形。

（8）掌戮。"掌斩杀贼谍而搏之"〔8〕，相当于刽子手，当然，对待不同的死刑犯，执行的死刑也不相同，凡杀其亲者，焚之，即执行火刑；杀王之亲者，辜之，即磔杀碎尸。一般的死刑犯，则直接杀于市，如果王之同族与

〔1〕《周礼·秋官·司民》。
〔2〕《周礼·秋官·司刑》。
〔3〕《周礼·秋官·司刺》。
〔4〕《周礼·秋官·司约》。
〔5〕《周礼·秋官·司厉》。
〔6〕《周礼·秋官·司圜》。
〔7〕《周礼·秋官·掌囚》。
〔8〕《周礼·秋官·掌戮》。

有爵者，则杀之于甸师氏，即不公开行刑。此外，掌戮还负责执行了墨、劓、刖、宫、髡刑后的犯人的安置工作。

（9）司隶。"掌五隶之法"[1]，所谓"五隶"，就是《周礼·秋官·司隶》篇后的"罪隶""蛮隶""闽隶""夷隶""貉隶"，这些隶有点类似后世的官奴婢，从五隶名称可以看出官奴婢的来源，罪隶可能是因犯罪而没为奴婢，而蛮、闽、夷、貉为中原对四裔边远地区族群的蔑称，大约这些人在中原地区对少数民族地区的征服战争中被俘而成为奴婢的。司隶发挥五隶之长，使之各有专司，罪隶役于百官，蛮隶养马，闽隶养鸟，夷隶养牛，貉隶养兽。

2. 其他司法辅助机构

除了以上具体司法部门之外，还有一些机构，按照当代法学角度视之，不纯为司法机构，而只是在某种程度上起到了辅助司法的作用，故在此暂且将之名为其他司法辅助机构。这些机构大体又可以分成三类。

第一类为与祭祀活动相关的机构。如：

（1）犬人。"掌犬牲。凡祭祀，共犬牲，用牷物。"[2]

（2）职金。"掌凡金、玉、锡、石、丹、青之戒令。"[3]

（3）蜡氏。"掌除骴，凡国之大祭祀，令州里除不蠲，禁刑者、任人及凶服者。"[4]

（4）司烜氏。"掌以夫遂取明火於日，以鉴取明水於月，以共祭祀之明齍、明烛，共明水。"[5]

（5）衔枚氏。"掌司嚣。国之大祭祀，令禁无嚣。"[6]

（6）伊耆氏。"掌国之大祭祀，共其杖咸。"[7]

因为西周为宗法社会，祭祀活动于国家的团结和社会的稳定关系莫大，所以在司法中也特别强调祭祀，可将之视作为一类司法辅助机构。

第二类为"外交"活动相关的机构。如：

---

[1]《周礼·秋官·司隶》。

[2]《周礼·秋官·犬人》。

[3]《周礼·秋官·职金》。

[4]《周礼·秋官·蜡氏》。

[5]《周礼·秋官·司烜氏》。

[6]《周礼·秋官·衔枚氏》。

[7]《周礼·秋官·伊耆氏》。

(1) 司盟。"掌盟载之法。"〔1〕

(2) 脩闾氏。"掌比国中宿互柝者与其国粥，而比其追胥者而赏罚之。"〔2〕

(3) 大行人。"掌大宾之礼，及大客之仪，以亲诸侯。"〔3〕

(4) 小行人。"掌邦国宾客之礼籍，以待四方之使者。"〔4〕

(5) 司仪。"掌九仪之宾客、摈相之礼，以诏仪容、辞令、揖让之节。"〔5〕

(6) 行夫。"掌邦国传遽之小事，恶而无礼者。"〔6〕

(7) 环人。"掌送邦国之通宾客，以路节达诸四方。"〔7〕

(8) 象胥。"掌蛮、夷、闽、貉、戎、狄之国使，掌传王之言而谕说焉，以和亲之。"〔8〕

(9) 掌讶。"掌邦国之等籍以待宾客。"〔9〕

(10) 掌交。"掌以节与币，巡邦国之诸侯，及其万民之所聚者，道王之德意志虑，使咸知王之好恶辟行之，使和诸侯之好，达万民之说。"〔10〕

因为西周为封建社会，存在着"双轨制"，在中央和诸侯国之间，存在着司法分工和合作的问题，所以这类"外交"机构也可视为一类司法辅助机构。

第三类为其他治安管理、司法技术辅助机构（人员）。

这类机构或人员，"司法"的特征较弱，属于治安管理或在技术上为司法提供服务的那类。计有"布宪""朝大夫""禁杀戮""禁暴氏""野庐氏""雍氏""萍氏""司寤氏""冥氏""庶氏""穴氏""翨氏""柞氏""薙氏""硩蔟氏""翦氏""赤犮氏""蝈氏""壶涿氏""庭氏"等，在此就不再赘述了。

---

〔1〕《周礼·秋官·司盟》。

〔2〕《周礼·秋官·脩闾氏》。

〔3〕《周礼·秋官·大行人》。

〔4〕《周礼·秋官·小行人》。

〔5〕《周礼·秋官·司仪》。

〔6〕《周礼·秋官·行夫》。

〔7〕《周礼·秋官·环人》。

〔8〕《周礼·秋官·象胥》。

〔9〕《周礼·秋官·掌讶》。

〔10〕《周礼·秋官·掌交》。

以上即是西周司法机构的大概情形，虽然西周是否有如此精细的司法科层体制，依然未得确证。但根据出土的青铜器铭文以及相对可靠的史籍记载，较之夏商，西周司法机构益臻完备，应当是历史事实。

二、管辖与起诉

（一）案件的管辖

按照现代法学理论，诉讼管辖指各级法院之间以及不同地区的同级法院之间，受理第一审案件的职权范围和具体分工，前者为级别管辖，而后者则属地域管辖。西周法制，理论上不存在级别管辖，各种案件似乎都能在各级法院中进行第一审。而按照《周礼》的记载，一定程度上存在地域管辖，大司寇、小司寇、士师掌朝中之狱，乡士掌国中之狱，遂士掌四郊之狱，县士掌野之狱，方士掌都家之狱。至于朝、国、郊、野、都家，到底是按照当事人住所地、诉讼标的物所在地还是法律事实所在地标准来确定，不得而知。考虑到西周社会是小农社会，社会生活相对简单，人员的流动性不大，故而上述三种标准重合的可能性较大。

当然，即便说西周存在地域管辖，也不是绝对的。按照上述"讶士"和"朝士"的记载，诸侯国中的诸侯和平民，也可以经由讶士和朝士，直接将案子交到中央士师那里去，这就突破了地域管辖的限制。而且召公甘棠树下听讼的例子也可证明，西周时期诉讼管辖的观念非常薄弱。从现存的材料中，我们并没有发现管辖权异议的情形。

（二）起诉的条件

再来看起诉，西周没有公诉和自诉之分，但已经初步出现了刑事和民事之别。案件性质不同，起诉的条件也相应有别。

就民事案件而言，需要"以两造禁民讼，入束矢于朝，然后听之。"[1]东汉郑玄注曰："讼，谓以财货相告者。造，至也。使讼者两至，既两至，使入束矢乃治之也。"[2]根据郑玄这一解释，民事诉讼的审判是要原被两方都能到庭，并且缴纳诉讼费用——束矢，即一百支箭后，法庭才予以受理。但是

---

〔1〕《周礼·秋官·大司寇》。

〔2〕 转引自（清）孙诒让：《周礼正义》（第11册），王文锦、陈玉霞点校，中华书局1987年版，第2748页。

告诉的发生是否要原被两造同时在场，则不得而知。所以这两造，更多是指审判时的情形。按照现代民事诉讼中起诉观念，起诉通常是单方的行为。而束矢，现代绝大多数中国法律史学教科书都将之理解为诉讼费用，且是案件受理的前提。按照郑玄的解释，束矢还带有证据宣誓的味道，如果不交束矢，"则是自服其不直也"，也就是通过交束矢，来宣誓自己所告不虚；而按照贾逵的说法，则是为了强调告诉的严肃性，令告诉者先交束矢，如果告诉不实的，则官府没收束矢，这是一种"禁民省事之法也"，带有息讼的味道在内。从政府治理的角度来看，这样两种说法都有一定的合理性。既通过交束矢提醒告诉人起诉要谨慎，又在一定程度上防止告诉人诬告虚告。这和现代诉讼费用的设置目的也是一致的，从这个意义来说，束矢可以理解为诉讼费用。

就刑事案件而言，则"以两剂禁民狱，入钧金。"[1]郑玄注曰："狱，谓相告以罪名者。剂，今券书也。使狱者各赍券书，既两券书，使入钧金。"[2]和上文一样，刑事案件审判中需要双方当事人出示"剂"，"剂"字面上理解为"质剂"，即所谓契约或书券一类的东西，如《周礼·地官》中提到的"听卖买以质剂"[3]、"大市以质，小市以剂"[4]，但既然争罪曰狱，那么自然不限于财产犯罪，则只强调要拿契约书券作为审判的证据，则显然失之太狭，"剂"，在此应该做广义理解，即确切的证据。以示狱重于讼之义。但是在告诉时，是否需要完备的证据，也难推定。而作为诉讼费用的钧金，即三十斤铜，同样有息讼和宣誓两重味道。

当然，即便周人对诉讼已经有民刑之别，但也绝不可能如此判然两分。孙诒让先生即认为"狱者，讼之大者也，不必告以罪名"，[5]也就是说狱也可以是财产或其他民事纠纷，不一定牵涉到罪刑。实则古文献中常有互文见义的写法，如果我们将讼狱连在一起来读，义甚明了。比如《周礼·秋官·士师》一篇中就明言："凡以财狱讼者，正之以傅别约剂"，很显然狱并不限于争罪，而和讼基本意思相同。故在西周，未明文规定告诉人的条件，但起

---

〔1〕《周礼·秋官·大司寇》。

〔2〕转引自（清）孙诒让：《周礼正义》（第11册），王文锦、陈玉霞点校，中华书局1987年版，第2750页。

〔3〕《周礼·天官·小宰》。

〔4〕《周礼·地官·质人》。

〔5〕转引自（清）孙诒让：《周礼正义》（第11册），王文锦、陈玉霞点校，中华书局1987年版，第2750页。

诉通常需要交纳诉讼费用，诉讼费用根据所诉标的的大小不同而不同，小案件缴纳束矢，大案件缴纳钧金。到开庭时，通常需要原被双方都到场，且持有相应的证据。

以上是就起诉的一般情形而言，特殊情况下，当事人也可以不交诉讼费用，不在当地法庭起诉，而直接到王畿的"朝士"起诉，再由朝士将案件转向士师加以处理。这就是"以肺石达穷民"的起诉制度：

> "凡远近茕独老幼之欲有复于上，而其长弗达者，立于肺石三日，士听其辞，以告于上，而罪其长。"[1]

要按照这一方式起诉，也需要符合一定条件：首先，起诉者身份是"穷民"；"茕"指"无兄弟"，"独"指"无子孙"，"茕独老幼"泛指贫苦无告的弱势群体，即"穷民"，他们或者因为贫困无法缴纳诉讼费用，或者因为其他原因无力按照一般诉讼条件起诉。其次，要在地方先行请求救济，而地方置之不理时，才可以赴王畿寻求救济；最后，到了王畿"朝士"那里，必须要在肺石上立满三日，朝士才予以受理。

"肺石"究为何物，现在也无法考证，但设置"立于肺石"的用意，与"束矢""钧金"是一样的，兼有息讼和宣誓两重味道，均对起诉者构成一定的负担。"束矢""钧金"是金钱上的负担，而"立于肺石"则是身体上的负担。必得起诉之志坚定，并不惜在肺石上站立满三日，以期能让案子得到受理。后世的"登闻鼓"等"直诉"制度，就有"肺石达穷民"的意义。[2]

肺石所在之地，为朝士仕事之所，即"右肺石，达穷民焉"[3]，树立于天子宫城之外，外朝的门右边。如果告诉人在肺石上站满三日，则朝士就受理其案子，并上报给上级处理，如果所告属实，则还要处罚原先未为其做主的地方官员。

---

〔1〕《周礼·秋官·大司寇》。

〔2〕其中历史上一个著名的事例，就是南北朝时期南梁的吉翂擂登闻鼓救父的故事。据《梁书》载："……天监初，（吉）父为吴兴原乡令，为奸吏所诬，逮诣廷尉。翂年十五，号泣衢路，祈请公卿，行人见者，皆为陨涕。其父理虽清白，耻为吏讯，乃虚自引咎，罪当大辟。翂乃挝登闻鼓，乞代父命……翂初见囚，狱掾依法备加桎梏……"吉翂擂登闻鼓，并不意味着长官就会受理他的案子。之后还需要经过拷略，确信无诬，方能受理。

〔3〕《周礼·秋官·朝士》。

三、审理与判决

（一）审理的要求

案件得到受理之后，就进入了审理程序。这一程序的基本要求是"两造具备，师听五辞"[1]，"两造具备"就是原则上原被双方都要亲自到庭对质，其例外情形则是如果当事人具有一定的贵族身份，则可以不亲自到庭，可以委托代理人来参加诉讼，这就是《周礼·秋官·小司寇》中所称的：

"凡命夫命妇，不躬坐狱讼。"[2]

理论上，所谓"命夫命妇"，必须是受到周天子诰命封赐的[3]，然而随着西周中期中央和地方实力的此消彼长，锡命制度慢慢松弛，故而即便未经过周天子诰命赐封但拥有实力的贵族，依然可以不亲自到庭参加诉讼。所以"命夫命妇"泛指有身份有地位的贵族官僚阶层。这一制度沿用至春秋战国，贵族找人代理出庭，在当时也是普遍的情形。如鲁襄公十年（前563年）时，周王室中的王叔陈生与伯舆争政，晋国国君派士匄至周王室审理这场纷争，王叔陈生和伯舆都未亲自到庭，前者派其家宰参与诉讼，而后者则派其大夫瑕禽代理出庭。[4]

至于"师听五辞"的"辞"，历代注经家说法不一，大体有两种意见：一种认为是"五刑之辞"，如《伪古文尚书》和南宋蔡沈《书集传》；另外一种则认是"供辞"，即"口供"，如清代朱骏声《便读》等。[5]前者偏重于量刑，而后者偏重于定罪。但按照诉讼步骤，应该是在查清事实的基础上，再做相应的处断。故而后一种解释更为合理，但除口供之外，西周审判时还十分强调其他形式的证据，比如质剂、傅别、简册等。这符合前面提到的"敬明乃罚"的慎刑思想，且《礼记·王制》云：

---

[1] 《尚书·吕刑》。

[2] 《周礼·秋官·小司寇》。

[3] 关于西周锡命礼仪制度的一般情形，参见齐思和："周代锡命礼考"，载齐思和：《中国史探研》，中华书局1981年版，第50~66页。

[4] 参见《左传·襄公十年》。

[5] 参见顾颉刚、刘起釪：《尚书校释译论》（第4册），中华书局2005年版，第2002~2003页。

　　"司寇正刑明辟以听狱讼，必三刺，有旨无简不听。"[1]

　　"有旨无简"，即光有诉讼请求和口头言辞，如果没有相关的简册凭证，则司法官员不予采信，这就很明显说明了"师听五辞"，不单单是听取口供。而是在审察各类证据的基础上，来求得事实真相。

　　对于口供的审察，西周强调"五听"原则，即：

　　"以五声听狱讼，求民情：一曰辞听，二曰色听，三曰气听，四曰耳听，五曰目听。"[2]

　　司法官员在听取当事人口供时，要注意其"辞、色、气、耳、目"五种反应。第一是辞听，就是观察当事人的发言。观其出言，不直则烦。如果当事人是清白正直的，通常情况下言简意赅地表达，而如果心虚理亏，则往往辞烦意寡。第二是色听，就是观察当事人的脸色。观其颜色，不直则赧然。正直的往往脸部表情平静，而理亏的则会出现羞赧之色。第三是气听，就是观察当事人的气息。观其气息，不直则喘。正直的往往说话气息平稳，而理亏的则容易断断续续。第四是耳听，就是观察当事人对法官问话的反应情形。观其听聆，不直则惑。正直的会及时做出回应，而理亏的因为要作伪，所以反应要慢一点。第五是目听，就是看当事人的眼珠。观其眸子视，不直则眊然。理若真实，视盼分明。而理亏者往往眼珠黯淡。[3]这是司法者长期审判经验的总结，和现代司法心理学相契合，虽仍带有强烈的主观色彩，但本质上是建立在人类理性的基础之上的，是理性司法的产物。[4]

　　除口供外，当事人要支持自己的主张，还得出示相应的其他证据，而法官，也得在证据链完整的情况下，再做出裁判。《周礼·秋官·士师》中称：

---

　　[1]　《礼记·王制》。

　　[2]　《周礼·秋官·小司寇》。

　　[3]　参见（唐）贾公彦疏：《周礼注疏》，载（清）孙诒让：《周礼正义》（第11册），王文锦、陈玉霞点校，中华书局1987年版，第2770~2771页。

　　[4]　至战国时期，"五听"做法仍然引起当时思想家强烈的共鸣，比如孟子即云："存乎人者，莫良于眸子。眸子不能掩其恶。胸中正，则眸子瞭焉，胸中不正，则眸子眊焉。听其言也，观其眸子，人焉廋哉？"见《孟子·离娄上》。荀子亦云："请牧基，明有祺，主好论议必善谋。五听修领，莫不理续，主执持。"见《荀子·成相》。可见，西周的这种司法经验，经历史证明是理性的，而为后世所接受。

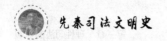

"凡以财狱讼者，正之以傅别、约剂。"[1]

即凡是裁判事关财产的案件，要查验当事人是否持有傅别、约剂这样的证明文件。按照《周礼·秋官·小宰》"听称责以傅别"[2]，则"傅别"为借贷合同，东汉郑众解释为："若今时市贾，为券书以别之，各得其一，讼则案券以正之。"[3]这样的合同一式两份，双方各执一份，作为债权债务的凭证。而"约剂"，按照《周礼·秋官·司约》的说法，则包罗甚广，有神之约、民之约、地之约、功之约、器之约、挚之约之分，不限于契约之约，而有广义的法律文书之义。"凡大约剂，书于宗彝；小约剂，书于丹图"[4]，这是说约剂的制作，很显然，大约剂指关于邦国的法律文书，要书写在宗庙鼎彝，也就是青铜器上，这点从众多出土青铜器铭文中可以得到证明。而小约剂，则书于丹图。因为目前无丹图保存下来，致使到汉代时，经师已经"未闻"。衡诸字面解释，大约是用朱笔写于竹帛之上的文件。孙诒让认为"书于宗彝，谓刻铭重器，丹图则著于竹帛，皆所以征信也。"[5]表明这些文书都是有法律效力的，都能作为狱讼的证据。《周礼·秋官·司约》又云：

"若有讼者，则珥而辟藏，其不信者服墨刑。"[6]

也就是如果碰到争讼，双方对既定的证据有异议，则可到司约那里，查阅储藏在彼处的法律文书，以此为标准。可见，约剂不同于质剂，按照《周礼·秋官·小宰》"听买卖以质剂"[7]，则"质剂"为买卖契约，大市以质，小市以剂，质为长契，剂为短契。约剂的范围显然比质剂要广得多。而"以财狱讼者"，显然不仅仅限于借贷或买卖这样的债权行为，也应该包括对土地、田宅等财产的占有、使用、收益、处分等物权行为。傅别，应该是从契

---

[1]《周礼·秋官·士师》。

[2]《周礼·天官·小宰》。

[3]转引自（清）孙诒让：《周礼正义》（第11册），王文锦、陈玉霞点校，中华书局1987年版，第2791页。

[4]《周礼·秋官·司约》。

[5]转引自（清）孙诒让：《周礼正义》（第11册），王文锦、陈玉霞点校，中华书局1987年版，第2848页。

[6]《周礼·秋官·司约》。

[7]《周礼·天官·小宰》。

约的制作使用方法上来谈的，而约剂，则泛指一切有证明效力的法律文书。由此可知，法官在审理案件时，要查验这类书证及物证等证明文件。

审理除了需要凭借以上证据外，对于证据的审查及案情的推理，西周要求"用情讯之"，出自于《周礼·秋官·小司寇》"以五刑听万民之狱讼，附于刑，用情讯之。至于旬，乃弊之。"[1]原意是小司寇掌五刑，尤其是死刑的最后决断，故而要慎之又慎，对证据的审查，要合乎情理，所谓"讯，言也，用情理言之，冀有可以出之者，十日乃断之"[2]，是慎刑恤刑的突出表现。虽偏于刑事案件的审理，但这是小司寇身份地位使然，屑小民事纠纷，应该很少能到小司寇那里，故单讲"附于刑，用情讯之"，实则以情理审查，适用于一切案件当中。《礼记·王制》云：

"凡听五刑之讼，必原父子之亲，立君臣之义以权之。意论轻重之序、慎测浅深之量以别之。悉其聪明，致其忠爱以尽之。"[3]

这个情理要求审案断罪，一定要从父子之亲、君臣之义的角度加以衡量；脑子里始终要考虑罪行有轻重，量刑有深浅，个案与个案不同；要竭尽自己的才智，发扬忠恕仁爱之心，使案情真相大白。毫无疑问，这个情理的标准已经带上了汉儒君臣父子三纲之义，但是考虑到西周是礼制社会，亦讲究亲亲尊尊之道，且在司法思想上强调敬明乃罚、哀矜折狱，故而将这个标准置于西周，庶几合乎事实。

一般的案件审理即如上述，如果遇到案情重大或者复杂的情形，则法官常常要启动类似于后来的"会审"程序，以集思广益，公正裁判。这就是《礼记·王制》中所说的："疑狱，泛与众共之"[4]，也是《周礼·秋官·小司寇》所谓的"三刺"之法：

"以三刺断庶民狱讼之中，一曰讯群臣，二曰讯群吏，三曰讯万民。"[5]

---

〔1〕《周礼·秋官·小司寇》。

〔2〕转引自（清）孙诒让：《周礼正义》（第11册），王文锦、陈玉霞点校，中华书局1987年版，第2766页。

〔3〕《礼记·王制》。

〔4〕《礼记·王制》。

〔5〕《周礼·秋官·小司寇》。

"三刺"也就是"三讯"，遇到大案疑案，首先要听取孤卿士大夫的意见，然后要听取乡遂公封邑都鄙之官的看法，最后还要听取普通庶民的意见。这也即是孟子所说的：

> "左右皆曰可杀，勿听；诸大夫皆曰可杀，勿听；国人皆曰可杀，然后察之；见可杀焉，然后杀之。故曰，国人杀之也。如此，然后可以为民父母。"[1]

反映了孟子对慎重人命、理性司法的精神的赞许，这也是西周司法文明带给后世的影响。

当然，上面所谓的"群臣""群吏""万民"都不是绝对的，实际意思相当于兼听则明、偏听则暗，即要多方会审，慎重对待。且不是说所有案件都要三刺，而只是针对疑案大案而已。诚如孙诒让所说："凡平时听狱讼，自是司寇专职，讯鞫论断，盖有恒法，群士、司刑，不出本属。自非疑难不决，不必备此三刺。"[2]否则，若所有案件都要三刺，不惟效率低下，衡诸常理也绝无可能。

（二）案件的判决

经过法庭质证等环节，案件事实查清之后，接下来就进入到判决程序了。判决主要是适用法律的过程，由于西周是礼制社会，所以不同的人员所适用的法律渊源也有不同，如《周礼·秋官·大司寇》谓：

> "凡诸侯之狱讼，以邦典定之；凡卿大夫之狱讼，以邦法断之；凡庶民之狱讼，以邦成弊之。"[3]

邦典、邦法、邦成具体规定，无法考证。如前所述西周法律并没有公布于世，还属于"藏于秘府"阶段，但根据这个分类，西周判决案件，必有成文的典章制度可循，而不必"临时设法"。

对于违法或犯罪事实清晰，且无宽宥赦免等情形的诉讼当事人，法官即

---

〔1〕《孟子·梁惠王下》。

〔2〕转引自（清）孙诒让：《周礼正义》（第11册），王文锦、陈玉霞点校，中华书局1987年版，第2775页。

〔3〕《周礼·秋官·大司寇》。

会依据以上邦典、邦法或邦成作出裁判，可能还得制作必要的裁判文件，经过一定的期限，明确向当事人宣判，这就是《周礼·秋官·小司寇》所谓的：

"至于旬，乃弊之，读书则用法。"[1]

这是说小司寇作出裁判决定十天之后，便向当事人宣判。如孙诒让所说："此读书用法，与弊之同日。谓其狱既定，则录先后讯辞及其所当之罪为书，使刑史对众宣读，囚不反复，听者亦无辩论，则是情罪允当，乃用法属其牒，明刑定也。"[2]

对于违法或犯罪事实清晰，但有特别情形者，则要做相应的权变处理，主要有三种情形：

第一，"八辟"，如上文所述，即对亲贵勋戚等八种身份高贵者，小罪比附法律加以宽免，大罪奏请天子再会同百官议决，司法官员不能随便做出刑罚决定。此制在魏晋之后演化成著名的"八议"之制，备载于各朝正律当中，沿用至清。

第二，"三宥"，即"壹宥曰不识，再宥曰过失，三宥曰遗忘"[3]，不识指愚民不识法令而偶有触犯者；过失和遗忘均是主观上未尽到充分注意而导致危害发生者，似乎前者出于过于自信，而后者则是疏忽大意。考虑到这三者均非出于行为人故意，主观恶性较小，所以实行宽宥。

第三，"三赦"，即"壹赦曰幼弱，再赦曰老旄，三赦曰蠢愚"[4]，幼弱指年纪较小，老旄指年龄较大，至于幼弱年龄的上限和老旄年龄的上限，则不同时期应当有不同的标准，大致说来7岁~8岁以下为幼弱，70岁~80岁以上为老旄。至于愚蠢，则是指精神病人，不能辨别和控制自己行为之人。这三者均属于弱势群体之列，司法上对其给予一定的优待，亦是西周"哀矜折狱"的表现。

至于行为人的行为于法无其治罪量刑专条时，如何处理？西周并无法无明文规定不为罪，法无明文规定不处罚的"罪刑法定"之说。从文献记载来

---

[1]《周礼·秋官·小司寇》。

[2] 转引自（清）孙诒让：《周礼正义》（第11册），王文锦、陈玉霞点校，中华书局1987年版，第2777页。

[3]《周礼·秋官·司刺》。

[4]《周礼·秋官·司刺》。

看，这类行为一般是归入"疑狱"之列，最后由司刺协助小司寇，以上文所述的"三刺"之法来决定。诚如《礼记·王制》所云的：

"疑狱，泛与众共之；众疑，赦之。"[1]

如果三刺后未得确情，那么就要赦免行为人；如果都认为有罪，那么行为就会被定为有罪。接下来司法官员就要此行为量刑。由于法无专条，故而需要按照"上服下服"的办法来处理。"服"通"附"，即将行为人的行为，上与比这个行为更严重的罪行相比较，下与比这个行为更轻微的罪行相比较，然后从这个幅度中选择一个适中的刑罚来处理。这十分类似于后来帝制王朝中流行的"比附"之法。[2]"上服下服"这一做法于先秦文献中屡屡可见，如：

"以三刺断庶民于狱讼之中……听民之所刺宥，以施上服下服之刑。"[3]

"以此三法者求民情，断民中，而施上服下服之罪，然后刑杀。"[4]

"必察小大之比以成之。"[5]

"上下比罪……上刑适轻下服，下刑适重上服，轻重诸罚有权。"[6]

这应该是当时对于这类案件量刑的通常做法，"上服下服"总的原则是从轻比附，即《礼记·王制》中所谓的"附从轻"[7]，唐孔颖达对此疏曰："附从轻者，谓施刑之时，此人所犯之罪在可轻可重之间，则当求其可轻之罪

---

〔1〕《礼记·王制》。

〔2〕"上服下服"，并非明确界定"罪"的有无问题，与"类推"针对定罪不同，"上服下服"是对法无明文规定的行为如何处罚的问题，这和后代的"比附"是一致的，诚如陈新宇先生所论的"比附无需在罪与非罪的判断上面临过多压力……如果说类推的目的在于入罪，比附的主要功能则在于寻求适当的量刑。比附中相似性判断的不同，可能会使量刑出现很大的差异；这种判断，主要取决于比附者对罪刑均衡关系的把握，因此比附的主要危险是在量刑方面。"见陈新宇："比附与类推之辨——从'比引律条'出发"，载《政法论坛》2011年第2期。更详细的讨论见陈新宇：《帝制中国的法源与适用——以比附问题为中心的展开》，上海人民出版社2015年版。

〔3〕《周礼·秋官·小司寇》。

〔4〕《周礼·秋官·司刺》。

〔5〕《礼记·王制》。

〔6〕《尚书·吕刑》。

〔7〕《礼记·王制》。

而附之，则'罪疑惟轻'是也。"〔1〕这同样体现了"祥刑"的矜恤色彩。当然，这只是针对"可轻可重"者而言，具体情形中，还得按照行为人主观恶性和情节严重程度来定，"刑罚轻重有权"，这就是上面《尚书·吕刑》中所要求的"上刑适轻下服，下刑适重上服"的精义。

总之，西周司法审判中要求当事人双方出示必要的证据，要求法官在证据的基础上进行合情合理的司法推理，在规定的期限内完成裁判，并将决定宣读给当事人听。对于大案、疑案以及身份特殊者，则适用"三刺""八议""三宥""三赦"等特别程序进行审理，并有"上服下服"之制来补充法律规范之不足，显示了高度的司法理性主义精神。

四、上诉与执行

（一）上诉程序

在司法官员对当事人进行宣判，即"读书则用法"之后，如果没有异议，判决发生效力，那么案件就进入到执行程序。如果当事人对案件有异议，则可以申请上诉。《周礼·秋官·朝士》一篇记载：

> "凡士之治有期日：国中一旬，郊二旬，野三旬，都三月，邦国期。期内之治听，期外不听。"〔2〕

历来注经者对这段话理解各异，孙诒让的解释相对合理："此士治有期日，盖有二义。一则民以事来讼，士官为约期日以治之；二则狱在有司而断决不当者，许其于期内申诉。"〔3〕由前文可知，朝士负责接待从地方，比如乡、遂、县、方等地来中央寻求司法救济的"穷民"（地方诸侯及贵族官员由讶士接待）。"穷民"或者是因为交纳不起诉讼费用且地方官员不为之做主，所谓"哀苦无告"者，或者是经地方司法机构处理后觉得不直者。前者大概就是孙诒让所谓的"民以事来讼"的情形，而后者则属于"狱在有司而断决不当者"的情形。

---

〔1〕（唐）孔颖达疏：《尚书正义》，载《十三经注疏》（第2册），北京大学出版社1999年版，第91~92页。

〔2〕《周礼·秋官·朝士》。

〔3〕 转引自（清）孙诒让：《周礼正义》（第11册），王文锦、陈玉霞点校，中华书局1987年版，第2825~2826页。

那么很明显，后一种情形，正是"穷民"上诉的情形。并且根据以上规定，上诉期限按照上诉人距离中央周王庭的远近而有相应的不同。国中（乡）的上诉人上诉期限为十天，郊（遂）的上诉期限为二十天，野（县）为三十天，都（方）为三个月，邦国（更远更偏僻的诸侯国）为一年。在各自的期限内上诉，朝士就接受上诉人的上诉，交由士师及司寇做上诉审处理。当然，当事人要上诉，除了在期限之内之外，还得具备一定的条件，诸如"立于肺石三日"、持有"判书"等相应的证据材料。[1]至于上诉审是否为终审，缺乏这方面的材料，无法明确判断。

（二）判决的执行

判决经过宣读，当事人不上诉，或者经上诉到终审判决出来后，则判决就发生法律效力，于是案件进入到最后一个阶段——执行阶段。

判决的执行，主要是落实判决所确定的刑罚的过程，又大致有这么几种情形：

1. 死刑的执行

从《周礼》诸篇中，可知死刑必得经过复核。如《周礼·秋官·乡士》有云：

"听其狱讼，察其辞，辨其狱讼，其死刑之罪而要之，旬而职听于朝。司寇听之，断其狱，弊其讼于朝，群士、司刑继而在，各丽其法以议狱讼。狱讼成，士师受中。协日刑杀，肆之三日。"[2]

从文中专揭"其死刑之罪而要之"来推测，非"死刑之罪"，乡士有专断之权。死刑案件要在十天内报到周王庭，最终由司寇复核，死刑经复核同意执行后，再由士师将执行决定发还给乡士，乡士遵照决定，于乡里负责对犯人执行死刑，并曝尸三日。遂士、县士、方士判决执行死刑的程序与乡士基本相同，不同的只是上报死刑的期限和执行死刑的地点，遂士必须在二十天内上报，县士三十天，方士三个月，这主要是考虑这些地方司法机构与中央的距离的远近而定的，至于执行死刑的地点，则还在当地，即郊、野、都等地。

---

[1] 如《周礼·秋官·朝士》就规定："凡有责者，有判书以治，则听"，判书显然就是一种契约文书。

[2] 《周礼·秋官·乡士》。

在犯罪人被宣判为死刑到押赴刑场执行的这一段时间之内，犯罪人都必须戴械监禁。如前文所述，由掌囚负责，死刑犯所犯之罪，应为上罪，如果身份是平民，则"上罪梏拲而桎"[1]，就是头、手、足均被铐住，类似于后代双手和头部都锁在枷锁内，双脚还戴上脚链。而如果是王之同族者和有爵者，监禁在牢中，只需要戴上手铐，只有在押赴刑场之时，才需要再戴上脚铐。且平民和有身份者行刑公开程度也不一样，平民"适市而刑杀之"，而王之同族与有爵者，"奉而适甸师氏，以待刑杀。"[2]"甸师氏"为《周礼》"天官"中的属官，其职为：

> "……耕耨王藉。以时入之，以共齍盛。祭祀，共萧茅，共野果蓏之荐。丧事，代王受眚灾。王之同姓有罪，则死刑焉。帅其徒以薪蒸，役外内饔之事。"[3]

很显然甸师氏有为王室供应农产品和祭祀用品之责，其地当在偏僻的郊野。所以刑人于市，显然是公开行刑，带有羞辱的味道；而刑人于甸师氏，则是秘密行刑，带有为公族留体面的味道。

执行死刑的具体方式，也因犯罪人身份不同而有差别。犯罪人是平民的，其死刑由"掌戮"组织实施，且还要根据犯罪人犯罪所针对的对象不同，选择具体的行刑方式：

> "凡杀其亲者，焚之；杀王之亲者，辜之。凡杀人者，踣诸市，肆之三日，刑盗于市，凡罪之丽於法者，亦如之……凡军旅、田役，斩杀刑戮亦如之。"[4]

"焚"即火烧，"辜"即切割、分裂尸体（亦称"磔"刑），这两种情形都属于毁尸灭迹，因犯人所杀对象，为亲为尊，是对西周礼制"亲亲尊尊"之义最为严重的破坏，相应的处罚也就最为严重。其余如因贼盗、军旅、田役招致死刑者，则斩于市，也就是"踣"，相当于后世的斩首，并曝尸三日。

---

[1]《周礼·秋官·掌囚》。
[2]《周礼·秋官·掌囚》。
[3]《周礼·天官·甸师氏》。
[4]《周礼·秋官·掌戮》。

这个"市"，即是以上国中、郊、野、都等地的"市"。可见，对于平民犯死刑的，都不留全尸（焚、辜更甚），且要加以刑辱。

至于犯罪人身份是王之同族和有爵者，则如上文所示，行刑的就不是掌戮了，而是甸师氏，《周礼·秋官·掌戮》中特别提到："唯王之同族与有爵者，杀之于甸师氏"[1]。甸师氏对此类犯人执行死刑的方法，也不同于掌戮，《礼记》对此有记载：

> "公族，其有死罪，则磬于甸人。"[2]

这个"磬"，按照东汉郑玄的说法，就是悬缢杀之，对此古今注礼者没有多少异议。[3]后来的帝制王朝，每每赐有罪王公贵族一丈白绫，令其悬梁自缢，即仿《礼记》"磬"之遗意。保留全尸，不加刑辱，和不刑于市一样，同样是对公族体面的维护。反映了西周"亲亲尊尊"的"礼"的内涵。

2. 肉刑的执行

西周继承了之前的肉刑，《尚书·吕刑》明言：

> "墨罚之属千，劓罚之属千，剕罚之属五百，宫罚之属三百，大辟之罚其属二百。五刑之属三千。"[4]

虽然各肉刑具体对应哪些罪名已无从考证，"五刑之属三千"，也非确数，仅言其多而已。但综合各种文献及材料，可以确知西周肉刑的确存在且多见。

首先来看墨刑，《周礼·秋官·司约》中明确说：

> "凡大约剂书於宗彝，小约剂书於丹图。若有讼者，则珥而辟藏，其不信者服墨刑。"[5]

这点得到了考古材料的证实，在 1975 年出土于陕西岐山县董家村的"𫗱匜"铭文中，可以明确地看到其中有𪑛𣪠字样，文物及古文字专家将之释为

---

〔1〕《周礼·秋官·掌戮》。
〔2〕《礼记·文王世子》。
〔3〕参见钱大群撰：《唐律疏义新注》，南京师范大学出版社 2007 年版，第 17~18 页。
〔4〕《尚书·吕刑》。
〔5〕《周礼·秋官·司约》。

"黑巾裹头，面颊刺字"[1]，很明显这就是肉刑中的"墨刑"。关于青铜器铭文（金文）中反映的西周司法文明的情形，详见本章第四节。

其次来看劓刑，虽然《周礼》一书中只有《尚书·吕刑》篇提到了劓刑，但如果根据胡朴安的说法，《周易》下经主要是讲周代的历史情形，在《周易》下经中，明确提到了"劓刑"这一刑罚：

"九五，劓刖，困于赤绂，乃徐有说，利用祭祀。"[2]

至于墨刑和劓刑该怎么实施，在我们前两章讨论西周之前的刑罚时曾经提到"大刑用甲兵……中刑用刀锯，其次用钻笮……"[3]，墨刑是用类似于针一样的东西（即所谓"钻笮"）在脸颊上刺字，而墨刑应该是用薄的小刀来割鼻子。《礼记》中也提到墨劓的实施法：

"其刑罪，则纤剸，亦告于甸人。"[4]

其中的"纤"指针，而"剸"是小而薄的刀之义，这是以工具来借代墨劓之刑。

再次来看刖刑，如上文《周易》"困卦"中明确提到了刖刑，《周礼》中虽然提及刖刑的地方较少，但如本文第四节将要提到的那样，出土的西周时期的青铜器，如多地出土的"刖刑鬲"以及西周晚期的"它盘"上，都铸有被实施了刖刑的人像。比如1988年11月7日，在宝鸡市南郊茹家庄西周遗址区出土的"刖刑奴隶守门方鬲"中，守门的奴隶被砍掉了左脚（见以下二图）。

---

〔1〕 参见王沛："西周金文法律资料辑考"（上），载徐世虹主编：《中国古代法律文献研究》（第7辑），社会科学文献出版社2013年版，第42页。

〔2〕《周易·困》。

〔3〕《国语》卷四"鲁语上"。

〔4〕《礼记·文王世子》。

（刖刑鬲全图）

（刖刑鬲局部：被施刖刑的守门小人）

　　而在 1963 年出土于陕西扶风县齐家村的"它盘"中，可以看到圈足下有四个裸体踞式男童，两手扶膝，眉眼俱全。四人均为受过刖刑的犯人，双脚都被砍掉了（见下图）。这两件青铜器中的刖刑的执行方法，都是砍脚，小腿还都保留着。可能在西周时，执行刖刑就是用刀锯砍掉双脚或单脚，而不砍掉小腿或者挖掉犯人的膝盖骨（即"膑"）。

（它盘全图）

（它盘局部：被施刖刑的托盘小人）

　　再次来看宫刑，西周承继了夏商以来的宫刑（椓刑），但是具体的执行方法同样不可考，但是宫刑的目的是明确的，就是不让罪人有后，这就是《尚书·盘庚》中所谓的"无遗育，无俾易种"，不过在奉行周礼的西周社会，对于公族，则不适用宫刑，《礼记》中明确提到：

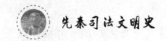

"公族无宫刑，不翦其类也。"[1]

这是为了保证公族宗法的延续，这一思想对后世影响深远，所谓"施仁政于天下者，不绝人之祀"[2]，文献典籍中也的确少见公族处宫刑之例。

至于对犯人执行完肉刑之后该如何处理，《周礼》也有明确的方案：

"墨者使守门，劓者使守关，宫者使守内，刖者使守囿，髡者使守积。"[3]

尽管遭受了肉刑，刑余犯仍有相应的行为能力，所以根据其能力，做这样的处理措施。按两汉经师的注疏，墨者无妨于禁御，所以使守门，此门主要是指王城及各官府厩库之门，而非宫门，宫门由宫者守。劓者使守关，截鼻者貌丑，而关在畿外，视门为远，所以守之无妨。宫者守内，以其不能人道。刖者守囿，断足无急行，禽兽在园囿，躯赶之而已，无事急行逐捕。[4]至于髡刑，乃剃发之耻辱刑，肉体无损，特征明显，使之守粮仓积聚所在，似亦相宜。当然，西周事实上刑余犯是否完全如此处理，不得而知。而按照另一篇带有强烈理想主义色彩的文献——《礼记·王制》中的说法：

"刑人于市，与众弃之。是故公家不畜刑人，大夫弗养，士遇之涂弗与言也。"[5]

似乎这些刑余犯都不能进入到"公家"也就是邦国行政系统内，那就直接与以上"守门""守关"等刑余犯安排出现矛盾了，何者更属实情，殊难判断。但从上文提到的"刖刑鬲""它盘"上所铸的刖刑徒形象来看，在西周，至少是"刖者使守囿"是可信的，因为"刖刑鬲"把守的炉门，正类于园囿形象。而多种鼎彝上都出现这样的形象，似乎不太可能是铸器者凭空想象出来，必定是现实中有此情形，才为不同的铸器者在不同的鼎彝上表达

〔1〕《礼记·文王世子》。
〔2〕《资治通鉴》卷六十二 "汉纪五十四"。
〔3〕《周礼·秋官·掌戮》。
〔4〕转引自（清）孙诒让：《周礼正义》（第11册），王文锦、陈玉霞点校，中华书局1987年版，第2880~2881页。
〔5〕《礼记·王制》。

"刖者守囿"之意。

3. 其他刑罚的执行

见于《周礼》及其他传世文献者，尚有其余多种刑罚。

第一类是赎刑，《尚书·吕刑》篇明确提到：

> "墨辟疑赦，其罚百锾，阅实其罪。劓辟疑赦，其罪惟倍，阅实其罪。剕辟疑赦，其罚倍差，阅实其罪。宫辟疑赦，其罚六百锾，阅实其罪。大辟疑赦，其罚千锾，阅实其罪。"[1]

墨、劓、刖、宫等肉刑乃至死刑都可以用锾来赎，锾与后来的"两""钱""厘""毫"等计量单位的换算关系究竟如何，各家说法不一，亦无定论。不过赎刑的存在，的确可信。如我们将在下一节所讨论到的，出土的西周青铜器铭文中，很多"罚锾"的事例，实际上就是以锾赎罪的情形。当然，它有一定的适用条件，必须是"疑赦"的情形下，即案件存有一定的可疑点，在可赦不可赦之间的，方能用赎。

第二类是徒刑，前述大司寇的职责中，有：

> "大司寇之职……以圜土聚教罢民，凡害人者，寘之圜土而施职事焉，以明刑耻之，其能改者，反于中国，不齿三年。其不能改而出圜土者杀……以嘉石平罢民，凡万民之有罪过而未丽于法而害于州里者，桎梏而坐诸嘉石，役诸司空。重罪，旬有三日坐，期役；其次，九日坐，九月役；其次，七日坐，七月役；其次，五日坐，五月役；其下罪，三日坐，三月役。使州里任之，则宥而舍之。"[2]

上面出现了两类"罢民"，一类罢民是害人者，可以理解为犯罪的人，则需要将之囚禁在监狱（"圜土"）中，并强制其服一定的苦役，以三年为限，如果三年没有改造好且有越狱行为者，则处死刑。

这项刑罚具体由司圜这一机构（人员）负责执行：

> "司圜掌收教罢民。凡害人者，弗使冠饰，而加明刑焉。任之以事，而收

---

〔1〕《尚书·吕刑》。

〔2〕《周礼·秋官·大司寇》。

教之。能改者，上罪三年而舍，中罪二年而舍，下罪一年而舍，其不能改而出圜土者，杀。虽出，二年不齿。凡圜土之刑人也，不亏体，其罚人也，不亏财。"[1]

很显然，徒刑分成三等，上罪三年，中罪二年，下罪一年，在服刑期间，并强制犯人服劳役，执行时，不得体罚犯人，也不得索要犯人财物。从最后一句"不亏财"来看，也许犯人服劳役，还会获得一定的劳动报酬。

另一类罢民则是"有罪过而未丽于法"，但对州里有危害者，相当于现代法学中所界定的"违法但是没有达到犯罪的程度"，通常是违反治安管理的人，则需要坐"嘉石"并服一定时间的劳役。至于"嘉石"究竟为何物，亦无从考证。但"桎梏而坐嘉石"有点类似于后世"枷号示众"，带有一定的羞辱之意，示众场所通常位于公开热闹的地方，示众期限按照违法情形的轻重，由高到低分别为13天、9天、7天、5天和3天。示众完毕之后，还要强制这类违法者服一定期限的劳役，只是服劳役的场合不在圜土中，而是到"司空"机构（人）那里服役，服役期限对照示众期限，相应也分为1年、9个月、7个月、5个月、3个月五等。

至于司空究竟如何具体执行，分配哪些劳役任务，因《周礼·冬官》一篇汉时已佚，而以《周礼·考工记》茸人，故无从得知，但从《周礼·考工记》所叙来看，这些违法的罢民，到司空处服劳役时，无疑需要学习专门的劳动技巧，这颇符合近代"犯罪习艺所"的做法，通过在司空处服役，从而改造自新。

第三类是身份刑，主要是将人没为奴婢。奴婢的来源有多种。其中之一就是因犯罪而没为奴婢，失去独立的人格。罪犯成为奴婢之后，可趋使其为官府服役，同样也可作为物品与人交换，在西周青铜鼎彝中，还可以发现奴婢经常被作为礼物由周王赏赐给臣下的例子。西周管理奴婢的机构（人员）为司隶，如前文所述，他得：

"帅其民而搏盗贼，役国中之辱事，为百官积任器。凡囚执人之事，邦有祭祀、宾客、丧纪之事，则役其烦辱之事。掌帅四翟之隶，使之皆服其邦之

---

[1]《周礼·秋官·司圜》。

服，执其邦之兵，守王宫与野舍之厉禁。"〔1〕

显然，司隶所管理的奴婢，应该都属于"官奴婢"的范畴。西周同样存在私人畜养的奴婢，如《周易》云：

"九三，系遯，有疾厉，畜臣妾，吉。"〔2〕

上面的臣妾，即奴婢，男奴称隶臣，女奴称隶妾。这类私人奴婢，不在司隶所掌范围之内。当然，司隶具体又是通过"罪隶"和"四翟之隶"机构（人员）来管理奴婢的。"罪隶"专门负责因犯罪而被没为奴婢者：

"罪隶掌役百官府与凡有守者，掌使令之小事。凡封国若家，牛助，为牵傍，其守王宫与其厉禁者，如蛮隶之事。"〔3〕

可见"罪隶"所掌，即上文"司隶"所掌的"帅其民而搏盗贼……则役其烦辱之事"之类。而司隶掌帅"四翟之隶"，即来自"四裔"的隶，"四翟"既是一个地理概念，更是一个文化概念。上文已经提到，这些隶，处于"王化"之外，并非因犯罪而被没为奴婢的，而是在周王征伐战争中被俘虏而成为周人的奴婢的。"四翟之隶"，则是按地域所分的各地战争奴婢的头目，分别为：

第一，蛮隶，"掌役较人养马。其在王宫者，执其国之兵以守王宫。在野外，则守厉禁。"〔4〕

第二，闽隶，"掌役畜养鸟而阜蕃教扰之，掌子则取隶焉。"〔5〕

第三，夷隶，"掌役牧人养牛马，与鸟言。"〔6〕

第四，貉隶，"掌役服不氏而养兽而教扰之，掌与兽言。"〔7〕

由此可见，西周时期，有一整套身份刑罚及其具体的执行方法。当然，

---

〔1〕《周礼·秋官·司隶》。
〔2〕《周易·遯》。
〔3〕《周礼·秋官·罪隶》。
〔4〕《周礼·秋官·蛮隶》。
〔5〕《周礼·秋官·闽隶》。
〔6〕《周礼·秋官·夷隶》。
〔7〕《周礼·秋官·貉隶》。

罪隶和四翟之隶的区分是否真的如此严格，还是存在着疑问的。

五、司法时令

从西周的司法机构和程序中，我们可以体会到浓厚的理性和人文色彩。这种人文理性精神，不仅仅是西周统治者鉴于夏商统治的教训而做出的思想意识形态上的调整，更源于其所依赖的经济基础。种种材料表明，西周农业水平较之夏商更为发达和稳定，西周立国以农为本。而农本主义的经济形态，对中国古代法律体系乃至司法均有深刻的影响。[1]

农本主义的经济形态，使得人们自然而然对于四时历法非常重视。在长期的生产生活中，人们发现只有按照时令要求去生产和生活，才会有好的结果，正如《周易》所云："天垂象，圣人则之"，二十四节气、七十二侯，都是古人生产生活的总结。而"不违农时""使民以时"等重要的古训、格言，都是强调要合乎时令，这也是后来中国传统"天人合一"思想形成的一个重要诱因。

至晚在春秋之时，人们已经关注到了司法时令的问题，如《左传》提到：

"古之治民者，劝赏而畏刑，恤民不倦，赏以春夏，刑以秋冬。"[2]

这表明，当时"春夏庆赏，秋冬行刑"，已经成了一个正统的理念，且这个理念并不是当时才提出来的，极有可能在西周时，这个理念亦已流行于世。《礼记·祭统》谓：

"……尝之日，发公室，示赏也；草艾则墨；未发秋政，则民弗敢草也。"[3]

其中"草艾则墨"，意为草枯黄之后，则可对犯人行墨刑，亦可引申为执行广义上的刑罚。这就是"秋政"的一种，秋冬行刑的观念于此可见。在古文献中，最早将人事与天象时令联系起来，且说得很完备的，是《礼记·月令》一篇。里面详细地提到了在春夏秋冬四季，人们应该从事何种活动。其

---

〔1〕 参见张晋藩："解读中华法系的本土性"，载《政法论坛》2010 年第 5 期。

〔2〕 《左传·襄公二十六年》。

〔3〕 《礼记·祭统》。

中与司法有关者为：

> "孟秋之月……是月也，命有司修法制，缮囹圄，具桎梏，禁止奸，慎罪邪，务搏执。命理瞻伤，察创，视折，审断。决狱讼，必端平。戮有罪，严断刑。天地始肃，不可以赢。"[1]

> "仲秋之月……乃命有司，申严百刑，斩杀必当，毋或枉桡。枉桡不当，反受其殃。"[2]

> "季秋之月……乃趣狱刑，毋留有罪。"[3]

《礼记·月令》很难将之作为一个法典制度来看，且《礼记》一书掺入了许多西汉中期之后的思想，带有强烈的儒家色彩，未必为西周的实际情形。但是即便这样的司法时令在西周不具有强制性，作为指导性的文件则是没有问题的，也合乎西周的经济生活和礼制主义的要求。最重要的是，这一冠以"周礼"的司法思想，本身就表达了敬明乃罚、哀矜折狱、慎重人命、公正行刑的观念，充满着强烈的理性精神和人文关怀，故对后世的司法活动，产生了深刻的影响，后来的"秋冬行刑"体制，明清的"热审""朝审""秋审"等司法制度，都可以说是直接或间接地受到西周司法时令思想的启发。司法时令，是中华法系独树一帜的发明，也是中华司法文明的一大典型体现。

第四节　青铜彝器中所反映的西周司法文明

以上两节，我们主要是根据传世文献的记载来讨论西周的司法文明的，但是其中有许多内容，一直存在着真伪掺杂的问题，尤其是《周礼》和《礼记》诸篇，因其理想主义色彩甚浓，最受人攻讦。但随着考古发掘的深入，西周时期的青铜彝器越来越多地被发现出土，其中许多青铜器上刻有铭文。随着这些铭文被古文字专家陆续释读出来，我们对西周文明的认识也逐渐加深。更为难得的是，有一些青铜彝器铭文中传达出了重要的司法方面的信息，有些信息，可以直接和传世文献相印证，从而证实了部分的事实，而有些信

---

〔1〕《礼记·月令》。
〔2〕《礼记·月令》。
〔3〕《礼记·月令》。

息，又可以补传世文献之不足。但即便如此，青铜器铭文中的司法信息，总体上仍非常有限。故我们不能以如此有限的信息，去推翻传世文献的记载，只能在传世文献之外，加以一定的补充。

法律史学界早已发现了青铜彝器铭文（金文）对于法律史学研究的重要价值，中日学者都有从事金文法律资料整理者，如杨升南先生即整理出了《金文法律文献译注》收入在了刘海年、杨一凡先生主编的《中国珍稀法律典籍集成》（甲编）第1册《甲骨文金文简牍法律文献》中，1994年由科学出版社出版。而日人松丸道雄、竹内康浩所撰写的"西周金文中の法制史料"一文，则系统介绍了10份（五年、六年琱生簋铭视为一份）与法律密切相关的青铜器铭文，后收录于滋贺秀三编著《中国法制史———基本资料の研究》一书，于1993年由东京大学出版会出版，这都是比较早的整理成果，学界多有援引。不过此两书所收录的铭文偏少，尤其是后者，由于对"法制"采狭义的定义，故而更为有限。近年来，王沛先生在这些成果的基础上，再参考古文献学界《殷周金文集成》《商周青铜器铭文选》等大型文献及研究成果，整理出了160余篇金文法律文献，并撰成"西周金文法律资料辑考"（上）一文发表。"辑考"一文，言简意赅，所整理的法律材料宽狭适中，便于援用，惟只整理到西周中期，西周后期的材料则付阙如。因此，本节所引青铜彝器铭文，周初至西周中期者，以王沛先生"辑考"（上）为准，而西周中期以后者，则引自马承源先生主编的《商周青铜器铭文选》（第3卷），该卷是对商、西周青铜器铭文进行的释文及注释，部分释文也参考了徐中舒先生主编的《殷周金文集录》（四川人民出版社1984年版）一书。因本节仅关注铭文释文，故青铜彝器的出土时间、地点以及馆藏信息等则略而不录，有意者但看上述马承源和徐中舒二氏之书即可。

一、司法思想

西周青铜彝器大多数属于礼器，铭文亦以记载周王的锡命为多，在锡命过程中，周王通常会强调与制器者的宗法渊源，并对制器者进行勉励或训诫，有时会涉及司法，从中我们可以部分地挖掘出西周主流的司法思想。

（一）法祖守礼

"敬天法祖"本为周人治理天下的基本观念，"敬天"在夏、商、周乃至后世王朝几乎是不变的基调，详见下章论述天命与德行的部分。而法祖则是要求周人尊崇文武之道、周公之礼，这点同样是西周司法活动的总的原则。在青铜器铭文中，时常可见周王对臣下作此要求。

如西周初年周武王时期的青铜器“天亡簋”（又称“大丰簋”）铭文中有：

“乙亥，王又（有）大豊（礼），王凡三方，王祀于天室，降，天亡又（佑）王，衣祀于王不（丕）显考文王，事喜（糦）上帝，文王德（监?）才（在）上，不（丕）显王乍眚（作省），不希希（丕肆）王乍麃（作庸），不（丕）克乞衣王祀。”〔1〕

此处直接指出王对天行礼，并强调周之所以能得天命取代殷商，乃是因为文王有德，这就是所谓的“文王德（监?）才（在）上”。由于此彝器为西周初年所制，即此可知周人从一开始就凸显了遵守祖制、德礼为本的治理基调。制作于成王时期的“何尊”，同样强调“尔有唯（雖）小子亡戠（识），眡（视）于公氏”〔2〕，“视于公氏”，也就是遵守祖制，秉承文武之道的意思。

这一法祖敬德崇礼的思想，不仅在周初的武王、成王时期强调，实在贯穿西周始终，如下列铭文所示：

“……今我隹（唯）即井（型）㐭（禀）于玟（文）王正德……”〔3〕(康王时期，“大盂鼎”铭文)

“不（丕）显朕文考鲁公夂（各）文遗工，不（丕）簹乒诲。”〔4〕(康王、昭王时期，“䣄尊”、“䣄卣”铭文)

“……文王孙亡弗褱（怀）井（型）……”〔5〕(穆王时期，“班簋”铭

〔1〕 铭文引自王沛：“西周金文法律资料辑考”（上），载徐世虹主编：《中国古代法律文献研究》(第7辑)，社会科学文献出版社2013年版，第17页。

〔2〕 铭文引自王沛：“西周金文法律资料辑考”（上），载徐世虹主编：《中国古代法律文献研究》(第7辑)，社会科学文献出版社2013年版，第18页。

〔3〕 铭文引自王沛：“西周金文法律资料辑考”（上），载徐世虹主编：《中国古代法律文献研究》(第7辑)，社会科学文献出版社2013年版，第19页。

〔4〕 铭文引自王沛：“西周金文法律资料辑考”（上），载徐世虹主编：《中国古代法律文献研究》(第7辑)，社会科学文献出版社2013年版，第21页。

〔5〕 铭文引自王沛：“西周金文法律资料辑考”（上），载徐世虹主编：《中国古代法律文献研究》(第7辑)，社会科学文献出版社2013年版，第31页。

文，意思是"作为文王的子孙不能忘记祖先的法度"，"井"作法度解)

"……子子孙孙其帅井（型）……"〔1〕（穆王时期，"彔伯�簋盖"铭文）

"……叀（唯）余小子肇盠（淑）先王德……用井（型）乃圣且（祖）考，隡明齍（令）辟前王……"〔2〕（恭王时期，"师𤭸鼎"铭文）

"王曰：'牧，女（汝）母（毋）敢 勿 𤔲 先王乍明井（型）用，雩乃讯庶右邎母（毋）敢不中不井（型）……'"〔3〕（懿王时期，"牧簋"铭文）

"……女（汝）母（毋）弗帅用先王乍明井（刑）……"〔4〕（宣王时期，"毛公鼎"铭文）

以上只是举鼎彝器中典型者，类似的思想在其他青铜器铭文中尚多见，常以"帅井（型，效法之意）祖考"这样的语句加以表达。尽管一个显而易见的事实是，越到西周晚期，地方诸侯越发与中央离心离德，"周礼"的实际控制力日益衰弱，但是作为王朝正统的治理或司法思想，法祖守礼始终为历代周王所强调。且法祖守礼这一思想，不仅仅是意识形态上的口号或者纯粹为宣誓性的原则，同样实际运用于西周的司法实践中，即便在礼崩乐坏的东周，也时常可见其应用的实例。

（二）公正循法

西周统治者对臣僚的驭民之道多有指示，因为司法与民众利益息息相关，所以在金文中，也常常看见周王告诫臣僚要依法办事、公正司法。

如康王时期的"大盂鼎"中就提到：

"王曰：余乃𢆷（绍）夹死（尸）司戎，谏敏罚讼。"〔5〕

---

〔1〕 铭文引自王沛："西周金文法律资料辑考"（上），载徐世虹主编：《中国古代法律文献研究》（第7辑），社会科学文献出版社2013年版，第35页。

〔2〕 铭文引自王沛："西周金文法律资料辑考"（上），载徐世虹主编：《中国古代法律文献研究》（第7辑），社会科学文献出版社2013年版，第37页。

〔3〕 铭文选自马承源主编：《商周青铜器铭文选》（第3卷），文物出版社1988年版，第187~188页。

〔4〕 铭文选自马承源主编：《商周青铜器铭文选》（第3卷），文物出版社1988年版，第317页。

〔5〕 铭文引自王沛："西周金文法律资料辑考"（上），载徐世虹主编：《中国古代法律文献研究》（第7辑），社会科学文献出版社2013年版，第19页。

所谓"誺敏罚讼",就是要求盂在司法时,必须通达事理,严肃认真,显含公正循法之义。这方面,更为明确的要求见于周懿王时期的"牧簋"中:

"隹王七年十又三月既生霸甲寅。王才周,才师汸父宫,各(格)大室,即立(位),公𫗦𬱃入右牧,立中廷。王乎(呼)内史吴册令牧。王若曰:'牧!昔先王既令女(汝)乍嗣士。今余唯或叜改(改),令女(汝)辟百寮(僚)。有同吏(今)。迺多乿(乱),不用先王乍井(型),亦多虐庶民。毕(厥)讯庶右瞽不井(型)不中,迺庆之,以今𫘤司𫘤毕皋昏故。'王曰:'牧,女(汝)母(毋)敢勿 画先王乍明井(型)用,雩乃讯庶右瞽母(毋)敢不明不中不井(型),乃甫(敷)政事,母(毋)敢不尹,丌(其)不中不井(型)……'"[1]

这段文字大意为周王提拔之前曾任司法官员(司士)的𫗦𬱃(人名),让他担任百僚之长,然后要此人吸取之前官吏害民的教训,这些官员不用先王的法度,常常滥施威权虐待庶民。周王希望𫗦𬱃当上官僚之长后,要时刻遵循先王所定下的贤明法度,就当司法官员的时候,询问罪犯从来没有不明智、不公正、不循法之事。勉励𫗦𬱃继续保持这样良好的作风,无论行政和司法,都不能不秉法办事,不能有不公正、不循法的情形。而且周王认为,如果𫗦𬱃作为长官能公正循法,则其下属也不敢不公正、不循法,亦即"乃甫(敷)政事,母(毋)敢不尹,丌(其)不中不井(型)"所指,很显然,公正循法是周懿王着重强调的。

再来看宣王时期的"兮甲盘"铭文,其中亦有这样的句子:

"……淮夷旧我𪾢晦(贿)人,毋敢不出其𪾢、其賮(积)、其进人,其寅,毋敢不即𬀩(次)即芌(市),敢不用令,𠛱(则)即井(刑)𢑌(扑)伐,其隹我者(诸)侯百生(姓),毕寅毋不即芌(市),毋敢或入緋宄寅,𠛱(则)亦井……"[2]

〔1〕 铭文选自马承源主编:《商周青铜器铭文选》(第3卷),文物出版社1988年版,第187~188页。

〔2〕 铭文选自马承源主编:《商周青铜器铭文选》(第3卷),文物出版社1988年版,第305页。

"兮甲盘"全铭记述了西周的官制、战争、封赏、税赋、奴隶、贸易管理等诸多细节。以上是"贸易管理"中的司法问题，铭文中强调人们要遵循贸易法度，如果不严格按照法度来进行贸易，则要用刑法来处理。这同样反映出西周司法公正循法的思想。

最后再来看西周宣王时期的"塑盨"铭文，其中有这样的话：

"又（有）进退，雩邦人、疋（胥）人，师氏人又（有）皋又（有）故（辜），道骄偁即女（汝），道縣（縣）宕，卑复虐逐卒君卒师……"[1]

"塑盨"铭文出土时已不完整，但从上述字句中，可知塑为一司法官员。周王指示，如果雩邦人、疋（胥）人、师氏人有犯罪行为，就要求将之拘执到塑处，然后按照罪行的大小加以处理。我们特别需要注意文中"又（有）皋又（有）故（辜）"一语，所谓"皋"就是一般的罪行，而"故"则是死罪，周王强调"皋"和"故"的区别，实际上就是提醒塑要理性审判，公正循法。而公正的一个基本要求，就是要区别大罪和小罪，然后予以处理，这和现代社会"罪刑相适应"这一刑法通行原则的要求是相吻合的。

（三）谨慎用刑

上文我们从《尚书》等文献中，可以了解到西周一个基本的司法思想，就是倡导义刑义杀，在明德慎罚的前提下，如果人们的确有罪，那么一定要进行惩处，如果罪大恶极，还必须刑兹无赦。这一思想在金文中亦得到鲜明的体现。

首先来看康王时期的"旟簋"铭文，内有：

"……井朕臣兴诲。旟敢对公休，用作父癸宝尊彝。"[2]

据专家的考证，旟为殷遗民，"以殷遗民的身份，在周人建立的诸侯国发布教令"[3]，要求按照殷商成法来司法断案，这颇合乎《尚书·康诰》"罚

---

[1] 铭文选自马承源主编：《商周青铜器铭文选》（第3卷），文物出版社1988年版，第312页。

[2] 铭文引自王沛："西周金文法律资料辑考"（上），载徐世虹主编：《中国古代法律文献研究》（第7辑），社会科学文献出版社2013年版，第23页。

[3] 王沛："西周金文法律资料辑考"（上），载徐世虹主编：《中国古代法律文献研究》（第7辑），社会科学文献出版社2013年版，第24页。

蔽殷彝，用其义刑义杀"之义。故而，这件青铜器可以从一个侧面佐证传世文献的正确性。当然，更能说明慎刑思想的，则见于夷王时期"蔡簋"，其铭文中有：

"……王若曰：蔡，昔先王既令女（汝）乍宰，嗣王家。今余隹䌛（緟）囊乃令，令女（汝）众曰，羁正（脣）对，各（恪）从，嗣王家内外，母（毋）敢又（有）不闻。嗣百工，出入姜氏令，氒又（有）见又（有）即令，氒非先告蔡，母（毋）敢疾又（有）入告，女（汝）母（毋）弗善效姜氏人，勿事（使）敢又（有）疾，止从（纵）狱。"[1]

此铭大意为周王任命蔡伯冒为内宰，管理王家内外事务，有事要时时进闻，职司百工和出纳王后姜氏的命令。有来觐见和听候命令的，需要先报告蔡伯冒。特别是最后周王谆谆嘱咐蔡伯冒，要很好地教育"姜氏之人"，也就是王后的内官，不要做坏事，不要恣意刑狱，滥用私刑。显然蔡伯冒所掌，为宫内官员，负责天王宫中事务。因此王特别提到要蔡伯冒防止后宫滥用私刑——"止纵狱"，从中可以清楚地看出，西周司法强调谨慎用刑这一思想。

此外上文提到的西周宣王时期的"塑盨"铭文中又有这样的言论：

"王曰：塑，敬明乃心，用辟（弼）我一人，善效（教）乃友内（纳）廯（辟），勿事（使）虣（暴）虐从狱，爰（援）夺嫛行道。氒非正命，道敢疾讯人，则唯辅天降丧，不□唯死。"[2]

这意思就是指要塑这个人忠诚王事，做好辅弼大臣应该做的事务，教导好同僚遵守法规，勿使暴虐而任意用刑狱。相比"蔡簋"铭文，此铭还特别强调了任意用刑的危害，就像是堵塞了别人走正道的机会。因此，除非有正当的命令，才能对人用刑，否则就是弃绝天命，天将会降下灾难来惩罚暴虐用刑者。在这里，谨慎用刑与以周人传统的"以德配天"观念直接相联系，很明显地凸现了西周的慎刑思想。

---

〔1〕 铭文选自马承源主编：《商周青铜器铭文选》（第3卷），文物出版社1988年版，第187~188页。

〔2〕 铭文选自马承源主编：《商周青铜器铭文选》（第3卷），文物出版社1988年版，第187~188页。

以上青铜器铭文中所展示的司法思想，虽然零零碎碎，并不系统，但是的确很好地证实了传世文献中所述西周司法思想的真实性，并非皆为后世加于三代的溢美之词。

二、起诉与审判情形

除记载周王的锡命外，西周青铜鼎彝铭文中另一个常见的主题就是纪录制器者从事的某种行为。与司法相关者，又有两大方面：一是诉讼结果，二是产权归属。虽然细节通常并不清晰，但仍能从中获取部分西周起诉与审理方面的信息。

关于案件的起诉，首先来看起诉的形式，穆王时期"师旂鼎"铭文中提到：

"唯三月丁卯，师旂众仆不从王征于方𤔲（雷）。使厽（厥）友弘以告于白（伯）懋父。在芎，白（伯）懋父乃罚得、系、古三百乎。今弗克厽（厥）罚，懋父令曰：义𣂏（宜播），叔！厽（厥）不从厽（厥）右征。今母（毋）𣂏（播），其又（有）内（纳）于师旂。弘吕（以）告中史书，旂对厽（厥）賛（劼）于尊彝。"〔1〕

此铭大意为师旂的属下"众仆"不跟随周王征发方雷，师旂令其僚属弘向伯懋父控告此事，伯懋父则对得、系、古三人处以罚金。然而得、系、古并未缴纳罚金。于是伯懋父拟将三人流放，三人后缴纳罚金免于流放。师旂遂铸鼎以兹纪念。这件鼎彝铭文中有两点值得关注：第一，"众仆"的身份未必是奴婢，否则师旂不需要向伯懋父那儿去告状，自己直接处理即可。且师旂告状用的词是賛，即"劼"之义，至晚到汉代，如果官员因"公事"告诉，通常用"劼"义，故而可知"众仆"可能是师旂的下属官员或下级贵族。不随王征方雷，自然属于"公事"。可见，在西周时，或也存在着"公事告""非公事告"的区分，前者用"劼"，后者用"告"或"诉"。第二，师旂并未亲自去官府起诉，而是委托其属下弘代为起诉，可见《尚书》所云

---

〔1〕 铭文引自王沛："西周金文法律资料辑考"（上），载徐世虹主编：《中国古代法律文献研究》（第7辑），社会科学文献出版社2013年版，第30页。

"凡命夫命妇不躬坐狱讼"，系西周真实的诉讼审判情形。

再来看西周中期的"曶鼎"铭文：

> "昔馑岁，匡众厥臣廿夫，寇曶禾十秭。以匡季告东宫，东宫乃曰：求乃人，乃弗得，汝匡罚大。匡乃頴（稽）首于曶。用五田，用众一夫曰嗌，用臣曰疐、朏、曰奠，曰用兹四夫。頴（稽）首曰：余无卣（由）具寇，正（足）不出，佐（鞭）余。曶或（又）以匡季告东宫，曶曰：弋唯朕赏（偿）。东宫乃曰：赏（偿）曶禾十秭，債（遗）十秭，爲廿秭，□来岁弗赏（偿），则付冊秭。迺或（又）即曶，用田二，又臣，凡用即曶田七田、人五夫，曶觅匡卅秭。"[1]

此案大意是被告匡的下属共十二人抢掠了原告曶的禾苗，曶因此到东宫起诉。东宫第一次裁决，要求被告交出抢禾之人，但被告匡没有交人，而是以一定土地和奴婢为偿，试图与原告曶和解。但曶不答应，可能是觉得赔偿太少。于是再次诉至东宫，东宫最后要求匡进行赔偿，匡再次提出一个赔偿方案，以更多的田土和奴婢为偿，最终了解此案。此案的法律意蕴非常丰富[2]，我们仅就司法起诉这个角度来看，它暴露出了一个问题，就是如果原告对于裁判结果不满意，是可以就同一个案由再次提起诉讼的，而官府既不会以"一事不再理"的理由拒绝受理，也不会对原告的再次告诉进行处罚。这和之后"儳匜"中原告牧牛再次告诉的情形不同，后者是因为宣誓服从判决后，再以同样事由告诉，则受到了惩罚。这是青铜器铭文对传世文献所载西周司法起诉问题的一个补充。

其次来看诉讼费用，《周礼》中提到刑民狱讼分别需交"钧金""束矢"，而在金文中，迄今无一例提及"钧金""束矢"，那么是不是意味着不需要缴纳诉讼费用呢，实不尽然，金文中多次提到"取**徽**×寽""取**邋**×寽"字样，如下所示：

> "……王乎（呼）乍（作）册尹册申命**親**曰：更乃且（祖）服作冢司

---

〔1〕　铭文选自中国社会科学院考古研究所编：《殷周金文集成》，中华书局 2007 年版，第 1521 页。

〔2〕　关于"曶鼎"铭详细的法律解读，参见黄海："曶鼎铭文法律问题研究"，华东政法大学 2016 年硕士学位论文，另参见黄海："曶鼎铭'寇禾'案所见西周诉讼程序及其启示"，载《山东科技大学学报（社会科学版）》2017 年第 4 期。

马，女（汝）乃谏讯有粦（邻），取徽十寽。"[1]（穆王时期，"**覩簋**"铭文）

"……讯讼，取徽五寽。"[2]（穆王时期，"扬簋"铭文）

"……王曰：**龏**，命女……嘁（讯）讼罚，取邋（顡）五寽。"[3]（西周中期，"**龏簋**"铭文）

"取徽×寽""取邋×寽"究竟是什么性质，迄今并无定论。按照王沛先生的说法，"但是从取数额来看，不过五寽、十寽；身份极其高贵的毛公，取数目亦不过三十寽，而这已经是目前所见的最高额度了。"[4]作为官员的俸禄显然不合常理。而作为罚金，显然太低，上文"师旅鼎"中的罚金就达到了三百寽。而要理解为官员办案收入提成，则更是与西周所宣扬的德礼思想有违。王沛先生在对以上"扬簋"铭文释读时，又提到"铭文又说扬可以讯讼，即处理狱讼之事，从取徽五寽来看，数额较小。可能管辖的案件级别较低。"[5]是明显将"取徽×寽"与诉讼管辖级别联系起来，惟并未明确该行为的性质。笔者倾向于认为这是诉讼费用。正因为管辖的案件级别低，标的额可能也小，所以诉讼费用较低。当然，即便是"三十寽"，较之"束矢"，应该还是要少。为何会有这样的差距，殊难解释。一个可能的推测是，"钧金""束矢"是一个理想化的描述，融入了后世"无讼"的理想，但西周现实情形，诉讼时有发生，必要交"钧金""束矢"，势所不能。因此，以"取徽×寽""取邋×寽"来收诉讼费用，可能更适用现实的需要。当然，此义尚有待证实，但是西周起诉存在诉讼费用，应该是可信的。

关于案件的审理，我们先来看恭王时期的"五祀卫鼎"铭文：

---

[1] 铭文引自王沛："西周金文法律资料辑考"（上），载徐世虹主编：《中国古代法律文献研究》（第7辑），社会科学文物出版社2013年版，第52页。

[2] 铭文引自王沛："西周金文法律资料辑考"（上），载徐世虹主编：《中国古代法律文献研究》（第7辑），社会科学文物出版社2013年版，第62页。

[3] 铭文选自马承源主编：《商周青铜器铭文选》（第3卷），文物出版社1988年版，第232页。

[4] 王沛："西周金文法律资料辑考"（上），载徐世虹主编：《中国古代法律文献研究》（第7辑），社会科学文物出版社2013年版，第53页。

[5] 王沛："西周金文法律资料辑考"（上），载徐世虹主编：《中国古代法律文献研究》（第7辑），社会科学文物出版社2013年版，第63页。

"隹正月初吉庚戌，卫以邦君厉告于井白（伯）、白（伯）邑父、定白（伯）、白（伯）、瓊白（伯）俗父，曰：厉曰，余执恭王恤工，于卲大室东逆塦二川，曰余舍女（汝）田五田。正乃讯厉曰，女（汝）賫田不？厉乃许曰：余睿（审）賫田五田。井白（伯）、白（伯）邑父、定白（伯）、白（伯）、白（伯）俗父乃顡，使厉誓，乃令参有司：司土邑人赾、司马頮人邦、司工隆矩、内史友寺刍帅履裘卫厉田四田，乃舍，寓于毕邑。毕逆强（疆）眔厉田，毕东强（疆）眔散田，毕南强（疆）眔散田、眔政父田，毕西强（疆）眔厉田。邦君厉眔付裘卫田，厉叔子䰜、厉有司囂季、庆癸、燹屖、舼人敊、井人偈犀、卫小子者，其卿（饗）匑。卫用乍朕文考宝鼎，卫其万年永宝用，隹王五祀。"〔1〕

这段铭文记录了一件田土争讼案件。大意是说周恭王正月初吉庚戌这天，裘卫向邢伯等执政大臣控告邦君厉。裘卫指控说邦君厉为从事水利工程之需，征用裘卫土地，并答应补偿给裘卫五田。于是执政大臣们讯问厉："你答应过补偿给他田地吗？"厉承认答应过补偿给裘卫五田。邢伯等大臣遂公正地进行裁断，让厉发了誓言，命令有关官员前往勘定裘卫所接受厉的四田，交付田地，并在邦君厉的田邑内划定了疆界。当事人双方都派家属或臣僚参与了划界事宜。裘卫最后铸鼎纪念此事，并宣布"其万年永宝用"。这最后的"永宝用"，带有确定所有权的意味，于西周青铜鼎彝铭文中屡见。

整个审理过程虽然记载得极为简略，但我们仍可从中发现西周审理过程的基本情形。首先是裘卫提出控告，陈述案情。接着作为法官的执政群臣讯问被告，被告承认是自己违约。然后法官们判决被告败诉，要求被告履行前约，并发誓履约，厉按要求发誓。整个审判过程至此结束。

也许是记载简略之故，也许是原被双方均为贵族，视名誉高于一切，所以整个审理中未见证据的展示，仅凭借着口供就结案，不过依然有法庭质证环节，最终是以被告供述的事实作为判决的依据。值得我们注意的是，其中有让厉起誓履约的环节，这实际上就是服从判决的意思表示，类似于后世的"取具甘结"的行为。"发誓"似乎是审判过程中的一个必要的环节，且发誓

〔1〕铭文引自王沛："西周金文法律资料辑考"（上），载徐世虹主编：《中国古代法律文献研究》（第7辑），社会科学文献出版社2013年版，第40页。

是具有法律效力的行为，一旦发誓完毕，判决就进入到了执行的环节。发誓这一步骤，在其他涉及司法审判的鼎彝铭文中多有记载，如西周中期的"儶匜"铭文所示：

"隹三月既死霸甲申，王才 菕 上宫。白（伯）扬父乃成贊曰：牧牛，叔！乃可湛。女（汝）敢吕（以）乃师讼。女上卪先誓，今女亦既又 卬 誓，尃 趄嵩觌儶，宵亦兹五夫，亦既 卬 乃誓。女（汝）亦既从辞从誓，弋可。我义俊（鞭）女（汝）千，艥殷女（汝）。今我赦女，义俊女千，趄殷女（汝）。今大赦女（汝），俊（鞭）女（汝）五百，罚女（汝）三百寽。白（伯）扬父乃或吏（使）牧牛誓曰："自今余敢擾乃小大史（事）"。"乃师或吕（以）女（汝）告，则致乃俊（鞭）千，艥殷。牧牛则誓，坙吕（以）告事叝、事舀于会。牧牛辞誓成，罚金。儶用乍旅盉。"[1]

　　铭文大意是说小贵族牧牛将其上级儶告上法庭，法官伯扬父受理此案，判决牧牛败诉，并对牧牛进行了惩罚。被告儶胜诉后，制作彝器以示纪念。整个铭文中，对牧牛的诉讼请求未着一词，案由也不甚明了。有的学者以为牧牛之所以败诉，仅仅是因为其所控告的是他的上级，实则不然，下级控告上级的例子，在鼎彝中并不鲜见，且伯扬父判牧牛败诉所提到的判词中，也未提到以卑告尊的问题。伯扬父的判决，与其说针对的是实体问题，不如说是针对程序问题。文中反复提到"誓"这个词，从行文中，我们似乎可以推知此案原委，牧牛很可能之前和儶进行过诉讼，牧牛很可能在这个诉讼中败诉了，法庭要求牧牛发誓，表示服判，而牧牛的确也发过誓了。后来牧牛可能不甘心接收这样的事实，于是又以同样的理由，再次将儶告上法庭，伯扬父遂认定牧牛自己推翻自己的誓言，本身即以违反程序规定，于是再次判决牧牛败诉。并且再次要求牧牛发誓，并且在誓言中，强调若再行告诉，则要处以墨面黥刺并加鞭刑。牧牛发誓遵守判决后，最终被判处罚金。

　　可见，此案中牧牛正是因为违背了此前自己发过的誓言，而最终败诉。

---

〔1〕　铭文引自王沛："西周金文法律资料辑考"（上），载徐世虹主编：《中国古代法律文献研究》（第7辑），社会科学出版社 2013 年版，第 42 页。

同样在这次审判中，法官依然要求被告发誓，作为服判的表示。因此，"发誓"应属西周审判过程中的必要环节，至少对于贵族间的诉讼是成立的。

再来看厉王时期的"鬲从鼎"，其铭文中亦有这样的句子：

"隹卅又一年三月初吉壬辰，王才周康宫徲大室，鬲从吕攸卫牧告于王，曰：'女（汝）受我田牧，弗能许鬲从。'王令眚，史南吕即虢旅，遣事（使）攸卫牧誓，曰：'敢弗具付鬲从，其且（沮）射（斁）分田邑，则敓（惩）。'攸卫牧则誓，从乍朕皇且丁公皇考虫公尊鼎……"〔1〕

这同样是一桩田土交易纠纷，鬲从将攸卫牧告上王庭，理由是攸卫牧得了鬲从的田土，却未能按照承诺支付相应对价。周王命令史南审理此案。史南让攸卫牧发誓，如果再不履行承诺，必将受到惩罚。攸卫牧按照史南的要求发誓了。至于最后的结果，鼎内未说，但从鬲从后来将此事记录在鼎并让"子子孙孙永宝用"的情形来看，最终攸卫牧还是履行了契约。

誓言是服判的证明，而当案件不是以审判而是以调解方式结案的，则发誓就不再是一个必要的步骤了。孝王时期"琱生簋"铭文似可证明此点，五年（前905年）和六年（前904年）的"琱生簋"铭文中分别有这样的记载：

"隹五年正月己丑，琱生又（有）事，盨（召）来合（会）事。余献嫦（妇）氏，吕壶。告曰：吕氏令曰，余老，止公仆甹（附庸）土田多谏（积），弋（必）白（伯）氏从许，公宕其参，女（汝）则宕其贰……"〔2〕（孝王五年"琱生簋"铭文）

"隹六年四月甲子，王才莽，盨（召）伯虎告曰：余告庆曰，公卒廪贝，用狱谏（积），为白（伯）又（有）祇又（有）成，亦我考幽白（伯）幽姜令。余告庆，余吕（与）邑讯有司，余曰：厦令……"〔3〕（孝王六年"琱生簋"铭文）

〔1〕　铭文选自马承源主编：《商周青铜器铭文选》（第3卷），文物出版社1988年版，第296页。

〔2〕　铭文选自马承源主编：《商周青铜器铭文选》（第3卷），文物出版社1988年版，第208页。

〔3〕　铭文选自马承源主编：《商周青铜器铭文选》（第3卷），文物出版社1988年版，第209~210页。

琱生簋有两件，分别是周孝王五年（前905年）的和六年（前904年）的，它们和五年琱生尊一同被称为"琱生三器"，五年琱生簋和五年尊用语不一，但内容相近，是以我们仅举琱生五年簋铭文。虽然各家对个别字句的理解存在着诸多分歧，但是整个事件的眉目还是清晰的。琱生三器记载了一个召氏家族的财产分割纠纷和解决，此家族的头领君氏认为琱生所占的财产超出了其身份和地位（琱生似乎属于召氏小宗），派召伯虎前去处理。此事缘何为君氏所知，不得而知，很有可能琱生是为族人所告发。但是事情最后在琱生看来得到了完美的解决，原因是召伯虎根据相关的宗法，并请出了其父母——身份较高的幽伯、幽姜出来说项，最终调解此案，因最终保住了其财产，琱生遂制此簋、尊三器，并刻铭以兹庆祝。其中与西周司法中的判决相关者，主要有两个方面：第一，判决所依赖的法律渊源有很大程度上是宗法规则，这一规则可以看成是西周整个国法"大传统"下的"小传统"，可能是以不成文方式表达出来的，所谓"幽白（伯）幽姜令"，即或指此。第二，这一事件最终是通过调解的方式结案的，当然为了达成这一调解，五年（前905年）、六年（前904年）的琱生鼎上都提到琱生向召伯虎奉送了很多的财产。这种奉送财产的行为，与其说是向召伯虎"行贿"，毋宁理解成为琱生让渡了一部分财产给宗族，从而保住了大部家产。

以上即是青铜器铭文中透露的西周诉讼审判一般情形，因材料所限，我们只能勾勒出一个大致的线索：司法活动的发生，以原告起诉为开始，以"公事"告诉为劲，以其他事务告诉为"告"或者"诉"。贵族可以不亲自赴法庭参与诉讼，而由代理人代理。诉讼需要缴纳一定费用。法官受理案件后，需要进行法庭质证，并以先王之法（也可理解为西周的国法）来进行审判，之后宣判，法官还需要使被告宣誓，作为服判的表示。被告如果不宣誓，则意味着其可能还会启动上诉的程序。但一旦宣誓，就意味着判决具有了拘束力。还可以不经宣判，以调解的手段来结束诉讼，此时，就不必宣誓，也可以不按照国法来处理，而代之以宗法族规。

三、判决的执行

案件经审判，当事人宣誓服判之后，就进入到执行的环节。从现存西周青铜鼎彝铭文来看，其关于判决的执行主要包括两类。

第一类是产权的确认及财产的交割。一般发生在当事人双方有田土纠纷的情形中．在这种纠纷中，法庭判决之后，通常会派官吏前去丈量田亩，监督双方财产的交割，而当事人双方也会派人到现场配合官吏的执行。比如"五祀卫鼎"铭文中有：

"……乃令参有司：司土邑人趙、司马頢人邦、司工䧹矩、内史友寺乌帅履裘卫厉田四田，乃舍，寓于毕邑。毕逆强（疆）眔厉田，毕东强（疆）眔散田，毕南强（疆）眔散田、眔政父田，毕西强（疆）眔厉田。邦君厉眔付裘卫田，厉叔子㶡、厉有司䮘季、庆癸、燹㬎、㓱人敊、井人偈屖、卫小子者，其卿（饗）劆。卫用乍朕文考宝鼎，卫其万年永宝用，隹王五祀。"[1]

显然，法庭指派"司土邑人趙""司马頢人邦""司工䧹矩""内史友""寺乌帅"等官吏前往涉讼标的处执行判决，他们到后丈量了田亩，界定好了东西南北四至。然后监督被告交割财产。邦君厉则派"厉叔子㶡""厉有司䮘季""庆癸""燹㬎""㓱人敊""井人偈屖"配合官吏执行判决，并完成交割事宜。至于裘卫，则派其"卿"数人来接收交割。邦君厉和裘卫都未在执行现场出现，是以"命夫命妇不躬坐狱讼"，不仅适用于审判阶段，也同样适用于执行阶段。除了丈量土地，交割财产之外，通常在执行过程中，还伴随着交易证明或产权证书的制作，比如厉王时期的"散盘"铭文中显示：

"……用矢䎪（薄）散邑，道（乃）即散用田眉（湄）。自瀗涉，昌（以）南，至于大沽，一夆（封）昌以陟……矢人有嗣（司）眉（湄）田：鲜、且、㪔、武父、西宫襄；豆人虞丂、录贞、师氏右眚、小门人縣、原人虞芳、淮嗣（司）工虎、丵冊、丰父唯人有嗣（司）荆丂，凡十又五夫。正眉（湄）矢舍散田，嗣（司）土逆（逆）寅、嗣（司）马覃（单）堅、邦人嗣（司）工騯君、宰德父；散人小子眉（湄）田戎、㪔（微）父、効㮚父、襄之有嗣（司）橐、州臺、僠从𧰼𤔲，凡散有嗣（司）十夫。唯王九月，辰才（在）乙卯，矢卑（俾）鲜、且、舜、旅誓，曰：我既付散氏田

〔1〕 铭文引自王沛："西周金文法律资料辑考"（上），载徐世虹主编：《中国古代法律文献研究》（第7辑），社会科学文献出版社2013年版，第40页。

器，有爽，实余有散氏心贼，则爰千罚千，传弃之。鲜、且、敞、旅则誓。道阜（俾）西宫襄、武父誓，曰：我既付散氏湿（隰）田酱、（畛）田，余有爽纛，爰千罚千。西宫襄、武父则誓。卑（厥）为图，矢王于豆新宫东廷。卑（厥）左执缳，史正中农。"〔1〕

此铭文记载了当时散氏、矢氏两个部族定约的过程。大意是说矢人曾经侵占散人的土地，后来两族进行谈派，矢人派出官员前来交割田土，散人亦派若干官员接收。双方划定田土的地界四至，并且矢人对散氏起誓，发誓日后守约不爽。后来散人将此约书铸于盘上，作为所有权的凭证。虽然此铭并未涉及诉讼审理的过程，但是此事因两族纠纷而起，我们亦可从中发现田土司法的执行情形。即首先要划定所争田土的地界四至，做成图（册），然后令一方（通常是原先的侵害方或违约方）发誓，发誓会尊重结果（判决结果或新定契约），如果不遵守，则要承受相应的惩罚，本案中这个惩罚就是罚锾。其中亦牵涉到发誓这个程序，亦可证明这一步骤的普遍适用性。

第二类则是相关刑罚的执行。如上述"䵼匜"铭文中提到了三种刑罚，一是鞭刑，二是"𩥑𣪊"（即墨刑），三是罚金。最终牧牛缴纳罚金，免于墨刑并鞭笞。这些刑罚执行同样在其他鼎彝器中可见，如西周中期的"大河口鸟形盉"铭文中，有：

"乞誓曰：余某弗再公命，余自無，则鞭身、第传出。报卑誓曰：余即日余再公命，襄余亦改朕辞，出弃。对公命，用作宝盘盉，孙子其万年用。"〔2〕

以上也提到了发誓这个步骤，发誓的内容是如果再违反命令，则将受到刑罚的处罚，里面指出两种刑罚，一种是"鞭身"，一种是"出弃"，前者和"䵼匜"中的"鞭"相通，而后者则相当于后世的流刑，即遭宗族的放逐，这同样可能是由上古的"盟誓"刑发展而来的。

此外，青铜器铭文中还显示西周具有身份刑，比如西周中期的"䵼簋"

---

〔1〕 铭文选自马承源主编：《商周青铜器铭文选》（第3卷），文物出版社1988年版，第297～298页。

〔2〕 铭文引自王沛："西周金文法律资料辑考"（上），载徐世虹主编：《中国古代法律文献研究》（第7辑），社会科学文献出版社2013年版，第65页。

铭文中提到：

"唯王正月辰才甲午，王曰：齄，命女（汝）嗣（司）成周里人眔者
（诸）侯、大亚，嗖（讯）讼罚，取畼（颎）五乎。易女（汝）尸（夷）
臣十家，用事……"[1]

其中"尸（夷）臣"实际上就是奴婢，是周王赏赐给齄的，以作为齄忠
诚王事的报答。这些人，最大可能就是因犯罪而沦为奴婢的。

当然，除了铭文能够反映西周司法判决执行情形之外，如前所述，器形
本身有时也可直观地凸显刑罚的执行情形，如各种刑削鬲以及"它盘"所铸
刖刑徒，即为明证。这类铸像虽然不多，但其作为刑罚执行的证据，却是很
能说明问题的。

当然，还有一些青铜器铭文，也集中谈到了相关的法律问题。比如"裘
卫盉"铭文、"九年卫鼎"铭文、"格伯簋"铭文等，都涉及产权交易情形，
尤其是恭王时期的"格伯簋"铭文，虽只有短短82字，却记录格伯用4匹好
马与倗生交换土地30田，双方剖券为凭，实地勘定田界，具结交换事宜等整
个交易过程，实为研究西周土地交易法制的第一手材料。而且，从这些铭文
中，一定程度上证实了《周礼》中"小宰""司约"等机构，以及"约剂"
"傅别"等制度，洵非虚言。唯其未涉及具体的纠纷情形，狭义上不属于司法
范畴，所以在此不予援引。

总之，青铜鼎彝铭文及器物本身中，都透露了一定的西周司法信息，使
得我们可以在传世文献的基础上，加深对西周司法文明的认识。而青铜鼎彝
铭文及器物本身，亦表明了西周已经发展出了高度的司法文明，开后世理性
司法之先河。

本章小结

春秋时期的孔子一生以"克己复礼"为己任，对西周典章制度备极推崇。
他曾说：

---

〔1〕　铭文选自马承源主编：《商周青铜器铭文选》（第3卷），文物出版社1988年版，第232页。

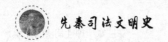

"周监于二代，郁郁乎文哉！吾从周。"〔1〕

意即西周鉴于夏商之二代之得失，取其精华，去其糟粕，发展出一套完备的典章制度，礼乐臻于文明之域，故要"从周"。孔子生活于春秋末年（前551年~前476年），距离西周灭亡之年（前770年）已有两百余年，面对着"礼崩乐坏"的时势，孔子想以复兴周礼的做法拯救世道，自然含有强烈的理想主义色彩。但其"郁郁乎文哉"的判断，自有所本。他同样说过：

"夏礼，吾能言之，杞不足征也。殷礼，吾能言之，宋不足征也。文献不足故也。足，则吾能征之矣。"〔2〕

此语感慨关于夏商之礼，文献不足征，但未及于西周，可反推孔子关于周礼，是有信心"征之"的，且征诸《左传》《国语》等文献，我们可知至春秋时，周礼并未全部崩坏，尚有许多通行于世，孔子所在的鲁国，向有"周礼在鲁"之誉，保存有许多周礼原貌。加上孔子博闻强识，且亲赴周庙观过礼，孔子对周礼的认识，应该比后世之人更为完备。即此而言，即可推知《周礼》等礼书，绝非后世单凭幻想所能达致，很大程度上是有西周古礼可本。所以我们从传世文献中所了解到的西周司法文明，也绝非均为理想化的制度。

至于青铜鼎彝铭文和器物本身，更是直观地表达出了西周司法思想，证明了部分制度的真实存在，其积极意义上文已述。不过对于青铜鼎彝的证明效力，我们亦得有清醒的认识，不可人为地拔高，其局限性表现在三个方面：

第一，受青铜彝器铸造者的身份及其关注视角所限，青铜彝器铭文不可能全面反映西周的信息，更无法以此复原西周法制文明全貌。青铜鼎彝铸造者基本上都是贵族，且都是诉讼活动的胜诉者，比起诉讼的过程，他们更关注结果，所以大多数铭文对于过程的叙述都只有寥寥几笔，更不用谈具体的审理判决细节。至于平民之间的诉讼情形，更是无法从青铜鼎彝铭文中得知。这和其他考古材料的证明效力是一样的，考古材料只能证明历史上"有过"什么，没办法证明历史上"全有"什么，更没有办法证明历史上"没有"什

---

〔1〕《论语·八佾》。
〔2〕《论语·八佾》。

么，仅以考古材料去推翻传世文献的记载，本身就是方法论上的一个错误。它所发挥的作用，更多是佐证性的。

第二，鼎彝的绝大多数铭文内容，是记载周王对其的册命或者赏赐，或者是对交易后自己的财产所有权的宣告，故而语句中常带有自我表彰的色彩，且是为子孙后代留一个祖先辉煌的证据，所谓"抚之以彝器……明之以文章，子孙不忘"[1]，故而一般铭文末尾通常有"子子孙孙其永宝""其万年宝用"等格式化的语句，我们完全看不到背后事件的曲折，所以和以上第一点一样，作为案例，这些铭文都是不完整的。若完全凭借铭文去研究西周司法文明，必定会陷入一叶障目、不见泰山的危机。

第三，我们所依据的鼎彝铭文，其文字释读，本身就存在着诸多分歧，和甲骨文字一样，单凭某个字的字形或铭文上下文来推测这个字的含义，也不完全可靠。

由此可见，单独地凭借传世文献和青铜鼎彝铭文来研究西周司法文明，都存在一定的片面性。即便将两者结合起来，对于我们当代人而言，西周司法文明仍然存在着"文献不足征"的问题。在孔子之世，一定程度上还在践行着周礼，周礼部分仍以实践之学行世。而到今天，西周典章制度只能以文字的形式出现，故首先困扰我们的就是文献的真伪问题和文字释读问题，这个问题迄今未得到解决。我们只能在文献和考古材料间，根据已有的相关知识，小心翼翼地发掘求证，尽量逼近真实的西周。

但尽管存在着这样或那样的缺憾，西周司法文明作为一个整体，于我们而言却是清晰的，西周鉴于二代得失，强调敬天保民、明德慎罚，司法思想以法祖循礼、公正慎刑为根本，司法机构齐整严密，司法程序完备合理，凡此，都体现了西周司法的人文和理性精神，确为我国理性司法之开端。

---

〔1〕《左传·昭公十五年》。

第四章

从"礼崩乐坏" 到"一断以法"

—— 春秋战国时期的司法文明（前 770 年~前 221 年）

第一节　春秋战国司法文明的时代与思想文化背景

一、"礼崩乐坏"——春秋战国时代的大变局

春秋战国时代，社会动荡，兵连祸结，是世所公认的"礼崩乐坏"的时代。但这个变动剧烈的时代，却又是我国历史上少有的思想解放时代，思想文化发展到了一个前所未有的高峰状态。这个时代，德国哲学家雅斯贝斯（又译为雅思培、雅斯贝尔斯等）将之命名为"轴心时代"。雅思贝斯认为公元前 800 年至前 200 年期间发生的精神过程标志着人类历史正处于一个轴心时期，公元前 500 年是其高峰期。在此阶段，中国诞生了孔子、老子、庄子、墨子等各派思想家；在印度，那是佛陀的时代，所有的哲学派别，包括不可知论、唯物论、诡辩论、虚无主义等，都得到了发展；在伊朗，祆教（拜火教）提出了挑战性的观点，将世界视为善与恶的斗争；希腊涌现出荷马、赫拉克里特、柏拉图等贤人哲士。所有这一切几乎都是同时而相互隔绝地在中国、印度和西方产生。[1]

为何这个时代会出现"诸子百家"这一前所未有的思想文化解放高潮？笔者以为至少有两个方面的原因：第一，是剧变的时代刺激了思想的产生，

---

〔1〕　参见［德］卡尔·雅斯贝斯：《历史的起源与目标》，魏楚雄、俞新天译，华夏出版社 1989 年版，第 7~8 页。

这个乱世，给所有思想家提出了一个共同的命题：如何救世和自处？对这个问题的不同回应，构成了诸子百家各自的思想特色。同时现实与历史的经验及教训，又为思想家运思提供了丰富的素材。第二，即如后文将要论述的那样，原来为王官贵族垄断的学问，因为统治阶层控制力的衰落，逐渐流入民间，于是原本一统的"王官学"，变成了各有千秋的"百家言"，各派从逻辑和经验层面，结合自身的立场，对于共同面对的时代命题给出了不同的方案，于是就产生了诸子百家。其中肇端者，自然是孔子。孔子生于春秋末世，其一生的行为受时代与环境影响者至深至巨，不惟于孔子一生之立身行事、出处进退，有直接的关系，于其言论思想有着尤为深刻的影响。因此我们首先得明确，这个大变局到底变在哪些方面。根据江竹虚先生的归纳，主要体现在以下七个方面：

第一，周室之微弱。自平王东迁之后，周王室每况愈下，加之周室内部兄弟骨肉自相残杀，"兄弟阋于墙"却不能"外御其侮"，王臣之讼争日多，徒然损害本已脆弱的东周王室统治根基。而邦国诸侯实力剧增，于是内轻外重之局形成。导致了诸侯不朝，政教号令，施之于下，故王命不行。就思想文化而言，古代学在王官，凡百典籍，皆由官师世守之。[1]周辙既东，官失其职，而其世守之业，遂散之四方。于是官守之学术，一变而为师儒之学术，孔、老二氏遂得崛起于春秋之末，各以其学传之于其徒。由是九流十家，继轨并作，以蔚成春秋战国中国学术思想史上之黄金时代。

第二，列国之篡弑。诚如孟子所云"世衰道微，邪说暴行有作，臣弑其君者有之；子弑其父者有之，孔子惧，作《春秋》。"[2]又如司马迁在《史记》中所说的"春秋之中，弑君三十六"[3]，周王室王纲不振，诸侯国内部也出现"陪臣执过命"、公室陵夷的局面。原来"王臣公，公臣大夫，大夫臣士，士臣皂"[4]的西周宗法等级秩序遭到巨大破坏。

第三，四裔之交侵。因为中原诸国内争不断，使得周边少数民族开始觊觎中原大地，"攘夷"之所以成为中原诸国争霸过程中常提的一大口号，正反映出西周旧的宗族共同面临的一大困局，也就是所谓的"南夷与北狄交，中

---

〔1〕　参见（清）章学诚：《文史通义》，上海世纪出版集团2011年版，第1~31页。

〔2〕　《孟子·滕文公下》。

〔3〕　《史记·太史公自序》。

〔4〕　《左传·昭公七年》。

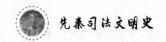

国不绝若线"。[1]

第四，礼制之破坏。平王东迁之后，王室日微，诸侯多僭。所谓：

"凡郊庙、军旅、朝聘、盟会之礼，与宫室、车舆之制，嫁娶、丧祭之分，衣服、饮食之度，列国无不僭而行之，不复稍有顾忌。吴楚之君，僭号称王；东方诸侯，僭号称公；诸侯之大夫，僭号称子；楚大夫之有土者，僭号称公。正所谓"周室大坏，诸侯恣行，设两观，乘大路。陪臣管仲、季氏之属，三归雍彻，八佾舞廷，制度遂坏，陵夷而不反。"[2]

在《论语》中，我们每每能发现孔子对"悖礼乱法"行为的批评，而在《左传》中，"……非礼也"的评价也不绝于书，孔子和《左传》作者都是站在原先维护周礼的立场上来评论的，各诸侯国都逐渐脱离原先周礼的束缚，而制定并公布适应时代和本国国情的新法则，所谓的"铸刑书""铸刑鼎"公布成文法的行为，都是对周礼的反动。

第五，诸侯之兼并。这个大变局给政治格局带来的最大变化就是原来封建制的破坏，导致了国家越来越少，大者兼并小者，强者欺凌弱者。所谓：

"周之兴也，姬姓之国五十有五。兴废继绝，仍有旧封者，千有八百。其后礼乐征伐自诸侯出，大侵小，众暴寡，汉阳诸姬，楚实晋之；霍、阳、虞、虢，灭而入晋。故春秋见于经传，通及古国，蛮夷，无爵而为国者，凡百四十五而已。"[3]

至春秋之末，见于年表者，仅鲁、蔡、曹、卫、滕、晋、郑、齐、秦、楚、宋、杞、陈、吴、邾、莒、薛、许、小邾十九国而已。且不仅仅是外姓诸侯吞并西周宗室姬姓诸侯，姬姓诸侯间同样存在兼并情形，如晋国所并的，大多为同宗之国。这也表明原先的宗法制度，至此已经难以为继。

第六，大国之争霸。此时，稍有实力的诸侯国都纷纷起来争雄称霸，以力争胜，而不是以德服人。先是齐桓首霸，"管仲相桓公，霸诸侯，一匡天

---

[1] 《春秋公羊传·僖公四年》。

[2] 《汉书·礼乐志》。

[3] （晋）杜预：《春秋释例》，转引自江竹虚：《五经源流变迁考·孔子事迹考》，上海古籍出版社 2008 年版，第 152 页。

下，民到今受其赐。"[1]接着晋文继起，安内攘外，城濮之战，楚氛用息。继而宋襄试图以德服人，结果身死为天下笑，霸业难成。此后秦穆霸西戎，楚庄县陈而复封。都表现了强烈的霸主气度。春秋时代的列国竞争，除齐桓、晋文之外，先有晋楚争霸，后则秦晋争霸，最终吴越也逐渐登上霸主舞台。[2]所谓"夷狄进至于爵"[3]，一方面说明连居于四裔，本不在"王化"之内的"要服""荒服"之国也参与中原逐鹿，可见原先礼制之衰微；而另一方面，也说明华夏文明圈的逐渐扩大，中华各族之间文化认同的增强，这就是夷狄"进于中国，则中国之"[4]，却是文明进化的表现。

第七，大夫之专政。随着时代危机的步步加深，竟然到了诸侯都无法左右自己的命运之境了，出现了"陪臣执国命"的情形。此时，诸侯专天子，大夫专诸侯，国家大政，如会盟征伐，大夫无不专而行之。如三桓专鲁，田氏代齐，孙氏专卫，逐君如脱屣，置君如弈棋。[5]

陵夷至战国，这种危机非但没有减弱，反而愈见深化。各国争霸手段也愈益极端，战争规模也越来越大。原来的称霸野心，现在为争取一统江山取代。原来以礼乐改造国民性的思想，现在已不为当政者所接受，而希望用更为迅捷、更为便利、更有效率的措施，来实现富国强兵。

二、诸子法律思想概述

时代进入春秋战国，越往后，礼乐越发失序，社会已然失范。儒墨道法各家就在这样严峻的局势中开始了他们的思考。应该看到，这些伟大的思想家其实也都是类似于亚里士多德的百科全书式的学者，他们的思想学说中不唯政治法律思想，还有形而上学、逻辑学、道德哲学、人生哲学、伦理学、教育学乃至科技思想等，我们无须详考各家所有方面，只就其为因应世道而

---

[1] 《论语·宪问》。

[2] 关于春秋简明历史以及争霸战争的扼要叙述，参见童书业：《春秋史》，中华书局2006年版。

[3] （清）刘逢禄撰：《春秋公羊经何氏释例·春秋公羊释例后录》，曾亦点校，上海古籍出版社2013年版，第6页。

[4] （唐）韩愈："原道"，载韩愈：《韩昌黎文集校注》，马其昶校注，上海古籍出版社1986年版，第8页。

[5] 参见江竹虚：《五经源流变迁考·孔子事迹考》，上海古籍出版社2008年版，第144~157页。

生发的法律思想概述之。

首先对改革社会、重建秩序进行系统思考的是儒家创始人孔子。其核心观念是"仁","仁"既是治理的出发点也是最终的归宿,最后的目标乃是"天下归仁",其依靠的手段是"克己复礼"。表现在政治法律领域,则体现为"德化"和"礼治",其希冀达到的效果是恢复西周的礼乐文明,表面上虽有一定的复古色彩,但实质上却渗透着深刻的普世关怀。孔子并非食古不化之人,所谓"圣之时者",他也时刻注重根据时代调整自己的观念,但是核心的"仁"的价值,则不容更改。其所谓"德化",即"为政以德",强调圣君贤相能够身正令行,言传身教,推行教化,以德服人。所谓"礼治",则是强调生活仪节,制礼作乐,笃亲兴仁,节用爱人,使民以时。在孔子看来,真正的法乃经过"正名"后的礼乐秩序。而刑罚不过是推行礼乐的工具,属于礼乐的下位概念。故而有"礼乐不兴则刑罚不中"之语。民国时期著名法律史学家杨鸿烈曾据孔子"听讼吾犹人也,必也使无讼乎?"一语,断言"简直不承认法律的必要了"[1],实际上是对孔子此话的一种误解。"无讼"并不意指不要法律,而只是所追求的一种境界而已。且不能因为孔子说过"道之以政,齐之以刑,民免而无耻;道之以德,齐之以礼,有耻且格"[2]这样的话,就认为孔子是"用旧的宗法封建式的政治来反对新兴的地主封建式的政治"[3]。而只是政刑和德礼在治国方略中的顺位不同而已,如果用一种较为广阔的视野视之,那么礼乐政刑其实都可以看作是"法"。儒家所反对的是严刑酷法、不教而刑,而不反对良法善政,更不反对明刑弼教。继孔子之后,儒家学派最有代表性的继承人孟子和荀子,两人的司法思想留待本章第四节再述。此处仅概述其法律思想,即两人都遵从孔氏遗教,最终都主张"天下归仁",但手段上有重大分歧,孟子理论的出发点是"性善",强调人人皆有恻隐、羞恶、辞让、是非之心,所以只需要从心上扩充善端,则人人皆可为尧舜。落实到政治法律中,就是"王道""仁政",孟子的手段更多的是"内圣",取孔子"克己"之道。但是其道终孟子之世并未见用。荀子晚于孟子,其所处社会环境更为恶劣,已至战国末期,此时各国相争已经到了白热化的

---

〔1〕 杨鸿烈:《中国法律思想史》,中国政法大学出版社 2004 年版,第 32 页。

〔2〕 《论语·为政》。

〔3〕 童书业著,董教英增订:《先秦七子思想研究》(增订本),中华书局 2006 年版,第 31 页。

程度，三王五帝之道根本难以见容于各国，于是荀子对儒家学说做了重大修正，其理论出发点是"性恶"，强调人生而性恶，必须化性起伪，用外在的规矩约束人们的行为，落实到政治法律中，就是"隆礼""重法"，荀子的手段因而更多的是"外王"，取孔子"复礼"之道。此礼也不完全同于孔子礼乐之礼，更是基本的仪节纪律，至于重法，某种意义上更可看做法家的先声，荀子也可视作为是儒法结合的代表，只是因为他最终归入"仁"的境界，并强调德主刑辅、圣贤治国，所以依然列为儒家大师。总之儒家开出的药方都是以德礼来重整世道人心，用刑罚来辅弼教化，最终使"天下归仁"。

其次是墨家，也贡献了深刻的法律思想。当然时间上墨、道两家究竟孰先孰后仍然存在着疑问。如果认定孔子于东周洛邑见老子属实，则老子年长于孔子，则其开创的道家学派无疑还在孔子之先。而现代又有不少著名学者尚且认为老子在庄子之后，[1]那么道家学派就较墨家学派晚出了。我们不想争辩墨、道两家孰先孰后，而单论法律思想之丰富，则墨家似更胜一等。墨家学说的出发点是"兼爱"，认为人类可以构成一个和谐社会的基础乃在于人人都可以并且愿意"兼相爱，交相利"。在这个前提下，墨子提出了"尚贤""尚同""非攻""节用""节葬""天志""明鬼""非乐""非命"这九大教义。其中第一项和第二项为其政治法律思想的核心。"尚贤"就意味着人与人在法律面前是平等的，只要此人德才兼备，则无论贵贱，都可立为三公乃至天子。"尚同"则意味着"一同天下之义"，墨子认为造成社会混乱和礼乐失序的原因，乃在于：

> "古者民始生，未有刑政之时，盖其语'人异义'。是以一人则一义，二人则二义，十人则十义，其人兹众，其所谓义者亦兹众。是以人是其义，以非人之义，故交相非也。是以内者父子兄弟作怨恶，离散不能相和合。天下之百姓皆以水火毒药相亏害，至有余力不能以相劳，腐列余财不以相分，隐匿良道不以相教，天下之乱，若禽兽然。"[2]

那么如果人人都能统一在某一个权威之下，即"上之所是，亦必是之；

---

〔1〕 代表性学者是钱穆、李石岑。参见钱穆：《中国思想史》，九州出版社 2011 年版，第 64 页；李石岑：《中国哲学十讲》，江苏教育出版社 2005 年版，第 92 页。

〔2〕《墨子·尚同上》。

上之所非，亦必非之。""里长顺天子之政，而一同其里之义。"〔1〕"天子之所是，皆是之。天子之所非，皆非之。"〔2〕所以，墨子的"尚同"实际上要求百姓统一于官长，官长统一于天子，天子最后统一于"天志"，为此设立礼乐刑政，一体适用于全体民众，那么天下就会得以太平。诚如倪德卫先生所云："解决的办法是，建立国家组织，在此组织之下，每人被命令接受相同之义，相同的是非之标准，行是者得奖，为非者受罚。并且墨子假定：如果那些可能在人生观上有点弱的人被给予明显额外的物质刺激，那就不会有更进一步的困难了。命令将被服从，人们将以上者告诉他们之是为是。"〔3〕

墨家不但是一个思想的流派，还结成严密的组织，亲自实践自己的思想，该学派有较强的纪律性和"宗教性"，首领称"巨子"，在组织中，他们敦行"尚同""尚贤""节葬""节用"等教义，从而吸引了很多平民百姓的加入，赫然成为一代"显学"，以致到战国前中期，孟子惊呼"天下不归于杨，则归于墨"，可见该派影响之巨。

再次是道家，其思考的重心，不在于人生日用，而在于整个宇宙。其核心观念是"道"，如何行道？需"法自然"。表现在政治法律领域是"为无为"，具体的做法乃是"绝圣弃智""绝仁弃义""绝巧弃智""不尚贤，使民不争；不贵难得之货，使民不为盗；不见可欲，使民心不乱。"〔4〕由老子的这些论断，可见其思想乃是讲究"仁义""尚贤"的儒、墨两家思想的反动。至于庄子，则走得更远，直接用"齐物"消弭了世间万物之间的差别，而"独与天地精神相往来"，直到不要世间之法。在老子看来，"道"乃本体，本来就不可言说，是谓玄之又玄。然而如果说道家一派未提供任何法律思想，则大错特错。诚如研究者所认为那样："（《道德经》）虽然开篇感觉会很玄妙深邃，但越往后越发现，这部书所更多阐发的是老子的圣人治世思想，即亦为统治者提供的一种治国方略。"〔5〕道家的法律思想更多带有一种自然主义色彩，强调人间的法必须要则天而行，最终的根据则是"自然"，统治者如果

---

〔1〕《墨子·尚同上》。

〔2〕《墨子·尚同中》。

〔3〕［美］倪德卫：《儒家之道——中国哲学之探讨》，［美］万白安编，周炽成译，凤凰出版传媒集团、江苏人民出版社 2006 年版，第 46 页。

〔4〕《道德经》第三章。

〔5〕王孺童：《道德经讲义》，中华书局 2013 年版，"序"第 6 页。

能法自然，做到无为，那么结果可以"无不为"，这一思想对后世统治者治国理政产生了重大的影响，一般认为后来的"休养生息""轻徭薄赋""不滥用民力"等法律政策，乃是受到了道家自然主义法律观的指引。[1]

最后一个大变局中最有影响的思想派别是法家。法家不同于前三家，其思想是先秦唯一一个在国家政治生活中得到全面运用的学派，故较之于儒、墨、道，许多法家人物几乎是"理论联系实际"的典范。而集大成者韩非子的法律思想，更是在采择了此前所有各家思想精华的基础上构建的，所以可称为先秦最有逻辑感、最精致的"法治"理论。从儒家那里，法家吸收了其"正名"，综核名实的做法，将"礼"视为"人主之所以为群臣寸尺寻丈检式也"的法，把原本外延很宽的"礼"大大缩小，几等于狭义的"法"；在对人性的判断上，法家认同荀子的"性恶论"，主张以恶制恶，以刑去刑，这样法家的重刑主张就具备了人性基础的坚实证明。从墨家那里，法家吸收了其"尚同"思想，所不同的是，法家要求同于绝对的君主专制之下，而不是"天志"之下，且将法律视为"尚同"的工具，要求一断以法。从道家那里，吸收了"无为而治"的思想，只不过其无为乃是"不烦他人为"，而是"任法"自为，同时还吸收了"顺势而为"的"势"治观念，只不过其更强调国君所处之"势"乃是法律合法性的来源。除吸收儒、墨、道三家之外，其他思想家也给韩非子法家思想提供了养分，在他之前的法家政治家的实践活动，如李悝、吴起等，尤其是商鞅的为政经验，构成韩非子法律思想重要来源之一，而法家申不害，强调君主的控驭之术，更是韩非子思想中不可或缺的一部分。至于惠施、公孙龙子提供的"名学"观念，则给予韩非子思想很强的

---

〔1〕 另外，道家这种自然主义的法律观，在司法上也有很明显的表现。一个典型的例子，就是在发生命案之时，法庭通常会严格计算死亡人数，实现以命相抵。为了使被案犯杀害的人命条数和判处抵命的人命条数上实现平衡，法律至少在理论上总是坚持一命偿一命，但应当限制偿命的人数，抵命的人数不应该超过为案犯杀害的人数。在有的案件中，如在两家斗殴时双方各有一命丧生，明清法律就认为双方已经扯平，而不需要进一步判人死刑。比如两家斗殴，甲方三人，乙方二人，甲方的两个人共同致死了乙方一人，而乙方一人致死了甲方另一人。则对共同致死乙方的两甲方人毋庸再判死刑。再比如，疯子一般被认为没有刑事责任能力，所以对于因疯杀人，通常都会锁锢监禁，只要使其不再继续危害社会即可，一般不会判处其死刑。然而，因疯杀人者所犯之罪被认为情罪重大时，杀人者依然会被处以死刑，比如在杀期亲尊长或杀一家二至三口等情形中，就如此处理。此时，不是为阻止疯犯继续为害社会的渴望，而恰恰是疯犯自己所犯下的罪行本身，成为了判处其死刑的理由。只有以命相抵，才可告慰死者的在天之灵。非如此，实不足以平冤抑、慰亡灵。这种罪刑计算法，既无法用儒墨之理得出，也不符合法家的观念，而更接近于道家思想，反映了一种自然主义的刑罚观。

形式逻辑感，使得其著作逻辑严谨、论证有力，为千古一帝秦始皇所折服。

所以后期法家思想的精致不是偶然的，是在实践经验和众多思想积淀的基础上生发的。大体而言，其思想重点侧重于这几个方面：其一，法的核心是"刑"，必须轻罪重刑，以刑去刑，刑去事成；其二，法乃君主控驭臣僚百姓之具，最终实现专制一统；其三，法律旨在贵公抑私，"夫立法令者以废私也，法令行而私道废矣，私者所以乱法也"[1]；其四，法律必须注重形式上的完善，且需要公开，所谓"法者，编著之图籍，设之于官府，而布之于百姓者也"[2]，这样方可使臣僚万民都震慑于法；其五，"法治"是根本目的，但法为此须与术、势结合，相辅相成。

由此看来，仅对臣民的控制和束缚这一点来看，法家的主张是最严格的；就用外力来规范秩序这一点来看，法家也是最崇尚严刑暴力的。所谓"治乱世用重典"，在春秋战国哓哓乱世中，法家学说恰恰迎合了那个时代，所以最终在诸子百家中脱颖而出，独占鳌头。但切不可以为"法治"思想为法家独有，事实上各家都对中国"法为治具"思想进行了论述，法家只不过是更强调了依法治国的价值取向而已。

总之，对于"礼崩乐坏"的局面，各派思想家都力图提供治世的药方，随着时势的趋近，"规范"在他们思想中所占比重越来越大，他们的分歧不在于要不要规范，而在于规范的形态以及如何运用规范上。法家最终将这个"规范"定于一，成就了狭义上的"法治"，从而为秦国以及后来的秦王朝"纯任法治"铺平了道路。

三、"法治"思想在春秋战国时期的应用

春秋战国时期，只有法家的"法治"思想在国家层面上得到了切实的应用，其途径至广，几乎国家生活的方方面面都有涉及。最要者有三端：

首先是成文法的公布，主要发生在春秋时代。郑国子产首开其端，"铸刑书"，其后郑国邓析又"制竹刑"，晋国赵鞅、荀寅"铸刑鼎"，其后各国纷纷效仿，公布了成文法，这是对社会变动的强烈的反应。它加剧了"礼崩乐坏"的局面，标志着旧式统治的式微，革除了"刑不可知，则威不可测"的

---

〔1〕《韩非子·诡使》。
〔2〕《韩非子·难三》。

弊端。从此法律从藏于官府进入到公布于社会的阶段，为新式法制的创制和发展创造了必要条件，并为以后法家的法治理论和司法实践提供了思想数据和斗争借鉴。

其次是新式法制的创立。随着旧势力的衰弱和新势力的兴起，各国新兴的统治阶级纷纷用法制来保卫自己的胜利成果，并且进一步统治颁布准则。于是在魏国，有李悝制定的《法经》《大府之宪》；在赵国，有公仲连的《国律》；在楚国，有吴起、屈原的《宪令》和《鸡次之典》；在齐国，有邹忌的《七法》；在韩国，有申不害的《刑符》；而在秦国，有商鞅的《秦律》。其中为各国所仿的版本乃李悝的《法经》。

李悝可视为早期的法家，其所制定的《法经》也是一部较为严酷的刑法。分《盗》《贼》《囚》《捕》《杂》《具》六篇，其中《盗》和《贼》最为重要，是主要的实体法；《囚》《捕》两篇，则主要规定了打击盗贼的缉捕、收押、审判、执行等程序，是谓程序法。而《盗》《贼》以外的其他重要犯罪，收入进《杂》一篇内，分为"淫禁"、"狡禁"、"城禁"、"嬉禁"、"徒禁"、"金禁"和"逾制"，规定了政治、经济、社会等各方面的犯罪。至于罪刑的轻重加减之法，则规定在末篇《具》中，相当于刑法的总则。虽然整个法典很简单，但是其在中华法制文明史上的地位却非同一般。它是秉承法家"法治"主义制定的第一部成文法典，背后体现了以刑去刑的思想，且其形式上具有"诸法合体"的特色，其最主要的打击对象，是对王权危害最大的"盗贼"，所谓"王者之政，莫急于道贼"。[1]该法典几乎为商鞅全盘照搬，又增加条目，运用于秦国，终于造成秦法密于凝脂的地步。而其"诸法合体"的特色，终传统之世，从未改变。

最后是商鞅变法，则完全体现了法家"一断以法""贵公抑私"的特征，

---

〔1〕《法经》已佚，（明）董说撰《七国考》根据桓谭《新书》等材料，于其《七国考》卷十二"魏刑法"部分特揭"法经"篇目及其大要，而桓谭书亡佚于宋时，今人缪文远先生以董说所引《新书》"法经"不见于宋代各家类书所引，且所言律文内容与《晋书·刑法志》所言《法经》分篇不合，所言官制与魏文侯时制度不合，断定此《法经》可能出于董说伪造，不可信据。然则古籍在流传过程中常常存在讹误错漏，条目分篇不合之处常见，不见类书所引，亦不足以断定《法经》之不存，所言官制与魏文侯制度不合，亦可能为原书流传过程中有人增修妄改之处。不足以"伪造"定论。考李悝之时代与事功，以及参诸《商君书》《睡虎地秦墓竹简》等文献，董说《法经》篇目内容或有舛讹错漏是实，但所揭示之六篇与"王者之政，莫急于盗贼"的打击重心等，绝非凭空杜撰。详参（明）董说原著，缪文远订补：《七国考订补》（下），上海古籍出版社1987年版，第699~700页。

最后愈益极端，终于造成了个人的人生悲剧。

总之，法家不仅是言者，而且是行者。从早期法家管仲起下至李悝、吴起、商鞅，他们都以法为动力，推行社会改革与政治改革。他们在思想上的辉煌成就与改革实践中提供的历史经验都同样值得珍视。法家思想的合理性和严密的逻辑性，特别是他们的法制主张有助于建立专制主义的中央集权制度。因而即使在"罢黜百家，独尊儒术"以后，法家的思想主张仍然深深地嵌入"儒术"之中，以致"外儒内法"成为封建国家统治的一个传统。这是我们理解春秋战国法制文明必得了解的法律文化背景。

第二节　春秋时期司法文明的演变

以上我们交代了春秋战国时期的时代和法文化背景，这一时期的司法也就在这样的背景中相应演变。春秋时期通常从周平王东迁洛邑开始起算，止于公元前476年，一说止于公元前453年，韩赵魏三家灭智氏时。实则不管是哪种计算方法，都提示我们，春秋和战国之间，没有一个明确的分界，各国从旧制转向新制的时间并不相同，按照明末清初的大思想家顾炎武的说法，从《左传》终了，到六国以次称王，中间经过了一百三十三年，都可以算是过渡期。到周显王三十五年（前334年），诸侯均正式称王，旧时代才正式结束。[1] 所以整个春秋时代（以及战国初期）的司法文明，都带有强烈的过渡色彩。一方面，各国继承了原先西周礼乐文明之下的司法思想和制度，另一方面，则不断突破固有"周礼"的束缚，而根据时代变化和各自的国情，确立新的司法思想和制度。

一、春秋时期的司法思想

（一）远神近人，重视人命

春秋时期的司法思想继承了西周以来的人文精神并进一步发扬光大，表现最著者为进一步远神近人、以人为本。从《左传》的记载，我们固然可以看到人们在行政、治军、司法等活动中，碰到疑难不决时，利用《周易》来

---

〔1〕 参见（清）顾炎武著，（清）黄汝成集释：《日知录集释》，栾保群、吕宗力校点，花山文艺出版社1990年版，第585页。

卜筮决疑的例子，但总体的倾向仍很明显，就是相信人的理性判断，即便在解释《周易》卜筮结果时，也倾向于世俗化的解释。如鲁庄公十四年（前680年），申繻在回答郑厉公问有没有妖的问题时，回答道：

> "妖由人兴也。人无衅焉，妖不自作，人弃常则妖兴，故有妖。"[1]

这很能体现人文主义的精神，"妖"是人创造出来的。如果人按照常理行事，或者我们可以理解为人按照既有的礼制和规则办事，则就无"妖"存在的余地。

与此相类似，鲁庄公三十二年（前662年）当虢公让史嚚等人去祭神时，史嚚说了这样一番话：

> "虢其亡乎！吾闻之：国将兴，听于民；将亡，听于神。神，聪明正直而壹者也，依人而行。虢多凉德，其何土之能得！"[2]

虢公本来还指望着通过祭神而获得神灵赏赐田土，但史嚚明白无误地指出虢公此举徒劳，正确的做法应该是"依人而行"，而人只有"行德"（当然此处"德"的内涵丰富，未必同于儒家的"德"），才会得到所谓神的保佑，实际上说的还是一个意思，即命运掌握在人的手里。

在周礼中，祭祀与兵戎并列为国家两件大事，但祭祀之义，并不全是祈天永命，更具有带有联结宗族的实用功能。即便从宗教意义上来说，祭祀也不在于幻想着神力拯救现世，而是培养人的道德性情，起着教育的作用。所以孔子尽管不语怪力乱神，但也从不排斥祭神，他说：

> "祭如在，祭神如神在。"[3]

通过祭祀，慎终追远，培养人们虔敬精神，有助于劝化世道人心，这实际上是一种"神道设教"。如果将神理解为实有本体，则无疑是错误的，这一思想在"宫之奇谏虞公"一事上表达得很清楚：

---

〔1〕《左传·庄公十四年》。
〔2〕《左传·庄公三十二年》。
〔3〕《论语·八佾》。

"（虞）公曰：'吾享祀丰絜，神必据我。'（宫之奇）对曰：'臣闻之，鬼神非人实亲，惟德是依。故《周书》曰：'皇天无亲，惟德是辅。'又曰：'黍稷非馨，明德惟馨。'又曰：'民不易物，惟德繄物。'如是，则非德，民不和，神不享矣。神所冯依，将在德矣。若晋取虞而明德以荐馨香，神其吐之乎？'弗听，许晋使。宫之奇以其族行，曰：'虞不腊矣，在此行也，晋不更举矣。'"[1]

此事发生于鲁僖公五年（前655年），当时晋国派使臣向虞国假道伐虢，宫之奇向虞国君主进谏，称虞虢两国，唇亡齿寒，不可借道，于是有上述对话。虞公竟然将祭祀虔诚作为免灾的理由。而宫之奇则很明确地提到人的行为才对事件的结果具有决定性。这种远神近人的思想，在春秋各国各代都有表现，再举数例如下：

"（晋）韩简侍，曰：'龟，象也；筮，数也。物生而后有象，象而后有滋，滋而后有数。先君之败德，及可数乎？史苏是占，勿从何益？《诗》曰：下民之孽，匪降自天，僔沓背憎，职竞由人。'"[2]（前645年，晋国）

"太上有立德，其次有立功，其次有立言，虽久不废，此之谓不朽。"[3]（前549年，鲁国叔孙豹语，从中可知，叔孙豹认为鬼神都无法不朽，不朽的全是人的行为）

"士伯怒，谓韩简子曰：'薛征于人，宋征于鬼，宋罪大矣'。"[4]（前509年，晋国）

这种远神近人的思想对司法活动的最直接影响，则是重视人命。尤其在事涉幽冥之事时，全生活命是第一要义，而不是杀人祭鬼。如鲁僖公十九年（前641年），发生过这样一起事件：

"夏，宋公使邾文公用鄫子于次睢之社，欲以属东夷。司马子鱼曰：'古者六畜不相为用，小事不用大牲，而况敢用人乎？祭祀以为人也。民，神之主也。

---

〔1〕《左传·僖公五年》。
〔2〕《左传·僖公十五年》。
〔3〕《左传·襄公二十四年》。
〔4〕《左传·定公元年》。

用人，其谁飨之？齐桓公存三亡国以属诸侯，义士犹曰薄德。今一会而虐二国之君，又用诸淫昏之鬼，将以求霸，不亦难乎？得死为幸！'"[1]

司马子鱼这番话是针对宋襄公该年的所作所为而发。该年宋襄公为争霸，与曹、邾等小国会盟于曹国的首都之南，会上宋襄公责滕宣公迟到，加以囚禁。又囚禁了鄫国君主鄫子，后来还强迫邾国国君邾文公将鄫子杀害，用来祭祀"次睢之社"，所谓"次睢之社"，乃当地民间所称的"食人社"，此盖杀人而用祭。[2]这就是司马子鱼所谓的"一会而虐二国之君，又用诸淫昏之鬼"，可以看出司马子鱼对宋襄公此举持有强烈的批判态度，认为祭祀是为人服务的，民才是神的主人，没有用人祭鬼的道理。并且由此断言，襄公此举丧德，不仅不能争霸，能得个好死就算不错了。司马子鱼的这个态度，不以人祭鬼，重视人命胜过神祀，无疑是人文主义思想的高度体现。

无独有偶，鲁公文六年（前621年），秦穆公去世，以子车氏的三个儿子奄息、仲行、针虎为殉，《左传》评论曰：

"皆秦之良也。国人哀之，为之赋《黄鸟》。君子曰：'秦穆之不为盟主也，宜哉。死而弃民。先王违世，犹诒之法，而况夺之善人乎！《诗》曰：'人之云亡，邦国殄瘁。'无善人之谓。若之何夺之？'古之王者知命之不长，是以并建圣哲，树之风声，分之采物，著之话言，为之律度，陈之艺极，引之表仪，予之法制，告之训典，教之防利，委之常秩，道之以礼，则使毋失其土宜，众隶赖之，而后即命。圣王同之。今纵无法以遗后嗣，而又收其良以死，难以在上矣。君子是以知秦之不复东征也。"[3]

上文提到的《黄鸟》，即《诗经·秦风·黄鸟》一诗，诗云：

"交交黄鸟，止于棘。谁从穆公？子车奄息。维此奄息，百夫之特。临其穴，惴惴其栗。彼苍者天，歼我良人！如可赎兮，人百其身！

交交黄鸟，止于桑。谁从穆公？子车仲行。维此仲行，百夫之防。临其穴，惴惴其栗。彼苍者天，歼我良人！如可赎兮，人百其身！

---

[1]《左传·僖公十九年》。
[2] 参见杨伯峻编著：《春秋左传注（修订本）》(1)，中华书局1990年版，第381页。
[3]《左传·文公六年》。

交交黄鸟，止于楚。谁从穆公？子车针虎。维此针虎，百夫之御。临其穴，惴惴其栗。彼苍者天，歼我良人！如可赎兮，人百其身！"〔1〕

《诗经》中的"国风"，系民间百姓的心声真实流露，所谓"诗言志"，是可知当时秦国人民听到三个优秀的年轻人殉葬时，既万分惋惜（"如可赎兮，人百其身"），又对穆公这样的安排愤怒不已（"彼苍者天，歼我良人"）。这不仅仅是秦国普通人的评价，也代表了当时士大夫阶层间主流的看法。我们需知"诗言志"，不仅有作诗者的"作诗之志"，而且还有采诗官的"采诗之志"。〔2〕采诗官并不是什么诗都采，必定要采能反映世态民风，能从正反两个方面有助于"正人心、厚风俗"者才采集下来致于王官；而采来之诗，有应用于一时一地者，有可垂范或者警示后世者，那么前者就不一定编入《诗》中，而后者才编入，这个方有裨于世道人心。〔3〕采诗官将《诗经·秦风·黄鸟》采入，盖有深意存焉。而从《左传》作者的言辞中，人君应该致力于"圣哲""风声""采物""话言""律度""艺极""表仪""法制""训典""防利""常秩""礼则"等，都是事关人文理性、典章制度之事，无一及于神怪幽冥。这一远神近人、重视人命的司法思想，自西周发端，至春秋又进一步发展，以后一直成为中国司法思想的主流，尽管春秋战国时期，时或还有以人为殉，或者皆神怪巫谶兴风作浪之事，但是最终都在与人文理性精神的斗争中败下阵来。〔4〕

（二）准情循理，刑罚公平

在远神近人的前提下，春秋时期司法者又倡导准情循理、罪刑相应的理念，进一步发扬了西周以来的理性精神。所谓"情"，即"实情""人情""情理"之义，所谓"理"，即事物的一般法则或规律，含有"原理""天理""道理"之义。"准情循理"合在一起，就是人们口头上常说的"合情合理"，

---

〔1〕《诗经·秦风·黄鸟》。

〔2〕朱东润先生对"诗言志"的场合有很好的理论和例证说明，对此参见朱东润：《诗三百篇探故》，云南人民出版社 2007 年版，第 80~84 页。

〔3〕参见陈煜："从'古微'到'师夷'——魏源的思想转型与近代思潮的开端"，载《扬州大学学报（人文社会科学版）》2016 年第 5 期。

〔4〕一个典型的例子是战国初年的魏文侯时期，派西门豹治邺，当地流行为河伯娶妇陋俗，而实则是官员和神巫借机敛财。西门豹以其人之道，还治其人之身，将神巫投入河中，从而消除了这种陋俗，杜绝杀人祭鬼现象，这代表了一般官员的世俗治理方式。相关经过参见《史记·滑稽列传》。

后世司法上常常强调的"天理、国法、人情",即是这一司法理念的延伸。

鲁庄公十年（前684年），齐国进攻鲁国，鲁国曹刿觐见庄公，问庄公凭什么克敌，庄公先后说他能与众人分享财物，不敢独占；虔诚祭祀，不敢欺天。曹刿都认为这不过是小恩惠、小信用而已，不足以克敌制胜。直到庄公说出了第三项美德：

"小大之狱，虽不能察，必以情。"〔1〕

曹刿认为这才是制胜法宝，国君作为最高司法者，如此而行，可以算是恪尽职守了。庄公的意思是，大大小小的案件，即便自己没有能力一一明察秋毫，也会尽量求得实情，依照情理来审判。这是春秋司法"准情"思想的典型论述。并且"准情"中，还带有浓郁的"人情"味，即在证据不够充分时，按照《尚书》中"与其杀不辜，宁失不经"的原则来处理。这在《左传》的记载中有明显体现：

"归生闻之：'善为国者，赏不僭而刑不滥'，赏僭，则惧及淫人；刑滥，则惧及善人。若不幸而过，宁僭无滥。与其失善，宁其利淫。无善人，则国从之。"〔2〕

从《左传》所涉及司法事件来看，基本上是按照这一原则来处理的。这和我们下节将要提到的战国时期的司法思想，恰好形成了一个鲜明的对比。

与"准情"相联系的是"循理"，实则两者可以看成是"互文"的表达，准情必循理，准情循理，也可说成是准循情理。准情更强调发现事实，而循理则更强调司法推理的依据或过程。这方面，《左传》中多有纪录。如鲁僖公九年（前651年）：

"公谓公孙枝曰：'夷吾（晋惠公）其定乎？'对曰：'臣闻之，唯则定国。《诗》曰：不识不知，顺帝之则。文王之谓也。又曰：不僭不贼，鲜不为则。无好无恶，不忌不克之谓也。今其言多忌克，难哉！'"〔3〕

---

〔1〕《左传·庄公十年》。
〔2〕《左传·襄公二十六年》。
〔3〕《左传·僖公九年》。

这是秦穆公问秦国大臣姬夷吾（后来的晋惠公，当时因骊姬之乱出奔至秦）能重新安定晋国局面，公孙枝认为很难。其判断的标准就是"理"，也即是文中多次提到的"则"，意思是夷吾的行为不符合为人处世的法则，并强调，只有按照"天理"（"顺帝之则"），也就是一般规律做事，才能得到好的结果。从公孙枝所采的判断标准以及对夷吾的具体评判上，我们很容易发现春秋时司法的"循理"思想。

"准情循理"具体到司法裁判之上，就要求"刑罚公平"，一秉至公，而不能同罪异罚。如：

"晋侯有疾，曹伯之竖侯孺货筮史，使曰：'以曹为解。齐桓公为会而封异姓，今君为会而灭同姓。曹叔振铎，文之昭也。先君唐叔，武之穆也。且合诸侯而灭兄弟，非礼也。与卫偕命，而不与偕复，非信也。同罪异罚，非刑也。礼以行义，信以守礼，刑以正邪，舍此三者，君将若之何？'公说，复曹伯，遂会诸侯于许。"[1]

此事发生于鲁僖公二十八年（前 632 年），曹人请晋国的筮史劝说晋文公，请求晋文公恢复曹国国君的地位，强调晋文公灭兄弟之国（指曹国和卫国），是不守周礼的做法；答应同时恢复卫国、曹国国君的位置，现在恢复了卫国，却没有恢复曹国，这是不守信用的做法；且卫国和曹国犯了同样的罪，却得到了不同的处罚，这是不守刑罚原则的做法。其中"同罪异罚，非刑也"的判断，很显然是通行于列国的一项司法原则，它强调刑罚要公平，同罪同罚。故最后晋文公同意恢复曹君的地位。无独有偶，鲁襄公六年（前 567 年）春天，宋国的一贵族乐辔以弓梏另一贵族华弱于朝，"弓梏"即张弓以贯沓其颈，颈穿于弓之中。宋平公见华弱如此狼狈不堪一击，认为其无法胜任"司武"，即军政要职，遂将华弱赶出宋国。

"夏，宋华弱来奔。司城子罕曰：'同罪异罚，非刑也。专戮于朝，罪孰大焉？'亦逐子荡。"[2]

---

[1]《左传·僖公二十八年》。
[2]《左传·襄公六年》。

华弱被赶出宋国之后，夏到达了鲁国。而宋国的司法官员（司城）子罕认为宋平公这样的做法有违公平之义，乐辔在朝堂之上羞辱贵族，同样犯了罪，也应受到处罚，于是也判处将乐辔（即子荡）驱逐。我们需要注意的是，子罕判决的理由，也是"同罪异罚，非刑也。"与上面箴史说晋文公的话一模一样，只是一在宋，一在晋，时间相差了65年。子罕与箴史应该没有任何交集，唯一的原因，只能是这一原则已经被列国奉为通行的准则。所以"刑罚公平"，自是"准情循理"的重要一环。

另有一个例子，同样可以体现断狱必须公平的观念：

"楚令尹子文之族有干法者，廷理拘之，闻其令尹之族也而释之。子文召廷理而责之曰：'凡立廷理者将以司犯王令而察触国法也。夫直士持法，柔而不挠；刚而不折。今弃法而背令而释犯法者，是为理不端，怀心不公也。岂吾营私之意也，何廷理之驳于法也！吾在上位以率士民，士民或怨，而吾不能免之于法。今吾族犯法甚明，而使廷理因缘吾心而释之，是吾不公之心，明着于国也。执一国之柄而以私闻，与吾生不以义，不若吾死也。'遂致其族人于廷理曰：'不是刑也，吾将死！'廷理惧，遂刑其族人。成王闻之，不及履而至于子文之室曰：'寡人幼少，置理失其人，以违夫子之意。'于是黜廷理而尊子文，使及内政。国人闻之，曰：'若令尹之公也，吾党何忧乎？'乃相与作歌曰：'子文之族，犯国法程，廷理释之，子文不听，恤顾怨萌，方正公平。'"[1]

这个故事出自于西汉刘向编纂的《说苑》一书，此书按各类记述春秋战国至汉代的逸闻轶事，可惜它没有标举材料出处。刘向的做法承袭了先秦思想家的做法，他将许多事迹冠在先秦名人头上，殊难定其真伪。不过结合当时的思想情势，还是比较符合春秋时期一般的公平观的。

除了传世文献之外，"准情循理，刑罚公平"这一思想，还可以从出土的鼎彝铭文中得到证实，如春秋后期的"叔夷镈"铭文中，有这样的句子：

"谏（婡）罚朕庶民，左右母（毋）讳……睿（慎）中乓罚……中専靊

---

〔1〕《说苑·至公》。

（明）刑。"〔1〕

这是齐灵公（前 581 年~前 554 年在位）对制器者叔夷的告诫，"谏（娕）罚朕庶民"在西周的"大盂鼎"铭文中出现过，即要求对待刑罚要理性谨慎，至于"昚（慎）中于罚""中尃（明）刑"，更是提倡要慎刑，使得刑罚得"中"，这正是刑罚公平之至意。

（三）法祖尊礼，渐变周制

前已述及，虽然春秋战国时期是"礼崩乐坏"，但那是一个逐渐演变的过程。尤其在春秋前期和中期，周礼的影响力还是很强的，即便是比较强势的诸侯，也不得不顾及周礼的大义名分。如鲁隐公十一年（前 712 年），许国国君得罪周王，齐僖公、鲁隐公会合郑庄公灭了许国，许国国君逃至卫国。诸国经过决定，由郑庄公来"托管"占领的许国土地。

"（郑庄公）乃使公孙获处许西偏，曰：'凡而器用财贿，无置于许。我死，乃亟去之。吾先君新邑于此，王室而既卑矣，周之子孙日失其序。夫许，大岳之胤也，天而既厌周德矣，吾其能与许争乎？'

君子谓：'郑庄公于是乎有礼。礼，经国家，定社稷，序民人，利后嗣者也。许无刑而伐之，服而舍之，度德而处之，量力而行之，相时而动，无累后人，可谓知礼矣。'"〔2〕

郑庄公的善后措施是这样的，他首先让许国的大夫百里氏奉许君居于许国的东部边邑，然后让郑国的公孙获居住在许国的西部边邑，以看管许君。并要求公孙获不要将财产置于许国境内，且在庄公死后就离开许国。因为庄公看到周王室已然衰弱，与周王室同宗的姬姓诸国也未必能够长久兴旺，这样安排许国，实际上是给自己留有余地。

郑庄公的安排，得到了《左传》作者的赞扬，认为他是"有礼""知礼"，因为郑庄公正是按照周礼的做法来处理这桩"国际间"的司法事务的，许国触犯了周礼，即"无刑"，故"大刑用甲兵"，许君后来认罪服法了，故

---

〔1〕 铭文选自马承源主编：《商周青铜器铭文选》（第 4 卷），文物出版社 1990 年版，第 539~540 页。

〔2〕 《左传·隐公十一年》。

宽恕即"舍之",而且庄公还发扬了西周德礼传统,"度德处之",又考虑到各国实力的消长情形,而预先做出安排。此事发生于春秋前期,旧制度虽已有没落之象,但新制度还没有建立起来,所以按照周礼来处理政事和司法事务,还是第一选择。

即便在西周灭亡近百年之际,当时的正统思想还是以维护周礼为己任,按礼来维持相应的秩序,强调:

"王命诸侯,名位不同,礼亦异数,不以礼假人。"[1](前676年)

在这种思想作用下,对内行政、司法,对外朝聘、征伐,大都还是强调法祖尊礼的。如鲁闵公元年(前661年),鲁国犹在内乱(庆父之乱)之中,齐桓公想乘人之危攻取鲁国,问大臣仲孙湫的意见,仲孙湫明确表示不可,理由是:

"(鲁)犹秉周礼。周礼,所以本也。臣闻之,国将亡,本必先颠,而后枝叶从之。鲁不弃周礼,未可动也。"[2]

鲁不弃周礼,齐师出无名,遂无法大刑用甲兵。类似这样对周礼的强调,在春秋前期和中期屡屡见到,再举数例证之:

"十一年春,晋侯使以丕郑之乱来告。天王使召武公、内史过赐晋侯命。受玉惰。过归,告王曰:'晋侯其无后乎。王赐之命而惰于受瑞,先自弃也已,其何继之有?礼,国之干也。敬,礼之舆也。不敬则礼不行,礼不行则上下昏,何以长世?'"[3](前649年,晋国)

"王以上卿之礼飨管仲,管仲辞曰:'臣,贱有司也,有天子之二守国、高在。若节春秋来承王命,何以礼焉?陪臣敢辞。'王曰:'舅氏,余嘉乃勋,应乃懿德,谓督不忘。往践乃职,无逆朕命。'管仲受下卿之礼而还。君子曰:'管氏之世祀也宜哉!让不忘其上。《诗》曰:恺悌君子,神所劳

---

[1] 《左传·庄公十八年》。

[2] 《左传·闵公元年》。

[3] 《左传·僖公十一年》。

矣。'"[1]（前648年，东周王室）

"礼以行义，信以守礼，刑以正邪，舍此三者，君将若之何？"[2]（前632年，晋国）

"夫子以爱我闻，我以将杀子闻，不亦远于礼乎？远礼不如死。"[3]（前612年，齐国）

当然，春秋的前期和中期，司法上大体法祖守礼，并不是出于新旧贵族的道德自觉，而实在是实力对比使然。当时新贵族虽然逐渐登上历史舞台，但依旧没有绝对实力颠覆旧秩序，周礼依旧有号召力，这一点在鲁宣公三年（前606年）楚国国君和周王室大臣王孙满的对话中体现得至为明显，当时新兴的大国楚国出兵伐陆浑之戎，到达洛邑，楚国国君问周鼎的大小轻重，鼎乃国之象征，楚君的问话中明显有取代周祚之意，王孙满则明确地告诉楚君：

"周德虽衰，天命未改，鼎之轻重，未可问也。"[4]

也就是说，当时诸侯还不具备取周代之的实力，所以我们看到春秋争霸时，还得以"尊王攘夷"作为幌子，司法过程中，自然还有法祖尊礼的做法。

但是这种情形，随着生产力的发展，各诸侯国实力的提升和王室权威的日益下降，到了春秋后期，各国纷纷制定新制度后，就难以为继了。

鲁宣公十五年（前594年），鲁国率先实行"初税亩"，规定不论公田、私田，一律按田亩收税，这是对传统生产关系的重大突破，标志着从法律的角度上确立了私有制。尽管从西周中后期开始，"普天之下，莫非王土"的情形已经受到挑战，西周后期更有"雨我公田，遂及我私"的做法，意味着土地私有现象的存在，然而在法律上对土地王有制度的正式颠覆，是从"初税亩"开始的，所以站在周礼立场上的《左传》作者对此予以强烈谴责：

---

[1]《左传·僖公十二年》。
[2]《左传·僖公二十八年》。
[3]《左传·文公十五年》。
[4]《左传·宣公三年》。

"初税亩，非礼也。"[1]

但这无法阻止"渐变周制"的发生，继鲁国初税亩后，楚国、郑国、晋国等国家也陆续实行了税亩制，除变经济制度之外，其他如外交、法律等制度也逐渐发生变革。司法审判逐渐偏离周制，而逐渐行用新的制度，此点我们在下节叙司法制度时再作论述。总之，到春秋后期，虽然仍有旧贵族呼吁遵守周礼，但是各国现实行政、司法、外交等活动中，却往往"以变为常"了，试举一例证之：

"冬十一月，晋侯使荀庚来聘，且寻盟。卫侯使孙良夫来聘，且寻盟。公问诸臧宣叔曰：'中行伯之于晋也，其位在三。孙子之于卫也，位为上卿，将谁先？'对曰：'次国之上卿当大国之中，中当其下，下当其上大夫。小国之上卿当大国之下卿，中当其上大夫，下当其下大夫。上下如是，古之制也。卫在晋，不得为次国。晋为盟主，其将先之。'丙午盟晋，丁未盟卫，礼也。"[2]

此事发生于鲁成公六年（前585年），晋国和卫国的使者同时来鲁国寻求结盟，两国与鲁国都是姬姓同宗，（西周初年首批分封的次序是鲁、齐、燕、卫、宋、晋，按照这个次序，卫国与鲁国似乎亲缘更近），晋国派的是执政六卿中的第三号人物，而卫国派的是执政卿大夫中的第一号人物。但是臧宣叔既不是按照宗法亲缘，也不是按照前来官员的级别来定结盟顺序，而完全是按照国家的强弱来排序。显然这已经是当时被广泛认可的一种秩序，所以连《左传》作者也承认这是"礼也"。

当然，在春秋这个过渡时代中，法律思想也在不断变化，虽然总的趋势是由旧趋新，但是它并不是线性演进的，而是呈现出新旧杂陈的情形。所以我们可以看到，即便到春秋末期，许多国家已经制定了新的法律规则，但依然有"法祖尊礼"的呼声，而在尚未变法的国家，则更是如此，一切都是在"渐变"的过程中。

---

[1]《左传·宣公十五年》。
[2]《左传·成公六年》。

二、春秋时期的司法制度

(一) 春秋司法的法律渊源

与以上"法祖尊礼，渐变周制"的司法思想相对应，春秋司法审判中，所援用的法律渊源，前期和中期多为西周礼法，具体在处置量刑上，用的是西周的常法——"九刑"。[1]到春秋后期，尤其是末年，在率先变法的国家中，往往会改用新定的法律来进行司法处理，但终春秋之世，西周礼法始终都具备一定的制约作用。

先来看援用"九刑"司法的情形。鲁庄公十四年（前680年），郑厉公以其大臣傅瑕对国君怀有二心，而杀之。

> "厉公入，遂杀傅瑕，使谓原繁曰：'傅瑕贰，周有常刑，既伏其罪矣。'"[2]

显然，厉公杀傅瑕所援用的，正是西周的刑法，而根据厉公之言，我们可知，在西周刑法中，"贰"是一种罪名，要处以死刑。鲁文公十八年（前609年）的另一桩案件，也说明了"九刑"对当时司法的约束作用。莒国的太子仆杀了莒国国君莒纪公，并盗了莒国的宝玉前来鲁国。鲁宣公（当时宣公已经即位）想接纳太子仆，但是执政的季文子则命令司寇将太子仆驱逐出境，并派大史克对鲁宣公解释这样做的原因，其中就有这样的言论：

> "先君周公制周礼曰：则以观德，德以处事，事以度功，功以食民。作誓命曰：毁则为贼，掩贼为藏，窃贿为盗，盗器为奸。主藏之名，赖奸为用。为大凶德，有常，无赦，在'九刑'不忘。"[3]

---

〔1〕"九刑"之说出自于《左传·昭公六年》，原文为"夏有乱政，而做'禹刑'；商有乱政，而做'汤刑'；周有乱政，而作'九刑'"，"九刑"内容已不可考。一说为墨、劓、刖、宫、辟这五种正刑加鞭、朴、流、赎，共九种刑罚的统称，如《汉书·刑法志》颜师古注引韦昭曰："谓正刑五，及流、赎、鞭、扑也。"一说为"九刑"为西周刑法统称，和"禹刑""汤刑"呈并列的关系。实则两种说法并不矛盾，古代存在"以刑统罪"的做法。"九刑"可以理解为以刑同罪的西周的常法。这在春秋审判时司法官的言论中可以得到证实。

〔2〕《左传·庄公十四年》。

〔3〕《左传·文公十八年》。

由此看来，以上太史克所引用的文字，出自先君周公所作的"周礼"，从此文字中，也可反映西周"出礼则入刑"的情形。按照礼的规定，要求做到"则""德""事""功"，如果违背了这些要求，就是"贼""藏""盗""奸"，"则"是第一位的，所谓"则"，"亦礼则之义"〔1〕。违反了"则"，就是"大凶德"，按照西周常法，则要处刑，并不得赦免，而处刑的依据，就是"九刑"。现在太子仆弑君为毁则，毁则为贼，盗玉为奸，根据常法，自然必须驱逐出境。这是完全按照西周礼法来审判的。这正是所谓的：

"礼，王之大经也……言以考典，典以志经。"〔2〕

类似这种以西周常法来进行司法的行为尚有许多，再举两例，鲁昭公三十一年（前511年），晋国大夫荀跞会见鲁国的季孙意如，代表晋国国君责问季孙何故将鲁君逐出鲁国，语曰：

"何故出君？有君不事，周有常刑，子其图之！"〔3〕

荀跞责季孙的理由同样来自西周的"常刑"，而季孙氏的反应则是：

"季孙练冠麻衣跣行，伏而对曰：'事君，臣之所不得也，敢逃刑命？君若以臣为有罪，诸囚于费，以待君之察也，亦唯君。若以先臣之故，不绝季氏，而赐之死。若弗杀弗亡，君之惠也，死且不朽。若得从君而归，则固臣之愿也。敢有异心？'"〔4〕

可见，即便是在鲁国骄横跋扈的季孙氏，对于西周的常刑，也表现得十分敬畏，至少在表面上是如此，而此时，已经到了春秋后期了。同样到鲁哀公三年（前492年），司法官员在司法时，仍提到

"命不共，有常刑……有不用命，则有常刑，无赦。"〔5〕

---

〔1〕 杨伯峻编著：《春秋左传注（修订本）》（2），中华书局1990年版，第634页。
〔2〕 《左传·昭公十五年》。
〔3〕 《左传·昭公三十一年》。
〔4〕 《左传·昭公三十一年》。
〔5〕 《左传·哀公三年》。

此时已经到了春秋末年，仍可看出西周常刑的约束力。[1]所以，春秋司法审判时，西周礼法应属最为主要的法律渊源。

再来看援用春秋新立法制的情形。前已述及，至春秋中叶之后，随着生产力的发展，新贵族逐渐在政治和经济上占据了优势地位，他们需要通过立法的方式，将自己的地位用法律正式确定下来，于是纷纷展开"变法"的活动。春秋时期开展"变法"运动比较著名的是晋、郑二国。

首先是晋国，鲁文公六年（前621年），

> "宣子（赵盾）于是乎始为国政，制事典，正法罪。辟狱刑，董逋逃。由质要，治旧污，本秩礼，续常职，出滞淹。既成，以授大傅阳子与大师贾佗，使行诸晋国，以为常法。"[2]

其中的"制事典，正法罪"，无疑是法律上的变革，主要是刑事，也兼具其他方面。且此法制确定之后，即付诸实践，以至于在晋国，取代了周礼而成为新的"常法"。但是从后面赵鞅、荀寅"铸刑鼎"来看，似乎赵盾所制新法，仍未予全面公布，还是处于"秘密法"的状态，只是由旧贵族的"秘密"转为新贵族的"秘密"而已。

其次是郑国，郑国的步伐迈得比晋国还大。鲁昭公四年（前538年），郑国执政子产作"丘赋"，招致国人强烈的批评。"丘赋"乃是增加国民赋税之举，杨伯峻先生释为"疑与鲁成公元年之丘甲同意，谓一丘之人出军赋若干。"[3]鲁成公元年为前590年，而此前4年，鲁国刚好进行"初税亩"的改革。子产"丘赋"之举，无疑又是赋税制度的重要变革。这个变法又是对"周礼"的一次大突破。郑大夫浑罕由此批评子产，曰：

> "政不率法，而制于心。民各有心，何上之有？"[4]

---

[1] 这同样可从这一时期的青铜器铭文中得到佐证，如晋定公时期（前511年~前475年）的"晋公䈪盨"铭文中尚有："余雔小子，敢帅井（型）先王，秉德孂孂（秩秩）……"，很明显是"法祖尊礼"的思想的宣扬，铭文参见马承源主编：《商周青铜器铭文选》（第4卷），文物出版社1990年版，第587页。

[2] 《左传·文公六年》。

[3] 杨伯峻编著：《春秋左传注（修订本）》（4），中华书局1990年版，第1254页。

[4] 《左传·昭公四年》。

所谓"率法"，指的就是"周礼"，浑罕此语是批评子产师心自用，不尊成法。但子产并未就此止步，两年以后，又做出了更大的举动：

"三月，郑人铸刑书。"[1]

子产不仅变革周礼，创制新法，而且还将新法铸于鼎上，公开了出来，从而引发晋国贤臣叔向的反对，认为此举会导致"民知争端矣，将弃礼而征于书，锥刀之末，将尽争之。"[2]叔向的反对也有其道理，他是站在旧道德"复礼"的立场之上，认为虽然"礼崩乐坏"已然成为现实，但是如果不用法律明确下来，就意味着这种现实是不合法的，周礼依然可以成为道德标杆以及法律准则，依然具有约束力。而现在公布出新法，那么百姓就会按照新法，认可新道德而抛弃旧道德。叔向此论含有道德理想主义色彩。这一点子产并没有反对，他给叔向的回应，只是"吾以救世也，既不承命"[3]，说明站在现实主义的立场上，承认变革，把现实秩序用法律表达出来。叔向和子产看待问题的角度并不一致，但是都表达了对现实某种程度上的焦虑。不过子产做法，似乎是时势所趋，且从后来孔子对两者的评价来看，子产变革的做法适应了时代的发展，在当时的确起到了"救世"的效果。[4]

接着又是晋国，在子产铸刑书二十五年之后，步郑国之后尘，于鲁昭公二十九年（前513年），也公布了成文法：

---

[1]《左传·昭公六年》。

[2]《左传·昭公六年》。

[3]《左传·昭公六年》。

[4] 孔子对公布成文法的看法，与叔向的观点一致，他对叔向和子产都给予了很高的评价，对前者，他认为是"古之遗直也"（《左传·昭公十四年》）；对后者，他认为是"古之遗爱也"（《左传·昭公二十年》）。叔向是秉持周礼来处理司法事务的，观其处理"刑侯与雍子争田案"，他"三数法官叔鱼之恶，不为末减"，叔鱼正是其弟，他的做法是西周"义刑义杀，刑兹无赦"的典范，所以孔子称赞他"治国制刑，不隐于亲"（《左传·昭公十四年》），一个"直"字反映了叔向坚持周礼的原则的形象。而子产当政，以猛为主，这是为了纠正郑国向来政宽民慢的积习，经过子产的整治，郑国一度强盛，但子产于鲁昭公二十年（前522年），去世后，子大叔继任为政，走的是宽政路线，结果导致"郑国多盗"的结果。孔子有感于此，认为子产"宽以济猛，猛以济宽，政是以和"，起到了惠民的效果，可见即便孔子不赞同子产铸刑书的做法，但对子产为政的客观效果，依然是承认的，故称之为"遗爱"，亦可见变法并将法律公布出来，是当时不可扭转的趋势。见《左传·昭公二十年》。

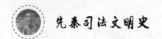

"冬，晋赵鞅、荀寅帅师城汝滨，遂赋晋国一鼓铁，以铸刑鼎，着范宣子所为刑书焉。"[1]

范宣子为用刑书，即之前赵盾（赵宣子）所定新制，其实已经在晋国行用百年，此次赵鞅、荀寅不过是把它公开出来而已。

在公布成文法的国家，司法审判即按新公布的法律来，新贵族逐渐掌握司法大权。这样在原来尊奉周礼的旧贵族那里，就意味着公族势力的进一步衰落，所谓"陪臣执国命"说的就是这一情形。春秋后期晋国公族叔向和齐国执政晏婴的一番言论，从另一个侧面反映了"周有常刑"已逐渐为"政出家门"所取代：

"齐侯使晏婴请继室于晋……既成昏，晏子受礼。叔向从之宴，相与语。叔向曰：'齐其何如？'晏子曰：'此季世也，吾弗知。齐其为陈氏矣！公弃其民，而归于陈氏……'叔向曰：'然。虽吾公室，今亦季世也。戎马不驾，卿无军行，公乘无人，卒列无长。庶民罢敝，而宫室滋侈。道堇相望，而女富溢尤。民闻公命，如逃寇仇。栾、郤、胥、原、狐、续、庆、伯，降在皂隶。政在家门……'晏子曰：'子将若何？'叔向曰：'晋之公族尽矣……'"[2]

（二）司法机构与诉讼审判程序

春秋时期的司法机构主要还是延续西周的制度，大部分国家的司法主官为司寇，这在《左传》中最为常见，司寇的副职，则为小司寇。如现藏于上海博物馆西周中期的"鲁少司寇封孙盘"铭文中，出现"鲁少嗣（司）寇封孙宅乍其子孟姬嫛媵（媵）般（盘）也（匜）"[3]的字样。"少嗣（司）寇"，即《周礼》中的"小司寇"，这可视为春秋延续西周司法机构的一个佐证。

但随着时代的发展，也有机构虽主司法但其名异者，比如宋国称"司城"，如"司城子罕曰……"[4]，楚国称"司败"，如"臣归死于司败"[5]，

---

〔1〕《左传·昭公二十九年》。

〔2〕《左传·昭公三年》。

〔3〕铭文选自马承源主编：《商周青铜器铭文选》（第4卷），文物出版社1990年版，第521页。

〔4〕《左传·襄公六年》。

〔5〕《左传·文公十年》。

这些可能是该国变周制而自定的制度。

春秋时期诉讼审判程序和西周最大的不同，就是周王室案件管辖权的式微。正因为王室的衰弱，中央司法机构权威不再。尽管中央大司寇、小司寇、士师俱在，但地方诸侯凡遇争讼，几无赴讶士处找王室处理之例，而通常会找有实力争霸的大国加以裁判。如鲁僖公二十八年（前632年），卫国国君卫成公与卫大夫元咺发生争讼，既是此例：

> "卫侯与元咺讼，宁武子为辅，针庄子为坐，士荣为大士。卫侯不胜。杀士荣，刖针庄子，谓宁俞忠而免之。执卫侯，归之于京师，置诸深室。宁子职纳橐饘焉。元咺归于卫，立公子瑕。"[1]

由上文还可知，当事人并未到晋国参加诉讼，而是晋国派士荣作为法官到卫国去听讼，"大士"亦就是周礼"士师"之谓。结果卫侯败诉不服，竟然对另一方当事人的代理人"针庄子"施以刖刑，并杀掉了法官士荣。晋国遂将卫侯抓到京师囚禁起来。这是双方当事人都是一国的情形，而双方当事人是两个诸侯国时，同样会找大国来听断，而非至周王室，譬如：

> "楚子反救郑，郑伯与许男讼焉。皇戌摄郑伯之辞，子反不能决也，曰：'君若辱在寡君，寡君与其二三臣共听两君之所欲，成其可知也。不然，侧不足以知二国之成。'"[2]

这是郑国国君和许国国君发生诉讼，发生在鲁成公四年（前587年），是由楚国执政子反来加以处理的，不过并没有最终了结此案，于是第二年，讼事又起：

> "许灵公愬郑伯于楚。六月，郑悼公如楚，讼，不胜。楚人执皇戌及子国。"[3]

由此看来，第一次讼争当在郑国国内，郑伯派其大夫皇戌代理他出庭，

---

[1] 《左传·僖公二十八年》。
[2] 《左传·成公四年》。
[3] 《左传·成公五年》。

皇戎能言善辩，审判地点又在郑国境内，是以楚国执政子反不能决。于是才有第二年许灵公赴楚国起诉之举，控告郑悼公侵犯许国，郑悼公作为被告亦赴楚国应诉，结果败诉。为了让郑悼公执行判决，楚国扣押了郑国大夫皇戎和郑国公族子国。郑悼公回国后派公子偃向另一个霸主晋国请求讲和，最后在晋国的调解下，此案才告终结。

而随着内轻外重之局面的形成，连周王室与诸侯的诉讼，或者周王室内部的争讼往往也要到诸侯国去寻求解决，或者诸侯派人至王室来听讼。这类事件比比皆是：

"周公将与王孙苏讼于晋，王叛王孙苏，而使尹氏与聃启讼周公于晋。赵宣子平王室而复之。"[1]（前613年）

"晋郤至与周争鄇田，王命刘康公、单襄公讼诸晋。"[2]（前580年）

"王使王叔陈生诉㹁于晋。"[3]（前568年）

从诸侯讼争不赴周室而请大国来裁决，到王室争讼也得求助于大国，亦可见西周宗法制度的衰弱，这是春秋在诉讼程序上和西周最大的区别。

至于案件的审判程序，因现存案例过于简练，且集中于贵族阶层的诉讼，故而我们无从得知具体细节。不过从零星的记载上考察，基本上延续西周的程序，当然亦时有突破。

我们且来看一个案件的判决，即"晋惠公杀庆郑案"。晋惠公即公子夷吾，在晋国骊姬之乱时，出奔外国，后得秦穆公之力，回国即位。但晋惠公以怨报德，不仅不按照原先和穆公的约定给予后者五座城池，且在秦国遭遇饥荒前来借粮之际断然拒绝，终于招致秦国的报复。惠公六年（前645年），秦师伐晋。当时晋惠公问大夫庆郑该如何御敌，庆郑因为当年积极劝谏惠公对秦履约、借粮而屡遭拒绝，心有所怨，故表现消极，惠公由此对庆郑产生芥蒂。惠公随后披挂上阵，在韩原这个地方抵御秦军，结果大败，惠公逃跑时要求乘坐庆郑之车，庆郑以惠公忘善背德、亲小人远贤臣为理由，拒绝载惠公逃跑。且在战场看到晋将梁由靡和韩简快追堵上秦穆公时，又让他们放

---

〔1〕《左传·文公十四年》。
〔2〕《左传·成公十一年》。
〔3〕《左传·襄公五年》。

走秦穆公。终于导致最后惠公被秦军俘虏。后来经晋国的外交斡旋，以晋太子为质于秦国，以及在秦国的士大夫劝说之下，穆公放惠公回国继续当国君。以下所引的内容就是在惠公从秦国返国的过程中以及回国后，晋惠公及大臣们讨论庆郑罪刑的过程以及庆郑自己的答辩之辞：

"惠公未至，蛾析谓庆郑曰：'君之止，子之罪也。今君将来，子何俟？'庆郑曰：'郑也闻之曰：军败，死之；将止，死之。二者不行，又重之以误人，而丧其君，有大罪三，将安适？君若来，将待刑以快君志；君若不来，将独伐秦。不得君，必死之。此所以待也。臣得其志，而使君瞢，是犯也。君行犯，犹失其国，而况臣乎？'

公至于绛郊，闻庆郑止，使家仆徒召之，曰：'郑也有罪，犹在乎？'

庆郑曰：'臣怨君始入而报德，不降；降而听谏，不战；战而用良，不败。既败而诛，又失有罪，不可以封国。臣是以待即刑，以成君政。'

君曰：'刑之！'

庆郑曰：'下有直言，臣之行也；上有直刑，君之明也。臣行君明，国之利也。君虽弗刑，必自杀也？'

蛾析曰：'臣闻奔刑之臣，不若赦之以报雠。君盍赦之，以报于秦？'

梁由靡曰：'不可。我能行之，秦岂不能？且战不胜，而报之以贼，不武；出战不克，入处不安，不智；成而反之，不信；失刑乱政，不威。出不能用，入不能治，败国且杀孺子，不若刑之。'

君曰：'斩郑，无使自杀！'

家仆徒曰：'有君不忌，有臣死刑，其闻贤于刑之。'

梁由靡曰：'夫君政刑，是以治民。不闻命而擅进退，犯政也；快意而丧君，犯刑也。郑也贼而乱国，不可失也！且战而自退，退而自杀；臣得其志，君失其刑，后不可用也。'

君令司马说刑之。司马说进三军之士而数庆郑曰：'夫韩之誓曰：失次犯令，死；将止不面夷，死；伪言误众，死。今郑失次犯令，而罪一也；郑擅进退，而罪二也；女误梁由靡，使失秦公，而罪三也；君亲止，女不面夷，而罪四也；郑也就刑！'

庆郑曰：'说，三军之士皆在，有人能坐待刑，而不能面夷？趣行事乎！'

丁丑，斩庆郑，乃入绛。"〔1〕

由上文来看，庆郑算得上是一个骨鲠之臣，但有任气使性之处，最终在战场上置国君安危于不顾，终致国君被秦国俘虏。过后认识到自己的罪行，但不愿背负畏罪自杀的名声，所以等待判决。因为庆郑为晋国大夫，按照《周礼·秋官·大司寇》"凡卿大夫之狱讼，以邦法断之"，又"邦法，八法也。以八法待官府之治。"〔2〕而所谓"八法"，此即《周礼·秋官·小司寇》所称的：

"以八辟丽邦法，附刑罚：一曰议亲之辟，二曰议故之辟，三曰议贤之辟，四曰议能之辟，五曰议功之辟，六曰议贵之辟，七曰议勤之辟，八曰议宾之辟。"〔3〕

庆郑有德有行，自属于"议贤"之列。所以尽管在庆郑自陈其罪而惠公命令"刑之"，且庆郑表示即便国君不下死刑命令自己也会自杀之后，大臣们仍有一番"议"的过程，这似乎可反映《周礼》"八辟"的情形。首先是大臣蛾析认为既然庆郑已经认罪，不如赦其一死，让他为报秦仇效力，戴罪立功。大将梁由靡则否定了蛾析的建议，认为这样处置是"不武、不智、不信、不威"之举，败坏国家，且会危及太子的性命，不如杀掉庆郑。惠公遂又下令杀庆郑，特别提出不让庆郑自杀。家徒仆此时发言，认为国君不计前嫌，大臣不畏刑罚，都会留下令名，比真正处死刑要好，实际上是委婉地建议国君赦免庆郑。梁由靡再次发言，坚持己见，认为庆郑在战场上擅自进退，违反了军纪；图一己之快而见君不救，触犯了刑律。如果任其自杀，不明正典刑，是任私意而废公刑。于是晋惠公令司马说来对庆郑执行死刑。司马乃官职，说为其名，因庆郑同时违反军纪，且在阵前，故由司马说来行刑。司马说在阵前又明确地列出了庆郑所犯的罪行：第一，不守军事秩序，违反军纪；第二，在战时擅自进退；第三，误导战友作战，而使敌人逃脱；第四，国君被俘，自己却毫发无损；这四项有一项都是死罪，何况庆郑四项都有，所以

---

〔1〕《国语》卷九"晋语三"。

〔2〕转引自（清）孙诒让：《周礼正义》（第 11 册），王文锦、陈玉霞点校，中华书局 1987 年版，第 2756 页。

〔3〕《周礼·秋官·小司寇》。

必须对庆郑执行死刑。司马说这样的做法，非常类似于《周礼》中"读书则用法"[1]的规定，即宣读判决，并明定刑罚。

庆郑最后的表现，也堪称的上骨鲠之臣的典范，认为自己既然能够坐以待毙，还怕割破脸颊吗，快执行吧。由此我们也可推测，在处死刑之前，有可能还要先对庆郑处以"面夷"[2]的行为，以示刑辱。到丁丑这天，庆郑被斩首，惠公才进入都城绛。

大概庆郑内心中也有矛盾之处，庆郑本质上认为自己是直言直行的忠臣，虽有大过，在认罪服法后，按照西周"八议"之法，也许会被国君赦免或者轻判，最不济也会允许自己自裁，既保留全尸，还能留下很好的名誉。但是他碰到是日趋"法家化"的时势和忌刻偏狭的晋惠公，所以最终还是免不了身首异处。

由这一案件的审判，我们既可以看出春秋所继承的西周司法程序的特色，如"八辟""读书用法"等规定，又可看出其对西周制度的突破，比如按西周制度"唯王之同族与有爵者，杀之于甸师氏"[3]，且"磬于甸人"[4]，庆郑作为"有爵者"，应该在秘密的地方被处死，且应该以缢杀的方法执行，以留全尸，并保体面。但是现在是在阵前这种公开场合被处死，且被斩首，此前可能还要经过刑辱（面夷）的过程。

从其他相关材料中，同样可以看到春秋诉讼审判这种新旧杂陈的情形。继承旧法者，如西周"凡命夫命妇不躬坐狱讼"的规定，春秋亦行用。

如前述"卫侯与元咺讼，宁武子为辅，针庄子为坐，士荣为大士……"[5]中，卫侯和元咺都没有出庭，前者派宁武子代理，后者则派针庄子代理。又如前述王叔陈生与伯舆争政，也各派其代理人，分别由王叔之宰与瑕禽代理。晋士匄听之。[6]再如前述郑伯与许男争讼中，"皇戌摄郑伯之辞"[7]，皇戌

---

[1] 《周礼·秋官·小司寇》。

[2] "面夷"，直接为"面部受伤"，但据庆郑后文"而不能面夷"之说，"面夷"也可能为一种行为，或者为当时的一种习惯法，如果国君被俘，臣下应自己划破脸颊，以表自责或者表示与敌酋斗争到底的决心。这只是一种推测，待考。

[3] 《周礼·秋官·掌戮》。

[4] 《礼记·文王世子》。

[5] 《左传·僖公二十八年》。

[6] 参见《左传·襄公五年》。

[7] 《左传·成公四年》。

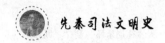

为郑伯的诉讼代理人。

可见这种情况为春秋诉讼审判中的普遍现象。

至于改变旧法，运用新的程序，也所在多有。如鲁襄公十九年（前 554 年），齐国的太子光杀死了其父亲齐灵公的宠姬戎子，并将之曝尸于朝堂之上，《左传》对此事评曰：

> "非礼也，妇人无刑。虽有刑，不在朝市"[1]

这是一个典型违反周礼的行为，再来看一个案例：

> "四年，诸侯会于鸡丘，魏绛为中军司马，公子扬干乱行于曲梁，魏绛斩其仆。公谓羊舌赤曰：'寡人属诸侯，魏绛戮寡人之弟，为我勿失。'赤对曰：'臣闻绛之志，有事不避难，有罪不避刑，其将来辞。'言终，魏绛至，授仆人书而伏剑。士鲂、张老交止之。仆人授公，公读书曰：'臣诛于扬干，不忘其死。日君乏使，使臣狙中军之司马。臣闻师众以顺为武，军事有死无犯为敬，君合诸侯，臣敢不敬，君不说，请死之。'公跣而出，曰：'寡人之言，兄弟之礼也。子之诛，军旅之事也，请无重寡人之过。'反役，与之礼食，令之佐新军。"[2]

此事发生于鲁襄公四年（晋悼公四年，前 569 年），晋国的魏绛为中军司马，有执军法之责。晋悼公的弟弟扬干扰乱军纪，魏绛诛杀扬干的仆从，悼公认为魏绛此举侮辱了其弟扬干，等于侮辱了国君，要降罪于魏绛。魏绛不辟刑罚，上书自陈，并要自裁。悼公读魏绛书后反省，赦魏绛罪，并提拔了他。这个案例本身没有什么特别之处，唯独我们要注意的，就是魏绛在处罚公族上没有任何犹豫，丝毫体现不出"刑不上大夫"的西周风气，反而更类似于后来申商法家"一断以刑"的做法，由此可见春秋晚期法家式司法作风，这也是后来战国司法之于春秋最大的变化。

（三）执行制度

春秋时期的司法执行，主要是各种刑罚措施的施行，大致有以下种类：

---

[1]《左传·襄公十九年》。
[2]《国语》卷十三"晋语七"。

1. 死刑

死刑的执行方法多样，常用者为斩、缢（绞），对罪大恶极者则还处以"轘"（车裂）刑。在《左传》中，"杀"通常为"斩"，一般是身首异处。而"绞"，春秋时常称"缢"，即用绳索勒死。对于王公及上层贵族，则往往会令其自缢，而对于下层贵族，如下卿，则往往绞死（即缢杀）[1]。如：

"十四年春，孔达缢而死。"[2]（卫国，前 595 年）

郑国公孙黑作乱，子产劝其自缢以保全族，公孙黑于"七月壬寅，缢。尸诸周氏之衢，加木焉。"[3]（郑国，前 540 年）

"若其有罪，绞缢以戮，桐棺三寸，不设属辟，素车朴马，无入于兆，下卿之罚也。"[4]（晋国，前 493 年）

春秋时，对罪大恶极者还会处以"轘"（车裂）刑，如：

"冬，楚子为陈夏氏乱故，伐陈。谓陈人无动，将讨于少西氏。遂入陈，杀夏征舒，轘诸栗门，因县陈。"[5]（楚国，前 589 年）

"王遂杀子南于朝，轘观起于四竟。"[6]（楚国，前 551 年）

2. 肉刑

春秋时延续了此前的肉刑。首先是墨刑，按《国语·鲁语上》所载，墨刑的执行方法是"其次用钻凿"，即在脸上刻字涂墨。其次是劓刑，即割鼻，如：

"公子弃疾为司马，先除王宫。使观从从师于乾溪，而遂告之，且曰：'先归复所，后者劓。'师及訾梁而溃。"[7]（楚国，前 529 年）

---

〔1〕 所谓"绞带者，绳带也，此以绞缢为下卿之罚，当为周制。春秋时，如鲁杀成得臣、公子侧，亦皆自死，始即此制也。"参见《仪礼·丧服》。

〔2〕《左传·宣公十四年》。

〔3〕《左传·昭公二年》。

〔4〕《左传·哀公二年》。

〔5〕《左传·宣公十一年》。

〔6〕《左传·襄公二十二年》。

〔7〕《左传·昭公十三年》。

这是在军法上运用劓刑之例。再次是刖刑，即砍掉脚掌，《左传》中关于
刖刑的记载非常多，比如：

"郑伯治与于雍纠之乱者。九月，杀公子阏，刖强鉏。"[1]（郑国，前678
年）

"初，鬻拳强谏楚子，楚子弗从，临之以兵，惧而从之。鬻拳曰：'吾惧
君以兵，罪莫大焉。'遂自刖也。楚人以为大阍，谓之大伯，使其后掌之。君
子曰：'鬻拳可谓爱君矣，谏以自纳于刑，刑犹不忘纳君于善。'"[2]（楚国，
前675年）

"卫侯不胜。杀士荣，刖针庄子"[3]（卫国，前632年）

"齐懿公之为公子也，与邴歜之父争田，弗胜。及即位，乃掘而刖之，而
使歜仆。（齐国，前609年）[4]

"公曰：'何贵何贱?'于是景公繁于刑，有鬻踊者。故对曰：'踊贵屦
贱。'既已告于君，故与叔向语而称之。"[5]（齐国，前539年）

根据以上第二条记载，鬻拳因为劝说楚王未果，自己把脚砍了下来，而
"楚人以为大阍"，"大阍"即大殿、园囿之守门人，可见春秋延续《周礼·
秋官·掌戮》"刖者使守囿"的做法。而最后一条语句中虽无"刖"字，然
所谓"踊贵屦贱"者，实反映齐景公时刖刑的盛行。杨伯峻先生对此句释曰：
"屦，麻或革所制之鞋。踊，脚被断者所用，一说为假足，一说为挟持之杖，
此言被刑者之多。"[6]"踊贵屦贱"这一典故后来也被韩非子收录于其著作
中。[7]从中亦可见春秋时刖刑的执行是砍掉脚掌，然后用"踊"包住脚踝代
替常人之鞋。

最后是宫刑，《左传》载有：

---

[1]《左传·庄公十六年》。
[2]《左传·庄公十九年》。
[3]《左传·僖公二十八年》。
[4]《左传·文公十八年》。
[5]《左传·昭公三年》。
[6] 杨伯峻编著：《春秋左传注（修订本）》（4），中华书局1990年版，第1236页。
[7] 参见《韩非子·难二》。

"行者甚众，岂唯刑臣"〔1〕（晋国，前636年）

"寺人"，即"阍市"之人，在宫殿中服役。"刑臣"，乃"刑余之臣"，指受宫刑之人。我们从中亦可见春秋延续西周"宫者使守内"的做法。

3. 徒刑

徒刑，为自由刑，是将犯人囚禁并令其服苦役之刑，有时还要戴上桎、梏等械具，《左传》中徒刑监禁的情形也所在多有：

"三十年春，王命虢公讨樊皮。夏四月丙辰，虢公入樊，执樊仲皮，归于京师。楚公子元归自伐郑，而处王宫，斗射师谏，则执而梏之。"〔2〕（周王室，前664年）

"冬，楚人伐郑，斗章囚郑聃伯。"〔3〕（楚国，前658年）

"公子（重耳）惧，降服而囚。"〔4〕（秦国，前637年）

"楚……囚晋解扬。"〔5〕（楚国，前607年）

"秋，楚子重伐郑，师于氾。诸侯救郑。郑共仲、侯羽军楚师，囚郧公钟仪，献诸晋。"〔6〕（郑国，前584年）

"晋侯观于军府，见钟仪，问之曰：'南冠而絷者，谁也？'有司对曰：'郑人所献楚囚也。"〔7〕（晋国，前582年）

"使胡姬以安孺子如赖。去鬻姒，杀王甲，拘江说，囚王豹于句窦之丘。"〔8〕（齐国，前489年）

当然，由于《左传》所载，多为王侯将相之事迹，以上徒刑中，被囚者都是贵族或者大臣，且除郧公钟仪的囚禁时间为三年能够确定外，其余徒刑期限，殊不可知。且此类徒刑，不具有典型性。但从中亦可反映，春秋时徒刑为最常用的刑罚之一。

---

〔1〕《左传·僖公二十四年》。
〔2〕《左传·庄公三十年》。
〔3〕《左传·僖公二年》。
〔4〕《左传·僖公二十三年》。
〔5〕《左传·宣公二年》。
〔6〕《左传·成公七年》。
〔7〕《左传·成公九年》。
〔8〕《左传·哀公六年》。

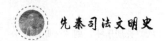

4. 身份刑

身份刑即没为官奴婢之刑。与西周相同，春秋时官奴婢除来源于战争俘虏外，大量的是由刑徒转来的。如春秋齐灵公时期的鼎彝"叔夷镈"中，即可见：

"余命女（汝）嗣（司）辝（台）鄭逎。或徒四千，为女（汝）敔（隶）寮。"〔1〕

此语即是当时的国君齐灵公，任命叔夷为"司台"之职，并将"或徒四千"，充作其手下的奴婢。"或徒"一词并无确解，但可以肯定的是，此为一类刑徒，并且作为官奴婢供叔夷差遣。

当然，即便沦为官奴婢，如果有立功的表现，也能实现"人格升等"，摆脱"隶籍"。如晋国斐豹之例：

"初，斐豹，隶也，着于丹书。栾氏之力臣曰督戎，国人惧之。斐豹谓宣子曰：'苟焚丹书，我杀督戎。'宣子喜，曰：'而杀之，所不请于君焚丹书者，有如日！'"〔2〕

此事发生于鲁襄公二十三年（前550年），晋国贵族宣子想铲除另一派贵族栾氏的势力，无奈栾氏一方有一个强悍的人物督戎，另晋国全国都害怕。此时身为奴婢的斐豹站出来，提出自己可以去帮范宣子杀掉督戎，条件是范宣子将他从"隶籍"中解放出来，即摆脱奴婢的身份。所谓"丹书"，字面意思是红色的本子，而"斐豹，隶也，着于丹书"，指的就是斐豹的奴隶身份，纪录在丹书上。由此可见"丹书"即"隶籍"纪录，有点类似于明清时期登记隶籍的"红契"。可见春秋时期已经有相对完整的隶籍管理制度，一旦从"丹书"中除名，奴婢就恢复了自由。无独有偶，鲁哀公二年（前493年），赵简子率军作战时，在阵前发出宣誓：

---

〔1〕 铭文选自马承源主编：《商周青铜器铭文选》（第4卷），文物出版社1990年版，第540页。
〔2〕 《左传·襄公二十三年》。

"克敌者……庶人工商遂，人臣隶圉免。"[1]

这也就是说，如果奴婢在战争中能够克敌，那么就能从奴婢身份中豁免出来，重新获得自由。这从反面说明了春秋时期身份刑的存在。

5. 其他刑罚

在叙述春秋时期的史籍中，还可以看到其他刑罚，比如放逐刑，既可能出自政治斗争的需要，也可能作为死刑的替代，如：

"夏，卫侯入，放公子黔牟于周，放宁跪于秦。"[2]（卫国，前688年）

"秋七月壬寅，刖鲍牵而逐高无咎。"[3]（齐国，前574年）

"君曰：'余不女忍杀，宥女以远'……五月庚辰，郑放游楚于吴。"[4]（郑国，前541年）

此外，尚有一些刑罚，于军事场合中常见，比如割耳（馘）、鞭、贯耳等，如：

"子般怒，使鞭之。"[5]（楚国，前662年）

"子玉复治兵于蒍，终日而毕，鞭七人，贯三人耳。"[6]（楚国，前633年）

"秋七月丙申，振旅，恺以入于晋、献俘授馘饮至大赏，征会讨贰。"[7]（晋国，前632年）

以上乃刑罚执行情形，与西周一样，除执行刑罚之外，也有采用和解、调解的办法结案的，此时，就不需要执行刑罚，如《荀子》所载：

"孔子为鲁司寇，有父子讼者，孔子拘之，三月不别。其父请止，孔子舍

---

〔1〕《左传·哀公二年》。
〔2〕《左传·庄公六年》。
〔3〕《左传·成公十七年》。
〔4〕《左传·昭公元年》。
〔5〕《左传·庄公三十二年》。
〔6〕《左传·僖公二十七年》。
〔7〕《左传·僖公二十八年》。

之……孔子慨然叹曰：'呜呼！上失之，下杀之，其可乎！不教其民而听其狱，杀不辜也。三军大败，不可斩也；狱犴不治，不可刑也，罪不在民故也……《书》曰：'义刑义杀……言先教也。'"〔1〕

此段文字来源于战国末期的荀子所著书中，《孔子家语》亦有记载，文字与此相仿，疑是直接来源于前者。〔2〕《孔子家语》历史上长期以为是魏晋时期王肃所编的伪书，可毋置论。但《荀子》此篇真伪难辨，有学者认为："可能是荀况或他的弟子在游说、讲学、写作时引用过的一些资料，经后人加工整理而成，因此，也杂入了后人的一些观点。"〔3〕上节所述思想，确是和孔子本人是一致的，孔子本人说过：

"听讼，吾犹人也，必也使无讼乎。"〔4〕

在这样的指导思想下，孔子采用这种令其和解的方法来结案，是完全可能的。当然，荀子书中"援引"或者"创造"这则典故，本不在于表彰孔子，而在给自己"先教后刑，义刑义杀"的思想提供论据。但即便这个故事完全来自荀子的虚构，春秋时期用和解或调解的方法来结束司法程序的，也有诸多实例可循，比如前述"许灵公诉郑伯于楚"一案，就是经晋国调解结案的。这也并非春秋时期的发明，而是有其长久的历史渊源的。

至于司法时令的问题，时人有云：

"古之治民者，劝赏而畏刑，恤民不倦，赏以春夏，刑以秋冬。"〔5〕

按照礼制似乎应该秋冬行刑，但是《左传》中，春夏行刑之例比比皆是："春……祭仲专，郑伯患之，使其婿雍纠杀之。"〔6〕（郑国，前697年）

---

〔1〕《荀子·宥坐》。

〔2〕《孔子家语·始诛》。

〔3〕（战国）荀况著，北京大学《荀子》注释组注释：《荀子新注》，中华书局1979年版，第475页。

〔4〕《论语·颜渊》。

〔5〕《左传·襄公二十六年》。

〔6〕《左传·桓公十五年》。

"夏……齐人杀彭生。"[1]（齐国，前 694 年）

"六月……（郑）厉公入，遂杀傅瑕。"[2]（郑国，前 680 年）

"夏……郑杀申侯以说于齐。"[3]（郑国，前 653 年）

"夏……晋杀其大夫里克。"[4]（晋国，前 650 年）

"三月……（晋文）杀颠颉以徇于师。"[5]（晋国，前 632 年）

"五月……（楚）杀斗宜申及仲归。"[6]（楚国，前 617 年）

"夏……晋杀其大夫赵同、赵括。"[7]（晋国，前 583 年）

"十有八年春王正月，……齐杀其大夫国佐。"[8]（齐国，前 573 年）

"夏五月，子尾杀闾丘婴，以说于我师。"[9]（齐国，前 542 年）

"夏……楚子谓成虎，若敖之余也，遂杀之。"[10]（楚国，前 530 年）

"春，王人杀子朝于楚。"[11]（楚国，前 505 年）

"春，宋杀皇瑗。"[12]（宋国，前 477 年）

经过学者统计，"《左传》中明确指出行刑季节何月份的案例共 113 件，其中春夏刑杀者 61 件，占 54.8%，秋冬刑杀者为 52 件，占 45.2%。"[13]当然，《左传》所记载者，均是贵族被处死之例。对一般平民的刑杀时令，限于资料匮乏，无法统计。但即便就以上贵族处刑时令计，"秋冬行刑"的古训，也远未被遵守。这种执法上遵循司法时令的观念，至少要到西汉中期，"天人合一"思想成为正统之后，才可能成为司法执行需要遵守的原则。此后历朝法典中规定的"停刑日"，明清时期的"朝审""秋审"，正是对这一原则的

---

[1]　《左传·桓公十八年》。

[2]　《左传·庄公十四年》。

[3]　《左传·僖公七年》。

[4]　《左传·僖公十年》。

[5]　《左传·僖公二十八年》。

[6]　《左传·文公十年》。

[7]　《左传·成公八年》。

[8]　《左传·成公十八年》。

[9]　《左传·襄公三十一年》。

[10]　《左传·昭公十二年》。

[11]　《左传·定公五年》。

[12]　《左传·哀公十八年》。

[13]　徐鸿修："西周贵族法规研究"，载徐鸿修：《先秦史研究》，山东大学出版社 2002 年版，第 200 页。

制度化。当然，对于有可能影响到帝国统治以及百姓安全的穷凶极恶的犯罪，历代都不会受司法时令的影响，正所谓司法需要遵循"天理""国法""人情"，三者需相统一，如果犯罪人所犯之罪已经"悖伦逆天"，那么同样依据"天理"，即便其身处"停刑日"，也不妨碍对其的执行。诚如学者所论："即使违背自然主义原则而在停刑日执行刑罚，也比耽延对其处理更加合乎天理。"[1]但尽管存在大量的例外情形，司法时令作为一项执行原则，始终为传统法所承认，体现了传统中国特有的宇宙世界观和人文道德观。

第三节　战国"法家式"司法文明的确立

虽然春秋和战国同属于"礼崩乐坏"的时代，但两者还是有很大区别的，诚如顾炎武先生所述："春秋时犹尊礼重信，而七国绝不言礼与信矣；春秋时犹宗周王，而七国时绝不言王矣；春秋时犹严祭祀、重聘享，而七国则无其事矣；春秋时犹论宗族氏族，而七国时则无一言及之矣；春秋时犹宴会赋诗，而七国则不闻矣；春秋时犹有赴告策书，而七国则无有矣。"[2]故战国时期的形势，较之春秋时期更为紧张，竞争更为激烈，各国为了在竞争中取得优势，纷纷展开了较之春秋时期更大规模的变法，在春秋尚有很大市场的周礼，到战国基本上被抛弃，列国都在追求一种效率更高、治理效果更为明显的统治方法，"法治"逐渐成为各国的手段和目标。在司法上，最终"一断以法"，成为列国共同的选择。所以战国时期司法文明最典型的特征，就是"法家式"司法文明的确立。所谓"法家式"司法文明，就是以法家司法思想为指导，运用法家创立的司法制度，并主要由法家人物来主导司法的文明形态。

一、战国时期的司法思想

按照孟子（前 372 年～前 289 年）的说法，在战国初期，当时思想界的显学是杨朱之学和墨家之学，即所谓"天下之言，不归杨，则归墨"[3]。杨

---

〔1〕［美］D·布迪、C·莫里斯：《中华帝国的法律》，朱勇译，江苏人民出版社 1995 年版，第 35 页。

〔2〕（清）顾炎武：《日知录》"周末风俗"条，参见（清）顾炎武著，（清）黄汝成集释：《日知录集释》，栾保群、吕宗力校点，花山文艺出版社 1990 年版，第 585 页。

〔3〕《孟子·滕文公下》。

即杨朱（约前 450 年~前 370 年），是道家贵己学派的代表，其思想核心主张为"贵己""重生""拔一毛而利天下，不为也"[1]，墨即墨家学派创始人墨翟（约前 468 年~前 376 年），其思想主旨已如上述。孟子对他们思想的总结是：

> "杨子取为我，拔一毛而利天下，不为也。墨子兼爱，摩顶放踵利天下，为之。子莫执中。执中为近之。执中无权，犹执一也。所恶执一者，为其贼道也，举一而废百也。"[2]

孟子是站在儒家"中庸"立场上来批判杨、墨两家的，认为这两派学说都在走极端。杨朱是极端的个人主义，完全放弃了拯救世界的责任，太过消极；而墨家则类似狂热的宗教救世军，幻想以一己之力，绕开政府，苦行救世，做法积极却有"僭越"之嫌。所以孟子最后批判道：

> "杨氏为我，是无君也；墨氏兼爱，是无父也。无父无君，是禽兽也！"[3]

因此孟子为"正人心，息邪说，距诐行，放淫辞"[4]，而与这两派显学展开论辩，而从孟子的行为来看，他所坚持的价值观是"穷则独善其身，达则兼善天下"[5]，且作为君子，更不能放弃自己的社会责任，故不能像杨朱那样。但是要兼善天下，也不能像墨子那样摩顶放踵，那是"举一而废百"，正确的做法应该是说服君主行"王道"，施"仁政"，"格君心之非"，最终"一正君而国定矣"。[6]孟子将"定于一"的思想寄托在明君身上，这成为战国时期各派的主流政治法律思想。但是孟子"格君心之非"，则并不为当时诸侯所接受，且孟子关于国家和君主的关系的论述，如"民为贵，社稷次之，君

---

[1]　关于杨朱的思想学说，参见《列子·杨朱》一篇，虽然《列子》被公认为伪书，但其中所示杨朱言论却是符合道家贵己一派的思想的。

[2]　《孟子·尽心上》。

[3]　《孟子·滕文公下》。

[4]　《孟子·滕文公下》。

[5]　《孟子·尽心上》。

[6]　《孟子·离娄上》。

为轻"[1]、"闻诛一夫纣矣,未闻弑君也"[2]等,更带有强烈的前卫色彩,为试图强化专制的君主所忌惮。[3]所以虽然孟子辩才无碍,行事高蹈,却屡屡碰壁。这从反面也揭示了孟子时代杨墨之徒风行天下的原因,即孟子所言的"世衰道微……圣王不作,诸侯放恣"[4],"放辟邪侈,无不为己"[5],在这"仁义充塞,率兽食人"的时代,有些人选择逃避,以全真保生为寄托,杨朱思想就成了其精神支柱;有人选择抱团取暖,于是归于墨。

但随着各诸侯国变法的深入,至战国中期,各国公族势力都趋于式微,君主专制统治陆续在各国得以确立,且统一隐然成为历史的趋势。时代呼唤一种能够服务于统一大业,能为君主专制辩护,且能给国家竞争提供现实指导的思想出现。于是在思想界中,无论是早期的杨、墨,还是孟子以及和孟子同一时代的庄子(约前369年~前286年),其思想都逐渐被边缘。而带有强烈功利主义色彩的法家思想,真正脱颖而出,大放异彩。到战国后期,一家独大,至秦统一,"以法为教,以吏为师",最终实现了思想的"定于一"。

法家思想内涵丰富,其法律思想概要上文已述,本节我们单述其中的司法部分,以法家政治家商鞅、儒家思想家荀况、法家思想家韩非的思想为代表。虽杂有儒家主张,但整体看,战国时主流司法思想,都是"法家式"的,其中核心的观念或主张,主要有以下三者:

(一)一秉至公,一断以法

战国时期,各国变法一个共同的趋势,就是抑制旧公族的势力,强化君主个人的专制。原来的贵族政治,逐渐为专制官僚制所取代。[6]商鞅(前395年~前338年)在秦国的第一次变法活动中(前356年),就明确废除旧

---

[1]《孟子·尽心下》。

[2]《孟子·梁惠王下》。

[3] 更明显的例子出自《孟子·万章下》中孟子与齐宣王的一段对话中:"齐宣王问卿。孟子曰:'王何卿之问也?'王曰:'卿不同乎?'曰:'不同。有贵戚之卿,有异姓之卿。'王曰:'请问贵戚之卿。'曰:'君有大过则谏,反复之而不听,则易位。'王勃然变乎色。曰:'王勿异也。王问臣,臣不敢不以正对。'王色定,然后请问异姓之卿。曰:'君有过则谏,反复之而不听,则去。'"这段话中孟子明确主张"暴君放伐"理论,不可能为当时加强集权的君主所认同。

[4]《孟子·滕文公下》。

[5]《孟子·滕文公上》。

[6] 关于贵族制和官僚制在中国的演变,参见王亚南:《中国官僚政治研究》,中国社会科学出版社1981年版,第39~43页。

世卿世禄制，奖励军功，禁止私斗，颁布按军功赏赐的二十等爵制度。[1]这就从法律上标志着亲贵合一的旧宗法制的灭亡，"布衣为卿相"由此成为可能。这种情形客观上也要求君主治国理政，需要遵循公开的法律标准，不得公私不分，更不能因私废公。如与商鞅同时代的另一位法家人物慎到（约前395年~前315年）就曾经说过：

"礼制法籍，所以立公义也。凡立公所以弃私也。"[2]

这就强调了法律作为公义标准的重要性。同样，在司法活动上，战国时期主流的观念，也是强调司法必须一秉至公，一断以法。

先来看商鞅与此相关的思想。[3]商鞅首先强调法律是君臣需要共同遵守的准则，在行政和司法活动中，不能释法任私，以私害法，否则法律和君主本人都将失去威信：

"法者，君臣之所共操也……君臣释法任私必乱。故立法明分，而不以私害法，则治。权制独断于君则威。民信其赏，则事功成；信其刑，则奸无端。惟明主爱权重信，而不以私害法。"[4]

接着，商鞅又强调人民之所以会相信法律，甚至为其牺牲，官吏之所以不敢违法，就因为其标准明确，立功受奖，违法受罚，不因私人关系而有变通：

---

　[1]　参见《史记·商君列传》。

　[2]　《慎子·威德》。

　[3]　商鞅的思想主要见于《商君书》，关于《商君书》的真伪，历来也存在争议。但根据《韩非子·五蠹》篇所云"今境内之民皆言治，藏商、管之法者家有之。"是《商君书》在韩非的时代即比较流行。且《韩非子·和氏》《韩非子·奸劫弑臣》《韩非子·内储说上七术》《韩非子·定法》《韩非子·五蠹》等篇，《战国策·秦策一》《战国策·秦策三》《战国策·魏策一》等篇，《史记·秦本纪》《史记·李斯列传》《史记·商君列传》等篇，都有许多文字直接援引或者与《商君书》相似，从这些秦汉间的篇章大量援引《商君书》来看，说《商君书》为伪，实过武断。笔者同意这样的看法，《商君书》主要由商鞅所作，在流传过程中，掺杂有后人的议论或加工，这是先秦古籍流传的常态，比如《荀子》一书，亦可作如是观。但即便如此，整部《商君书》中的思想是和商鞅本人思想若合符节的。

　[4]　《商君书·修权》。

"夫民之从事死制也，以上之设荣名、置赏罚之明也，不用辩说私门而功立矣。"[1]

"靳令，则治不留；法平，则吏无奸。法已定矣，不以善言害法。"[2]

所以，归结到最后，司法必须秉公处断，而秉公处断则要以反映公义的法律为标准，这就是商鞅特别强调的"一断以法"：

"故明主慎法制。言不中法者，不听也；行不中法者，不高也；事不中法者，不为也。言中法，则辩之；行中法，则高之；事中法，则为之。故国治而地广，兵强而主尊，此治之至也。人君者不可不察也。"[3]

"一断以法"，本来是针对旧贵族凭借身份干涉政务，任意司法而提出来的，对于排除司法的随意性，保证司法活动的公平，具有重大意义，但是这一思想后来被绝对化，排斥了司法过程中其他法律渊源的适用，机械司法的结果，导致秦国后来不得不大量立法，最终秦法"密于凝脂，繁于秋荼"，又实在是商鞅所始料未及的。

再来看稍后的儒家思想家荀子（前313年~前238年）与此有关的思想。如前所述，荀子侧重于儒家"外王"一派，强调"治之经，礼与刑"[4]，他常常将"隆礼"与"重法"并举，如：

"隆礼至法则国有常。"[5]
"隆礼尊贤而王，重法爱民而霸。"[6]

荀子追求的"王道"理想，和孔孟是一致的，但是手段则异于后两者。孔孟是批判霸道的，而荀子却将"霸道"作为实现"王道"的一个中间阶段。在无法一步达成"王道"时，不妨由"霸"而"王"。所以在荀子看来，"隆礼"是经，而"重法"是权，关键是看何者能对规范社会秩序有用。这

---

〔1〕《商君书·壹言》。

〔2〕《商君书·靳令》。

〔3〕《商君书·君臣》。

〔4〕《荀子·成相》。

〔5〕《荀子·君道》。

〔6〕《荀子·强国》，另见《荀子·天论》《荀子·大略》篇，文字相同。

是荀子和孟子思想一个很大的不同。某种程度上荀子思想带有"实验主义"的味道，如他批判孟子：

"今孟子曰人之性善，无辨合符验。"〔1〕

"辨合符验"就是要能够用实验来证明，在荀子看来，能够用实践证明成功的理论，才是真理。而在荀子之世，在他眼中最为成功的国家就是商鞅变法之后的秦国，秦国区别于各国最大的特点就是国家"重法"，全民"守法"〔2〕，尽管秦国离开他理想中的王道还有很大的距离。〔3〕但是不妨先发展到秦国这个步骤，再进而上升到王道。所以荀子思想中带有很强烈的法家色彩，其"重法"的主张也就非常自然了。

荀子重法，同样强调司法要一秉至公、一断以法：

"刑称陈，守其银，下不得用轻私门。罪祸有律，莫得轻重威不分。"〔4〕

"刑政平而百姓归之，礼义备而君子归之。"〔5〕

---

〔1〕《荀子·性恶》。

〔2〕　荀子周游列国，在比较各国兵制时，提到了三个强国：齐国、魏国和秦国，齐国凭借的是先进的军事技术，魏国凭借的是单兵素质较好的步兵，而秦国凭借的是严守军纪的士兵，荀子的结论是齐不如魏，魏不如秦，理由是："秦人其生民郏陋，其使民也酷烈，劫之以埶，隐之以阸，忸之以庆赏，酋之以刑罚，使天下之民，所以要利于上者，非斗无由也。阸而用之，得而后功之，功赏相长也，五甲首而隶五家，是最为众强长久，多地以正，故四世有胜，非幸也，数也。""故齐之技击，不可以遇魏氏之武卒；魏氏之武卒，不可以遇秦之锐士。"参见《荀子·议兵》。这充分说明了荀子肯定法律的力量。

〔3〕　在以上比较齐、魏、秦兵制后，荀子紧接着又提到"秦之锐士，不可以当桓文之节制；桓文之节制，不可以敌汤武之仁义。"参见《荀子·议兵》。可见在荀子看来，"技击""武卒""锐士"最终都是要让位于"节制""仁义"的，而"节制"和"仁义"则属于道德的范畴。但桓文、汤武，在当时的社会而言，只能是理想化的传说。此外，荀子还提到国家确立威权的方式有"道德之威""暴察之威""狂妄之威"，而只有道德之威才能使得国家最终"安强"，而暴察之威只能使得国家免于灭亡，即"危弱"，而狂妄之威，则国家会"灭亡"。所谓道德之威，即仁义治国；暴察之威，即重法治国，即"诛不服也审，其刑罚重而信，其诛杀猛而必"；而狂妄之威，则是君臣凭个人私见治国。参见《荀子·强国》。说明"重法"在荀子的思想序列中，仍是要低于"隆礼"的，不过两害相权取其轻，重法的危害性要小于释法任私，而当时许多国家，恰恰还处于释法任私的情形中。这才是荀子提倡"重法"的观念所在。

〔4〕《荀子·成相》。

〔5〕《荀子·致士》。

"凡议，必将立隆正然后可也，无隆正则是非不分而辨讼不决。"[1]

"刑当罪则威，不当罪则侮。"[2]

上述"不得用轻私门""政刑平""立隆正""刑当罪"等，莫不表明司法要公平、正直、恰当，去私情而扬公义之义。

当然与商鞅有所不同的是，荀子强司法公平的结果外，还看重司法者本身，要求必须要由"君子"来司法：

"故有君子，则法虽省，足以遍矣；无君子，则法虽具，失先后之施，不能应事之变，足以乱矣。不知法之义，而正法之数者，虽博临事必乱。"[3]

"师旅有制，刑法有等，莫不称罪，是君子之所以为憚诡其所敦恶之文也。"[4]

荀子所称的用君子来司法，是不仅要"正法之数"，更要知"法之义"，不能机械执法，而需要真正理解法律所含深意，法致"中和"，才是一秉至公的做法：

"故公平者，听之衡也；中和者，听之绳也。其有法者以法行，无法者以类举，听之尽也。偏党而不经，听之辟也。"[5]

所以荀子的公正司法论中，还带有"法律漏洞技术补充"的意味，所谓"有法者以法行，无法者以类举"，这和后来《唐律疏议》中"举重明轻""举轻明重"的类推原则，颇有几分相似，属于司法过程中"法律论证"的技术。[6]较之商鞅的"一断以法"，具有一定的灵活性。

当然，并不是说荀子推崇用君子来司法，就等于说他对作为司法渊源的

---

〔1〕《荀子·正论》。

〔2〕《荀子·君子》。

〔3〕《荀子·君道》。

〔4〕《荀子·礼论》。

〔5〕《荀子·王制》。

〔6〕荀子在《荀子·大略》篇中，又提到了这一原则，且明确了如何"以类举"，即："有法者以法行，无法者以类举。以其本知其末，以其左知其右，凡百事异理而相守也。庆赏刑罚，通类而后应；政教习俗，相顺而后行。"

法律本身就不重视。相反，他对法律本身的要求还是很高的：

"之所以为布陈于国家刑法者，则举义法也……"〔1〕

也就是说，法律本身必须是"义法"，如此，君子一断以法，才能合乎中道。

最后再来看比荀子稍后的战国法家集大成者的韩非子（约前280年~前233年）在这个问题上的看法。韩非子也是将法律作为立公去私的产物：

"夫立法令者，以废私也。法令行而私道废矣。私者，所以乱法也。"〔2〕

在此前提之下，他提倡守法的重要性，如若有谁违法，当一断以法，无偏无私：

"法不阿贵，绳不挠曲。法之所加，智者弗能辞，勇者弗敢争。刑过不避大臣，赏善不遗匹夫。"〔3〕

"圣人之治也，审于法禁，法禁明著，则官治；必于赏罚，赏罚不阿，则民用。"〔4〕

特别需要注意的是，与商鞅多用酷法刑民不同，韩非子更强调"明主治吏不治民"〔5〕，他吸收了商鞅"法之不行，自上犯之"〔6〕的观念，十分重视对居上位者法律适用的问题，他还借助历史教训，来提醒当政者注意对大臣一断以法的必要性：

"上古之传言，《春秋》所记，犯法为逆以成大奸者，未尝不从尊贵之臣也。而法令之所以备，刑罚之所以诛，常于卑贱，是以其民绝望，无所告愬。大臣比周，蔽上为一，阴相善而阳相恶，以示无私，相为耳目，以候主隙，

---

〔1〕《荀子·王霸》。
〔2〕《韩非子·诡使》。
〔3〕《韩非子·有度》。
〔4〕《韩非子·六反》。
〔5〕《韩非子·外储说右下》。
〔6〕《史记·商君列传》。

人主掩蔽，无道得闻，有主名而无实，臣专法而行之，周天子是也。偏借其权势，则上下易位矣！"〔1〕

一秉至公，一断以法，在韩非看来，最后以达致公平，罪刑相应为归宿，亦即：

"饬令，则法不迁；法平，则吏无奸。法已定矣，不以善言害法。"〔2〕

"据法直言，名刑相当，循绳墨，诛奸人，所以为上治也……"〔3〕

那么如果司法官员"不以善言售法"，对违法者一断以法，会不会招致违法者的怨恨乃至报复呢，韩非子还专门用一则典故来回答这个问题：

"孔子相卫，弟子子皋为狱吏，刖人足，所跀者守门。人有恶孔子于卫君者，曰：'尼欲作乱。'卫君欲执孔子。孔子走，弟子皆逃。子皋从出门，跀危引之而逃之门下室中，吏追不得。夜半，子皋问跀危曰：'吾不能亏主之法令而亲跀子之足，是子报仇之时，而子何故乃肯逃我？我何以得此于子？'跀危曰：'吾断足也，固吾罪当之，不可奈何。然方公之狱治臣也，公倾侧法令，先后臣以言，欲臣之免也甚，而臣知之。及狱决罪定，公愀然不悦，形于颜色，臣见又知之。非私臣而然也，夫天性仁心固然也。此臣之所以悦而德公也。'

孔子曰：'善为利者树德，不能为吏者树怨。概者，平量者也；吏者，平法者也。治国者，不可失平也。'"〔4〕

子皋或即孔门高徒子羔，《论语·宪问》中子路曾推荐子羔去卫国当官，受孔子批评。韩非子此处所用的典故，不见于春秋战国时其他典籍，未必为历史事实，但可视为韩非为阐明自己主张而作的"寓言"，这种创作方法亦为战国子书所常用，如《墨子》《庄子》《荀子》等，往往假托圣人言行，表达自己的观念。这个故事表达了韩非法治正义观，子皋心怀善念，但执法无私，

---

〔1〕《韩非子·备内》。
〔2〕《韩非子·饬令》。
〔3〕《韩非子·诡使》。
〔4〕《韩非子·外储说左下》。

刖犯人足，犯人刑余守囿门，并未对子皋有所怨恨，反而后来还放走了孔子和子皋。韩非子意在表达：只要一秉至公，一断以法，实现"平"，非但不会"树怨"，反而还能"树德"。

（二）轻罪重刑，以刑去刑

在一秉至公，一断以法的前提之下，司法过程中"罪"与"刑"的问题，是战国时期司法思想中又一核心命题。

战国思想家在讨论刑罚问题时，往往会和"赏"连在一起。在赏与罚的"比例"上，各思想家有分歧。商鞅主张"重刑轻赏""先刑后赏"，最好的比例是"刑九赏一"，如果赏多刑少，则国家必定昏乱，他说：

"重罚轻赏，则上爱民，民死上；重赏轻罚，则上不爱民，民不死上……怯民使以刑，必勇；勇民使以赏，则死……贫者使以刑，则富；富者使以赏，则贫。……王者刑九赏一，强国刑七赏三，削国刑五赏五。"[1]

在《商君书》中，他反复强调这个道理，[2]实际上在表明与其让老百姓因赏而爱戴君主，不如让老百姓因刑罚而畏惧君主，这样统治更能长久。荀子对于赏罚的比例没有明确的论述，但从其提到赏罚的言论中，可推测其主张先赏后刑，赏罚分明，且赏罚都得有节制，比如：

"勉之以庆赏，惩之以刑罚……（霸者）然后渐庆赏以先之，严刑罚以纠之……（王者）无功不赏，无罪不罚。"[3]

"赏不行，则贤者不可得而进也；罚不行，则不肖者不可得而退也。"[4]

"赏不欲僭，刑不欲滥。赏僭则利及小人，刑滥则害及君子。若不幸而过，宁僭勿滥。"[5]

---

〔1〕《商君书·去强》。
〔2〕 如《开塞篇》云："治国刑多而赏少，乱国赏多而刑少。故王者刑九而赏一，削国赏九而刑一。夫过有厚薄，则刑有轻重；善有大小，则赏有多少。此二者，世之常用也。刑加于罪所终，则奸不去；赏施于民所义，则过不止。刑不能去奸而赏不能止过者，必乱。"《壹言》云："夫上设刑而民不服，赏匮而奸益多。故上之于民也，先刑而后赏。"《靳令》云："重刑少赏，上爱民，民死上。重赏轻刑，上不爱民，民不死上。"
〔3〕《荀子·王制》。
〔4〕《荀子·富国》。
〔5〕《荀子·致士》。

从荀子以上"宁僭勿滥"的主张中，可知最终他还是站在儒家的立场上的。韩非子则不然，他修正了商鞅"重刑轻赏"的观念，吸收了荀子赏罚分明的主张，提出"赏厚而信，刑重而必"的思想，就是重赏重罚，两者不可偏废：

"赏厚而信，人轻敌矣；刑重而必，失人不比矣！"[1]

"是以赏莫如厚而信，使民利之；罚莫如重而必，使民畏之。"[2]

"重刑少赏，上爱民，民死赏；多赏轻刑，上不爱民，民不死赏。"[3]

"是故欲治甚者，其赏必厚矣；其恶乱甚者，其罚必重矣……且夫重刑者，非为罪人也。明主之法，治贼，非治所揆也；所揆也者，是治死人也。刑盗，非治所刑也；治所刑也者，是治胥靡也。故曰：重一奸之罪而止境内之邪，此所以为治也。重罚者，盗贼也；而悼惧者，良民也。欲治者奚疑于重刑名！若夫厚赏者，非独赏功也，又劝一国。受赏者甘利，未赏者慕业，是报一人之功而劝境内之众也，欲治者何疑于厚赏！"[4]

以上第一条、第二条论述，都强调了重刑重赏的重要性，第三条则强调了两者不可偏废，而在第四条中，韩非子则从理论上对重赏重罚进行了理论上的升华，阐释了重赏重罚、不可偏废之因。因为赏不独在于赏功，还在于劝民；而罚也不独在于罚罪，还在于止邪，杀一儆百，这实际上深刻地揭示了司法的示范和示警效应，韩非并以历史上成功的经验为例，以实践证明此理论的真实性：

"古秦之俗，君臣废法而服私，是以国乱兵弱而主卑。商君说秦孝公以变法易俗而明公道，赏告奸、困末作而利本事。当此之时，秦民习故俗之有罪可以得免，无功可以得尊显也，故轻犯新法。于是犯之者其诛重而必，告之者其赏厚而信，故奸莫不得而被刑者众，民疾怨而众过日闻。孝公不听，遂行商君之法。民后知有罪之必诛，而私奸者众也，故民莫犯，其刑无所加。

---

〔1〕《韩非子·难二》。

〔2〕《韩非子·五蠹》。

〔3〕《韩非子·饬令》。

〔4〕《韩非子·六反》。

是以国治而兵强，地广而主尊。"〔1〕

相比较而言，韩非子在赏罚问题上的论述是最为详备深刻的。在赏罚问题上，商、荀、韩虽分歧，但是在"重刑"和"以刑去刑"方面，三者总体态度一致，只是程度略有区别而已。还是先从商鞅说起。商鞅首先认为刑是国家实力之源，所谓：

"刑生力，力生强，强生威，威生德，德生于刑。故刑多，则赏重；赏少，则刑重。"〔2〕

"刑生力，力生强，强生威，威生惠，惠生于力。举力以成勇战，战以成知谋。"〔3〕

既然"刑生力"，那么也意味着刑重则力强，表现在对罪行的处罚上，应该是刑胜于罪，轻罪也得用重刑。如果重其重而轻其轻，那么达不到刑罚的威慑效果，让轻者承受轻的违法成本，势必导致重者以后也无从停止。所以商鞅说：

"故行刑，重其轻者，轻者不生，则重者无从至矣，此谓治之于其治也。行刑。重其重者，轻其轻者，轻者不止，则重者无从止矣，此谓治之于其乱也。故重轻，则刑去事成，国强；重重而轻轻，则刑至而事生，国削。"〔4〕

进言之，如果不实行重刑，非但达不到遏制犯罪的结果，反而还会招来更大的犯罪，所谓"以刑致刑"，那就完全违反了用刑的初衷。这点商鞅说得极为明确：

"重刑，明大制……行罚，重其轻者，轻者不至，重者不来。此谓以刑去刑，刑去事成；罪重刑轻，刑至事生，此谓以刑致刑，其国必削。"〔5〕

---

〔1〕《韩非子·奸劫弑臣》。
〔2〕《商君书·说民》。
〔3〕《商君书·去强》。
〔4〕《商君书·说民》。
〔5〕《商君书·靳令》。

由此我们可以得出商鞅"重刑"主义的核心，不在于刑罚本身，而在于用刑罚消灭刑罚，即"禁奸止过""以刑去刑"，最终实现社会稳定和国家的大治，亦即商鞅所说：

"夫先王之禁，刺杀，断人之足，黥人之面，非求伤民也，以禁奸止过也。故禁奸止过，莫若重刑。"[1]

"以刑去刑，国治，以刑致刑，国乱，故曰：行刑重轻，刑去事成，国强；重重而轻轻，刑至事生，国削。"[2]

"……去奸之本莫深于严刑。故王者以赏禁，以刑劝；求过不求善，藉刑以去刑。"[3]

"以杀去杀，虽杀可也；以刑去刑，虽重刑可也。"[4]

次来看荀子，荀子没有商鞅这么极端。商鞅是唯重刑论，而荀子则将"刑罚"和"君势""礼义""法正"等规范并列，并且"刑罚"是带有某种"补救性"色彩的措施，他说：

"故古者圣人以人之性恶，以为偏险而不正，悖乱而不治，故为之立君上之埶以临之，明礼义以化之，起法正以治之，重刑罚以禁之，使天下皆出于治，合于善也。"[5]

荀子虽然认为刑罚和所犯的罪行相适应，社会就安定。但他对重刑并不排斥，甚至认为社会安定的结果正是由于刑罚重，而社会混乱则是由于刑罚轻。正是因为社会安定，一切都有规范，所以如果在这样的社会中，犯罪一定会用重典惩治；而乱世之中，一切失范，所以才可能犯了罪用轻刑。他说：

"刑称罪，则治；不称罪，则乱。故治则刑重，乱则刑轻，犯治之罪固重，犯乱之罪固轻也。"[6]

---

[1]《商君书·赏刑》。
[2]《商君书·去强》。
[3]《商君书·开塞》。
[4]《商君书·画策》。
[5]《荀子·性恶》。
[6]《荀子·正论》。

他并且举当时的现实，认为之所以"邪说辟言之离正道而擅作者"不止，乃因：

"今圣王没，天下乱，奸言起，君子无埶以临之，无刑以禁之，故辨说也。"〔1〕

而且荀子在比较各国强弱情形后，得到一个经验，即：

"刑咸者强，刑侮者弱。"〔2〕

在这种情况下，我们就很容易能够何以荀子提倡"隆礼"之外，又高呼"重法"的主张了。

最后我们来看韩非子的主张。韩非子完全同意商鞅在这方面的主张，甚至用语也和《商君书》所述相差无几，如：

"重刑明民，大制使人，则上利。行刑，重其轻者，轻者不至，重者不来，此谓以刑去刑。罪重者刑轻。刑轻则事生，此谓以刑致刑，其国必削。"〔3〕

韩非子在其论断中也毫不讳言此点乃有鉴于商鞅的治国实践，他说：

"公孙鞅之法也重轻罪。重罪者，人之所难犯也；而小过者，人之所易去也。使人去其所易，无离其所难，此治之道。夫小过不生，大罪不至，是人无罪而乱不生也……公孙鞅曰：'行刑重其轻者，轻者不至，重者不来，是谓以刑去刑也。'"〔4〕

韩非子也同意"禁奸止过，莫若重刑"：

"夫以重止者，未必以轻止也；以轻止者，必以重止矣。是以上设重刑者

---

〔1〕《荀子·正名》。
〔2〕《荀子·议兵》。
〔3〕《韩非子·饬令》。这段话和《商君书·去强》中的记载几乎一致，由此也可佐证《商君书》早出，并非后人伪作。
〔4〕《韩非子·内储说上七术》。

而奸尽止，奸尽止，则此奚伤于民也？所谓重刑者，奸之所利者细，而上之所加焉者大也。"[1]

但韩非子在这方面所做的最大贡献，或是对商鞅重刑思想所做的最大突破，在于驳斥了世俗"重刑伤民"的观念，从理论上阐明了重刑是为了防止民众犯更大的罪而无法挽回，轻罪反而容易成为民众的陷阱，他说：

"……今不知治者皆曰：'重刑伤民，轻刑可以止奸，何必于重哉？'此不察于治者也。夫以重止者，未必以轻止也；以轻止者，必以重止矣。是以上设重刑者而奸尽止，奸尽止，则此奚伤于民也？所谓重刑者，奸之所利者细，而上之所加焉者大也。民不以小利蒙大罪，故奸必止者也。所谓轻刑者，奸之所利者大，上之所加焉者小也。民慕其利而傲其罪，故奸不止也。故先圣有谚曰：'不蹶于山，而蹶于垤。'山者大，故人顺之；垤微小，故人易之也。今轻刑罚，民必易之。犯而不诛，是驱国而弃之也；犯而诛之，是为民设陷也。是故轻罪者，民之垤也。是以轻罪之为民道也，非乱国也，则设民陷也，此则可谓伤民矣！"[2]

这是先秦思想家关于刑罚与民生关系上最为透彻的论断[3]，由此出发，韩非子认为，重刑不惟不伤民，反而是爱民的体现：

"故法者，王之者也；刑者，爱之自也。"[4]

以上三人的重刑思想，虽程度有别，但无一例外都强调在司法活动中要

---

[1]《韩非子·六反》。

[2]《韩非子·六反》。

[3] 无独有偶，韩非子为说明重刑是爱民之道，还援用孔子和子贡关于殷刑（断手）弃灰于街之人这一问题的一段对话（可能也是韩非子虚构的寓言），该对话为："殷之法，刑弃灰于街者。子贡以为重，问之仲尼。仲尼曰：'知治之道也。夫弃灰于街必掩人，掩人，人必怒，怒则斗，斗必三族相残也。此残三族之道也，虽刑之可也。且夫重罚者，人之所恶也；而无弃灰，人之所易也。使人行之所易，而无离所恶，此治之道也。'一曰：'殷之法，刑弃灰于公道者断其手。'子贡曰：'弃灰之罪轻，断手之罚重，古人何太毅也？''曰：无弃灰，所易也；断手，所恶也。行所易，不关所恶，古人以为易，故行之'"。参见《韩非子·内储说上七术》。很明显，在韩非看来，如果不用断手之重刑遏制弃灰于街的行为，可能会引发争斗乃至残三族，断手较之残三族或毙命，还是要轻得多。这很能体现重刑乃爱民之深意。

[4]《韩非子·心度》。

贯彻"重"的主张，这很能代表战国时期普遍的司法观念。[1]

（三）常刑不赦，有罪必罚

同样在"一秉至公，一断以法"的前提下，战国司法思想普遍主张"常刑不赦，有罪必罚"。在赦宥观念上，战国司法思想中绝少看到如西周那样的法律矜恤主义观念，取而代之的是"常刑不赦"。还是先从商鞅讨论起，商鞅的"壹刑"思想中，一个核心的组成部分就是"常刑不赦"，犯罪人的身份和之前的功劳，都不能构成赦宥罪刑的理由，只有不赦刑，才能禁奸，才是圣人治国之道：

"所谓壹刑者，刑无等级，自卿相、将军以至大夫、庶人，有不从王令，犯国禁，乱上制者，罪死不赦。有功于前，有败于后，不为损刑。有善于前，有过于后，不为亏法。忠臣孝子有过。必以其数断。守法守职之吏有不行王法者，罪死不赦，刑及三族……强梗者，有常刑而不赦……圣人不宥过，不赦刑，故奸无起。圣人治国也，审壹而已矣。"[2]

荀子也认为圣人治国，在该用刑之时，是绝不会心慈手软的。这从他对"治古无肉刑，而有象刑"的批判中可明显看出来，荀子说：

"是不然。以为治邪？则人固莫触罪，非独不用肉刑，亦不用象刑矣。以为人或触罪矣，而直轻其刑，然则是杀人者不死，伤人者不刑也。罪至重而刑至轻，庸人不知恶矣，乱莫大焉。凡刑人之本，禁暴恶恶，且惩其未也。杀人者不死，而伤人者不刑，是谓惠暴而宽贼也，非恶恶也。故象刑殆非生于治古，并起于乱今也！"[3]

---

[1] 比如疑似荀子后学之人所作的《荀子·尧问》篇中，为荀子作为儒家大师却如此高扬重刑主张的行为进行了辩护，其中提到："为说者曰：'孙卿不及孔子。'是不然。孙卿迫于乱世，遒于严刑，上无贤主，下遇暴秦，礼义不行，教化不成，仁者绌约，天下冥冥，行全刺之，诸侯大倾……天下不治，孙卿不遇时也。德若尧禹，世少知之：方术不用，为人所疑；其知至明，循道正行，足以为纪纲……时世不同，誉何由生？不得为政，功安能成？志修德厚，孰谓不贤乎！"亦即荀子处于那样的时代，如果不从实际出发，修正儒家仁义理念，则"隆礼"之说，都很难传承，由此也可反推，在战国时期，"重刑"已经成为各国所普遍接受的司法观念。

[2] 《商君书·赏刑》。

[3] 《荀子·正论》。

荀子认为那种认为上古圣人治世，对待犯人不用肉刑，而只用象征性刑罚的"象刑"的说法，是无稽之谈。并认为如果上古圣人教化得好，人民不犯罪，那么连象刑都不需要。而如果杀人者不死，伤人者不刑，根本是无法达到"治世"的，宽宥罪人就等于助长犯罪。由此看来，那种犯罪用象征性惩罚了事的主张，恰恰是乱世才会出现的说法。因此从荀子此番批评中，我们即可看出荀子是主张"常刑不赦"的。

至于韩非子，则更是明确的主张"不赦死""不宥刑""无赦罚"：

"是故明君之蓄其臣也，尽之以法，质之以备。故不赦死，不宥刑；赦死宥刑，是谓威淫。社稷将危，国家偏威。"[1]

"故明君无偷赏，无赦罚。"[2]

在韩非子看来，之所以不能让司法人员对罪人行赦宥，那是以对人民的小忠，而换来对君主治民的大患，亦即：

"小忠，大忠之贼也。若使小忠主法，则必将赦罪，赦罪以相爱，是与下安矣，然而妨害于治民者也。"[3]

与"常刑不赦"密切相关的，则是司法诚信问题，也就是"有罪必罚"。商鞅固然重视立法，但他也发现：

"国之乱也，非其法乱也，非法不用也。国皆有法，而无使法必行之法。"[4]

也就是说即便有法，即便用法，但如果没有使法律必行的办法，则法律不过徒具空文，这也就是商鞅所说的"民胜法"，导致人凌驾于法律权威之上。商鞅说：

---

〔1〕《韩非子·爱臣》。
〔2〕《韩非子·主道》。
〔3〕《韩非子·饰邪》。
〔4〕《商君书·画策》。

"过匿，则民胜法；罪诛，则法胜民。民胜法，国乱；法胜民，兵强。"[1]

那应该如何实现"法胜民"呢，商鞅的办法就是"刑重而必"[2]，即一旦发现人犯罪，必定用重刑来惩处，而绝不姑息宽宥。为此，商鞅专门论述了何以要行"必得之法"：

"……国皆有禁奸邪、刑盗贼之法，而无使也奸邪、盗贼必得之法，为奸邪、盗贼者死刑，而奸邪、盗贼不止者，不必得也。必得而尚有奸邪、盗贼者，刑轻也，刑轻者，不得诛也；必得者，刑者众也。故善治者，刑不善而不赏善，故不刑而民善。不刑而民善，刑重也。刑重者，民不敢犯，故无刑也；而民莫敢为非，是一国皆善也，故不赏善而民善。赏善之不可也，犹赏不盗。故善治者，使跖可信，而况伯夷乎？不能治者，使伯夷可疑，而况跖乎？势不能为奸，虽跖可信也；势得为奸，虽伯夷可疑也。"[3]

如有法必依，有罪必罚，即使不赏善，恶如盗跖者也可为善，反之，善如伯夷者也会为恶。这就是司法诚信的力量。[4]

荀子在强调道德教化的同时，也主张有罪必罚，他说：

"故不教而诛，则刑繁而邪不胜；教而不诛，则奸民不惩。"[5]

严格执行法律，这才能真正布大信于天下。荀子有罪必罚的落脚点，也是在一个"信"字上：

---

〔1〕《商君书·说民》。

〔2〕《商君书·修权》。

〔3〕《商君书·画策》。

〔4〕后人对商鞅的评价，大致与司马迁对其"天资刻薄人也"的评价相似，主要针对其严刑峻法、贪狠强力、寡义趋利等方面来说的。而对其司法诚信，则未见明显非议。至北宋王安石，甚至专门做《商鞅》一诗，来赞扬商鞅的有法必依、有罪必罚的做法，诗曰："自古驱民在信诚，一言为重百金轻；今人未可非商鞅，商鞅能令政必行。"参见（北宋）王安石：《王文公文集》（下），唐武标校，上海人民出版社1974年版，第777页。

〔5〕《荀子·富国》。

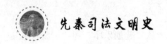

"故制号政令欲严以威，庆赏刑罚欲必以信。"〔1〕

至于韩非子，则更是注重法律的必行性。他在给法做定义时，已经将有罪必罚置于法律的内涵之中：

"法者，宪令著于官府，刑罚必于民心，赏存乎慎法，而罚加乎奸令者也。"〔2〕

法律要体现出威力，必得有法必依，有罪必罚，如此则奸邪不生，否则有法也会等于无法，韩非子对此反复提到：

"而圣人之治国也，赏不加于无功，而诛必行于有罪者也。"〔3〕

"见功而赏，见罪而罚，而诡乃止。"〔4〕

"杀必当，罪不赦，则奸邪无所容其私。"〔5〕

"罚必，则邪臣止。"〔6〕

"是以刑罚不必，则禁令不行。"〔7〕

最终，韩非子对有法必依、有罪必罚的效果，做出一个判断：

"主施其法，大虎将怯；主施其刑，大虎自宁。法刑苟信，虎化为人，复反其真。"〔8〕

文中提到的"虎"，即泛指一切邪恶之徒，"大虎"，则意指大奸大恶之人，只有对这些奸恶严施法制，才能遏制犯罪。"法制苟信"，邪恶之徒才能转变为善良之人，社会风气才能扭转。这充分说明了司法诚信的必要性。

---

〔1〕《荀子·议兵》。
〔2〕《韩非子·定法》。
〔3〕《韩非子·奸劫弑臣》。
〔4〕《韩非子·八经》。
〔5〕《韩非子·备内》。
〔6〕《韩非子·饰邪》。
〔7〕《韩非子·内储说上七术》。
〔8〕《韩非子·扬权》。

二、战国时期的司法制度

如同明代董说所云："战国时期官制纷乱，如魏之犀首，齐之祭酒，皆缘事起名，不类周制"[1]，这个时期的司法制度，同样处于剧烈的变化当中，并不统一。至战国中期商鞅变法之后，秦国崛起，逐渐迈向统一之路，在这个过程中，秦国将自己的制度施用于新征服的地区。到秦王嬴政二十六年（前221年）时，终于一统天下，于是原来秦一国之制，遂为天下之制。由于各国成文法典大都没有留下来，虽鼎彝铭文间或记载了战国法律的信息，或者新中国成立后出土的各类简牍上载有丰富的法律内容，但也远非这一时期法典原貌。[2]所以对于了解战国司法制度，同样存在"文献不足征"的问题。以下我们所述的战国司法制度，主要以战国时的秦国为标准，以《史记》《战国策》等传世文献和《睡虎地秦墓竹简》所载内容为根据，并参考战国时诸子书以及新公布的《岳麓书院藏秦简》等材料，拼接而成。这样做虽然未必完全科学，但仍有其合理性。

首先，如《唐律疏议》所云：

"周衰刑重，战国异制，魏文侯师于里悝（即李悝），集诸国刑典，造《法经》六篇：一、盗法；二、贼法；三、囚法；四、捕法；五、杂法；六、

---

〔1〕 参见（明）董说原著，缪文远订补：《七国考订补》（上），上海古籍出版社1987年版，第127页。

〔2〕 一个典型的例子是1986年湖北省荆沙铁路考古队发掘出土的荆门包山2号墓出土的楚简，其中有196枚都属于战国中后期楚国司法类文书，整理者将文书分成七类，分别是"集箸"13枚简，是有关查验名籍的记录；"集箸言"5枚，是有关名籍告诉及呈送主管官员的记录；"受期"61枚，是有关受理各种诉讼案件的事件与审理事件及初步结论的摘要；"疋狱"23枚，是关于起诉的简要记录；"贷金"17枚，是关于官员贷金籴种的记录；"案卷"42枚，是一些案件的案情与审理情形的片段记录；"所嘱"35枚，是各级司法官员审理或复审诉讼案件的归档登记。相关介绍参见湖北省荆沙铁路考古队编：《包山楚简》，文物出版社1991年版，第1~31页。这批楚简的发现，对于我们在秦简之外，认识战国其他国家的法制，有着非常重要的意义。所以该楚简一经公布，即引发海内外研究热潮，十余年间，成果斐然。但遗憾的是，这些司法文书，许多体例单一，更像档案卷宗名称，内容粗略，即便其中有案例，也无一件涉及整个诉讼过程，且无法了解案情始末。即便排除文字释读上的不确定性，对于"受期""疋狱"等格式化文书揭示出来的诉讼程序问题，目前的学术研究，依旧停留在"不确定性"的阶段，限于材料的不完整，对包山司法文书类楚简，有时亦难免望文生义，存在过度诠释的问题。关于这方面的研究，请参见陈伟等：《楚地出土战国简册（十四种）》，经济科学出版社2009年版，第1~91页；刘信芳：《包山楚简解诂》，艺文印书馆2003年版，第1~207页；王捷：《包山楚司法简考论》，上海人民出版社2015年版。

具法。商鞅传授，改法为律。"[1]

这说明李悝所定《法经》，并非师心自用，也并非魏国一地之法。其后商鞅受之以相秦，说明秦国的法制也并非商鞅独创，而有所本，尤其是来源于三晋法家。联系到商鞅所处时代，正是法家思想得势之时，那么可以推论，秦国的法制庶几可以代表战国时期，至少是战国中期以后的法制一般情形。

其次，《睡虎地秦墓竹简》和《岳麓书院藏秦简》，尽管都是秦统一之后的简牍，前者于1975年在湖北云梦县城关镇睡虎地出土时，根据其中的《编年纪》所显示的墓主信息，可知竹简是秦始皇三十年（前217年）与墓主同时下葬的。而近年岳麓书院购藏的秦简，据整理者研究，亦是秦统一前后之简，至晚到秦二世二年（前208年）。[2]虽然这些简牍材料显示的许多内容，反映了秦统一后的情形。但是我们知道，统一后的法制主要还是继承了统一前的秦法制。且在岳麓简中，直接出现过秦统一前所定法制的记录。因此，用这些简牍来反映战国时期，尤其是后期的制度，应该不会谬以千里。

最后，子书和零星的鼎彝铭文，可以作为阐明战国司法制度的佐证，从中我们会发现，许多制度与传世文献及简牍记载若合符节。

当然，拼接的结果，绝非战国司法制度全貌。笔者深信，随着更多新材料的出现，以及学界对新材料解读的进一步深化，战国司法制度面貌必会进一步清晰化。此处所述战国司法制度，仍只是一个粗线条的勾勒。

（一）司法机构

战国时期，尤其是中期之后，各国都出现中央集权的趋势。而在地方，虽然各国仍对亲贵行封邑之事，但郡县化之势已然呈现。故司法机构总体可分中央和地方两大类别。

秦国中央司法机构，以丞相、廷尉、御史大夫为最主要者，其中丞相为综理政务的机构，廷尉则专掌狱讼，御史大夫掌风纪。遇到大案要案，廷尉需会同丞相、御史大夫共同审理。其他六国，虽其名称与秦不一，但亦有类似的分工。

首先来看作为综理政务机关的丞相。《史记》云：

---

〔1〕《唐律疏议》卷一"名例序"。

〔2〕参见朱汉民、陈松长主编：《岳麓书院藏秦简》（3），上海辞书出版社2013年版，"前言"部分，以及陈松长主编：《岳麓书院藏秦简》（4），上海辞书出版社2015年版，"前言"部分。

"二年，初置丞相，樗里疾、甘茂为左右丞相。"[1]

秦武王二年为前 309 年，根据这个记载，则正式置相的时间，已经是战国晚期了。但是我们在传世文献中，屡屡可以看到"相""相邦""相国"字样，且商鞅、张仪、乐池、吕不韦都担任过相。商鞅还在秦武王世之前。则此"相"不完全等同于统一后的"丞相"，"相"最初做动词使用，其意为"辅佐"。春秋战国时期，一般由世卿辅助国君治国理政，如郑国子产，楚国子西即是，此时还呈现西周宗法的色彩。等到战国时期，各国变法，君主集权，遂逐渐去世卿，而由君主招揽的贤人来辅政，这些人无家族势力，只能依附于王权，只是官僚制上的一环，身份和职位分离，有位则尊，无位则卑。这样的人国君既可收控制之效，又无篡弑之虞。且随着兼并战争的扩大，七国土地面积增大，控制区域更广，国君（公族）亦无力独自承担统治重任。所以在这样的形势下，各国置相成为主流，而不必一定如《史记》所云，要到秦武公之际。比如齐国：

"景公立，以崔杼为右相，庆封为左相。"[2]

齐景公在位时间为前 547 年~前 490 年，也就是说尚在春秋末年，齐国即已经有相这一体制，但不能确定是否实际掌握行政大权。田陈篡齐后，田齐仍行相制，如：

"齐湣王不自得，以其遣孟尝君，孟尝君至，则以为齐相，任政。"[3]

齐湣王在位时期，已经到前 300 年之后了，且文中所述"齐相任政"，则可肯定孟尝君已经掌握行政大权，是此时的相就相当于秦的丞相。

称"相"者还有燕国，如：

"苏秦之在燕，与其相子之为婚……"[4]

---

[1]《史记·秦本纪》。
[2]《史记·齐太公世家》。
[3]《史记·孟尝君列传》。
[4]《史记·燕召公世家》。

苏秦卒于前284年，可证在此之前，燕国也已设相。

至于赵、韩、魏，因同源于晋，故制度上较为相似，设置"相国"，亦简称"相"，如：

"公孙龙闻之，见平原君曰：'赵国豪杰之士多在君右，而君为赵相国者，以亲故。'"〔1〕（赵国）

"……谓韩相国曰：'人之所以善扁鹊者，为有臃肿也'。"〔2〕（韩国）

"魏王必惧……公必为相矣。"〔3〕（魏国）

最后是楚国，楚国最初不在中原文化圈内，是以其官制也最为特殊，但亦设有综理国政的官员，只是不以"相"名之，而称"令尹"，如：

"陈轸曰：'令尹贵矣，王非置两令尹也'"〔4〕

按照《资治通鉴》胡三省的注释：

"令尹，楚上卿，执其国之政，犹秦之丞相也。"〔5〕

由此可知，战国各国中央都设有总理国政的机构，名虽异实虽同，最初可能权力并不大，但到战国末期，随着中央集权的深化，其权力也越来越大，到秦统一，这一机构成为一人之下万人之上的丞相。虽并不专门处理司法事务，但如遇大案要案，丞相自然是责无旁贷的。从《史记》关于曾任秦相的商鞅、吕不韦、嫪毐、李斯等人的传记中，我们都可以看到他们参与司法活动的事例。

其次来看各国中央最高司法机构。战国时政务分工进一步细化，各国中央均出现了专门负责司法的最高机构。秦国称之为"廷尉"，史载：

"秦王及除逐客之令，复李斯官，卒用其计谋，官至廷尉，二十余年，竟

---

〔1〕《战国策·赵策三》。

〔2〕《战国策·韩策三》。

〔3〕《战国策·魏策三》。

〔4〕《战国策·齐策二》。

〔5〕《资治通鉴·周纪四》"赧王三十四年"。

并天下。"[1]

秦国何时始置廷尉，不可考。但从李斯当上廷尉且"二十余年，竟并天下"看来，廷尉一职在统一之前早已存在。"廷尉"一词本身，带有法家"一秉至公、一断以法"的色彩，所谓："廷，平也。治狱贵平，故以为号。""听狱必质诸朝廷，与众共之，兵狱同制，故称廷尉。""廷尉"一词由此得名。据《汉书·百官公卿表》："廷尉，秦官，掌刑辟，有正、左右监，秩皆千石。"[2]廷尉位列九卿之一，位高权重，掌管国家刑狱，负责审理"诏狱"，也就是皇帝下令要求审理的案件。同时负责审理地方移送的疑难案件和重大案件的复审。廷尉下设"正"和"左右监"等官吏，协助廷尉处理具体事务。

齐国无"廷尉"之名，但有"士师"之称，如：

"士师不能治士，则如之何？"[3]
"为士师则可以杀之。"[4]

"士师"为西周官制，负责具体处理狱讼事务。不过我们无法从《孟子》书中这两条言论，即断定士师为齐国中央最高司法机构，其上或许还有"司寇"，不过由此可以推测，齐国的中央司法机构或许继承西周制度较多。

赵、魏、韩三国，似乎也是延续西周制度，中央设"司寇"，作为最高司法机构。如：

"公子成为相，号安平君，李兑为司寇。"[5]

而据考古学家的发现，1971 年 11 月出土于河南新郑韩国兵器上铸有"五年，郑命韩□司寇张朱"的字样[6]，很明显韩国也行司寇制。

---

〔1〕《史记·李斯列传》。
〔2〕《汉书·百官公卿表》。
〔3〕《孟子·梁惠王下》。
〔4〕《孟子·公孙丑下》。
〔5〕《史记·赵世家》。
〔6〕参见黄茂琳："新郑出土战国兵器中的一些问题"，载《考古》1973 年第 6 期，转引自（明）董说原著，缪文远订补：《七国考订补》（上），上海古籍出版社 1987 年版，第 127 页。

魏、燕两国最高司法机构为何，目前尚未见确切记载。但因魏与赵、韩同出三晋，燕变法进程一直迟缓，推测可能亦行司寇制。

楚国的中央司法机构，传世文献中屡称"廷理"，如：

> "荆庄王有茅门之法，曰：'群臣大夫诸公子入朝，马蹄践霤者，廷理斩其辀，戮其御。'"[1]

> "楚昭王有士曰石奢。其为人也，公而好直。王使为理。"[2]

> "楚令尹子文之族有干法者，廷理拘之，闻其令尹之族也，而释之。子文召廷理而责之曰：'凡立廷理者，将以司犯王命而察触国法也。'"[3]

上引第一条为韩非子所作，若按其言，茅门之法为春秋楚庄王（前613年~前591年在位）时所制，则"廷理"一职在春秋即已存在。第二条出自冠在汉代韩婴名下的《韩诗外传》（即鲁、齐、韩三家诗的韩诗），此书乃辑录先秦典故来阐扬自己主张的作品，许多亦可与其他传世文献相印证，如"石奢"此人，在《史记·循吏列传》《新序·节士》诸篇中都有记载，故并非全出虚构。第三条出自西汉刘向辑录的《说苑》，令尹子文之事亦有所本。楚昭王在位时间为前516年~前489年，而令尹子文于鲁庄公三十年（前664年）。而按照《左传》说法：

> "臣免于死，又有谗言，谓臣将逃，臣归死于司败也。"[4]

此语出自鲁文公十年，乃前617年，那么这么一来，是春秋时楚国的最高司法机构，又为司败，又为廷理，该作何解？笔者以为《左传》作为史部作品，可信度更高，且"司败"一词于正史并不鲜见，但"廷理"一词，则在《左传》中未得一见。而汉代诸家写作，也会用当时常用的习语来指称古代官制，比如《韩诗外传》有云：

---

〔1〕《韩非子·外储说右上》。

〔2〕（西汉）韩婴："韩诗外传"卷二，参见屈守元笺疏：《韩诗外传笺疏》，巴蜀书社1996年版，第160页。

〔3〕（西汉）刘向：《说苑·至公》，参见赵善诒疏证：《说苑疏证》，华东师范大学出版社1985年版，第399页。

〔4〕《左传·文公十年》。

"晋文侯使李离为大理，过听杀人……"〔1〕

此事亦为《史记》所载，但只说李离为"理"〔2〕，而非"大理"。春秋时文献也不见晋国有"大理"之名，故而司马迁说李离为"理"，只是说他担任最高法官而已，并非"大理"是春秋固有官制。又如《吕氏春秋》中亦云：

"管子复于桓公……决狱折中，不杀不辜，不诬无罪，臣不若弦章，请置以为大理。"〔3〕

而在春秋时期的典籍中，同样看不到齐国最高法官为"大理"的事例。《吕氏春秋》这样的用法和《韩诗外传》是一样的。可能都是以习语来代专名。

《包山楚简》中的司法文书大都制作于楚怀王年间（前328年～前299年在位），从中可以确证直到战国中晚期，楚国的中央司法机构正式名称仍为司败。如"集箸言"中有：

"仆五师宵倌之司败若敢告见曰……"〔4〕

又如"受期"中有：

"夏栾之月乙丑之日，鄑司败李耴受期……"〔5〕

除此之外，"司败"一词在包山楚司法简中多次出现，因此该简所收的是原始司法文书，可信度毋庸置疑，因此我们可以确认，战国时期楚国中央最高司法机构为"司败"，而"廷理"不过是口头俗称，并非正式机构名。

至于御史大夫，根据现有资料，似乎在秦统一之后，方有这一职官，负

---

〔1〕（西汉）韩婴：《韩诗外传》卷二，参见屈守元笺疏：《韩诗外传笺疏》，巴蜀书社1996年版，第178页。

〔2〕《史记·循吏列传》。

〔3〕《吕氏春秋·勿躬》。

〔4〕湖北省荆沙铁路考古队编：《包山楚简》，文物出版社1991年版，第17页。

〔5〕湖北省荆沙铁路考古队编：《包山楚简》，文物出版社1991年版，第18页。

责监察事务，在一定情形下，也参与司法活动。而在战国时期，仅有"御史"这一官职，为各国普遍设置，如：

"……赵王鼓瑟。秦御史前书曰：'某年月日，秦王与赵王会饮，令赵王鼓瑟。'……相如顾召赵御史书曰：'某年月日，秦王为赵王击缻。'"[1]

"威王大悦……髡曰：'赐酒大王之前，执法在傍，御使在后……'"[2]

"安邑之御史死，其次恐不得也。输人为之谓安令曰：'公孙綦为人请御史于王，王曰：'彼固有次乎？吾难败其法。'因遽置之。"[3]

"张仪为秦连横说韩王曰……是故秦王使使臣献书大王御史……"[4]

上引第一条即著名的秦赵"渑池会"，发生于前279年，由此可证战国时秦、赵均置御史。第二条则说明战国时齐国亦有御史。这两天御史似乎都是君主的书记官员。第三条则提到安邑的御使，安邑在今山西夏县，为魏国故都，前364年，魏惠王将都城迁至大梁（今河南开封），故战国后期魏又称梁。那么如此看来，安邑的御使显然不在王的身边。董说引元代吴师道的观点说："六国已遣御使监郡，不自秦始也。"[5]可见安邑御使可能正是魏王派遣至故都监郡的。第四条则表明韩国亦设御使，且代表国君接受使节的文书。

由以上四条，我们可知，御使在战国，至少负有两项职能，一是文书记录，二是监郡。且需注意的是，第二条中将"御使"和"执法"这两个官职连用，所述的场景是齐威王和淳于髡拼酒，则可理解成如果不喝，那么由执法负责强灌，而御使负责监督。如此则御使还负责廷监察之责。

"执法"一词，传世文献少见，见于《战国策》中尚有"秦自四境之内，执法以下至于长輓者……"[6]之语，表示"秦国国内执行法令者和赶车的人"，原文是形容秦国长信侯嫪毒的声势之大。很难将"执法"作为一特定官职来理解。这从汉代之后，文献中绝少有"执法"一词可以佐证。所以笔者

---

〔1〕《史记·廉颇蔺相如列传》。

〔2〕《史记·滑稽列传》。

〔3〕《战国策·韩策三》。

〔4〕《战国策·韩策一》。

〔5〕转引自（明）董说原著，缪文远订补：《七国考订补》（上），上海古籍出版社1991年版，第149页。

〔6〕《战国策·魏策四》。

以为可能是后来的御使吸收了执法的功能，从最初的文书记录，到负有执法职能的官员，且延续了战国监察的职能。秦统一之后，御使机构的主官，就成了御使大夫，主司风纪，兼理司法。

至于地方司法机关，由于司法行政合一，不设专门司法机关。

秦国自战国后期开始，地方实行郡县两级区划。郡长官为守（郡守，太守），如：

> "昭襄王十三年……任鄙为汉中守。"[1]

郡守"掌治民，进贤劝功，决讼检奸……秋冬遣无害吏案讯诸囚，平其罪法，论课殿最，岁尽遣吏上计。"[2]可见，郡守在本辖区范围内权限广泛，司法是其中一项主要的职掌。秦郡守还拥有对辖区内法律的整理权，比如睡虎地秦简《语书》中就记载南郡太守腾"修法律令"[3]。

除秦国外，史籍上亦可见六国设郡守之例：

> "齐人李伯见孝成王，成王说之，以为代郡守。"[4]（赵国）
> "韩氏上党守冯亭使者至……乃令赵胜受地，告冯亭曰：'……以万户都三封太守……'"[5]（韩国）
> "吴起为西河守。"[6]（魏国）

是赵、韩、魏三晋地区是由明显的设郡行为。至于楚、燕、齐，虽亦可见"守××"字样，但那是守卫之守，侧重于军事方面，至于是否设郡，殊难确定。但越到战国后期，郡县化的程度越深，楚、燕、齐大概也不会脱离这一规律。

至于郡级之下的行政区划，主要是县。县是由原来更小区划聚集起来的，如秦国：

---

〔1〕《史记·秦本纪》。

〔2〕《后汉书·百官志》。

〔3〕睡虎地秦墓竹简整理小组编：《睡虎地秦墓竹简》，文物出版社1990年版，第13页。

〔4〕《战国策·赵策三》。

〔5〕《史记·赵世家》。

〔6〕《史记·孙子吴起列传》。

"（秦）集小都乡邑聚为县，置令、丞。"〔1〕

除秦国之外，各国亦普遍设县，如：

"（齐威王）乃朝诸县令长七十二人……"〔2〕（齐国）
"李兑治中山，苦陉令上计而入多。"〔3〕（赵国）
"西门豹为邺令。"〔4〕（魏国）

而1972年出土于郑韩故城的战国铜兵器上的铭文，如"郑令韩熙""郑令赵它"等文字，更足以说明韩国设县。〔5〕

一般情况下县的长官为令或长，大县曰令，小县曰长，楚国是个例外，其亦设县，但县令称"公"，西晋杜预在注《春秋》时提到：

"楚县大夫皆僭称公。"〔6〕

此制一直沿用，到秦末农民战争时，沛县令长时人犹称"沛公"。县令、长同样在辖区内拥有广泛权力，"皆掌治民，显善劝义，禁奸罚恶，理讼平贼，恤民时务，秋冬集课，上计于所属郡国"。〔7〕由于县令、长为亲民之官，所以更强调其"教民"之责。

令、长之外，县还设有县丞，作为令、长之副，协助令、长共同处理各项职务。令、长和县丞之下，设有狱掾（即狱吏）、尉、令史等佐吏。这些，在岳麓秦简中都能找到相关的例证。〔8〕

县级以下设有乡、里、亭组织。据史料记载：

〔1〕《史记·商君列传》。
〔2〕《史记·滑稽列传》。
〔3〕《韩非子·难二》。
〔4〕《战国策·魏策一》。
〔5〕参见（明）董说原著，缪文远订补：《七国考订补》（上），上海古籍出版社1987年版，第164页。
〔6〕（晋）杜预：《春秋左传注》"宣公十一年"，转引自（明）董说原著，缪文远订补：《七国考订补》（上），上海古籍出版社1987年版，第78页。
〔7〕《后汉书·百官志》。
〔8〕比如岳麓简第1292简上，就有"尉、尉史、丞、令、令史各一盾"字样，参见陈松长主编：《岳麓书院藏秦简》（4），上海辞书出版社2015年版，第241页。

"大率十里一亭，亭有长；十亭一乡，乡有三老，有秩、啬夫、游徼。三老掌教化；啬夫职听讼，收赋税；游徼徼循禁贼盗。县大率方百里，其民稠则减，稀则旷，乡、亭亦如之。皆秦制也。"〔1〕

总之战国时期，各国司法机构并不一致。但是随着统一趋势的增强，各国司法机构演变过程也能发现某些相同的规律：首先，中央既有专司司法的机构，又有制约和监督的机构。其次，原封建制下的地方采邑制度进一步萎缩，郡县制度渐趋于规范，地方逐渐由中央直接管控。最后，地方行政司法权力合一，且权力的来源在于中央君主的直接任命。至秦统一六国，最终形成中央司法三机构、地方行政司法合一的司法体系，后世"中央三法司"以及地方司法体制，都是它的延续，而溯其源，必始自战国。

（二）管辖与起诉

材料所限，我们以下只能以秦国为代表，以云梦秦简为主要依据，再结合其他各国零星材料，来勾勒战国司法程序大体面貌。

首先我们来看战国时期的诉讼管辖。就级别管辖而言，战国时期似乎已有第一审案件的管辖分工了。根据《包山楚简》所载：

"告所詎（嘱）于𦥑尹，享月戊寅，夏令蔡謀，辛巳，郙邑人秀偏、繼峀、楚舫遄。/九月癸亥，某训：乙丑，阳陵人远从志。十月乙亥，阳翟人㗊觢，廧煙，壬青，郘膌、噩君之人㽵遻，戊寅，正阳邵㮚、蔡步、集詎㰥夜……"〔2〕

这段文字载于"所詎"编中，詎即"嘱"，因为文字太过简略，我们除了知道月日，以及部分官员名字，邑人名字之外，对于案情，是无从得知的，但无疑这是一件官员嘱托"尹""令"这样的地方官处理邑人之间的事。陈伟先生认为，"所嘱"篇中，"所记内容指上级官员将讼案交付给下级官员办理的行为"。〔3〕如果这一判断属实，那么可知战国时期楚国是有级别管辖的。从"所嘱"编反应的情形看，极有可能是告诉人直接到级别较高的衙门中提

---

〔1〕《汉书·百官公卿表》。
〔2〕湖北省荆沙铁路考古队编：《包山楚简》，上海古籍出版社 1987 年版，第 17 页。
〔3〕陈伟等：《楚地出土战国简册（十四种）》，经济科学出版社 2009 年版，第 81 页。

起诉讼，而衙门接受诉讼后，发现此事应该由当地政府处理，于是将词状连带着"所嘱"司法文件一并移交给下级司法部门。当然，这也不过是一种合理的推测，遗憾的是目前尚未发现一例完整的楚国起诉文书。

至于民事诉讼，从秦简以及后来居延汉简中，似乎可推知秦国民事诉讼实行三级三审制度。县为民事诉讼第一审级，州郡为第二审级，中央为第三审级。作为民事诉讼的原告，如采用正式诉讼程序解决纠纷，则需要到县廷提起诉讼，而非在乡里。乡里的啬夫虽有听讼之权，但性质上仍然类似于基层群众自治组织，而非一正式审级。乡承担的更多是协助，诸如调查取证、传达文书、记录爱书之类，而无审理判决之权。[1] 通常情形下，一审案件由县廷管辖，郡只审理上诉案件，而不受理寻常民事诉讼案件。杜佑《通典·郡太守》载："郡守，秦官……汉景帝中元二年（前148年）更名郡守为太守。凡在郡国，皆掌治民、进贤、劝功、决讼、检奸，常以春行所主县，秋冬遣无害吏，按讯诸囚，平其罪法。"[2] 这里的"决讼"主要指的是审理上诉讼案。如难案、疑案及宗室皇族案件，由太守直接审理。

就管辖的地域而言，一般情形下，案件由被告所住地司法机关受理，以便于被告承担法律责任，也便于原告诉讼请求得以落实。如果被告人迁徙他乡，则以其经常居留地为住所地。《包山楚简》中的"所嘱"文书显示，在移交案件的时候，可能也有地域方面的考虑。

其次我们来看起诉这一环节。起诉一般要满足两个要件，一是当事人提起告诉，另一是要到具有管辖权的衙门呈告。秦时起诉通称为"告"，在睡虎地秦简中，就可以看到诸如"告不审""公室告""非公室告""告不听""告盗""自告""州告"等。其中关于"公室告"与"非公室告"的规定涉及对告诉人身份的限制很有时代特点：

"'非公室告'可（何）殹（也）？贼杀伤、盗它人为'公室'，子盗父母，父母擅杀、刑、髡子及奴妾，不为'公室告'"。[3]

---

〔1〕 这从居延汉简中"候粟君所责寇恩事"中表现得最为明显，较县级别更低的乡，是无权进行诉讼审判的，相关材料参见甘肃居延考古队简册整理小组："'建武三年候粟君所责寇恩事'释文"，载《文物》1978年第1期。汉承秦制，张家山汉简与云梦秦简，很多制度都相重合一致，是可以反推秦代的情形。

〔2〕 （唐）杜佑撰：《通典》，商务印书馆1935年版，第87页。

〔3〕 睡虎地秦墓竹简整理小组编：《睡虎地秦墓竹简》，文物出版社1990年版，第117页。

可见，"公室告"指因杀伤或盗窃他人而提起的诉讼；"非公室告"是指对子盗窃父母，父母擅自杀死、刑伤、髡其子及臣妾而进行的告发。另一条中将"非公室告"界定为：

"何谓非'公室告'？主擅杀、刑、髡其子、臣妾，是谓'非公室告'。"[1]

两条简文对于非公室告的解答略有不同，但都强调的是尊长对卑幼臣妾的杀伤行为。凡属非公室告的案件，作为卑幼子、奴妾或臣妾不得控告作为尊长的父母和主。

"子告父母，臣妾告主，非公室告，勿听。……而行告，告者罪。"[2]

若控告者已因非公室告被治罪，其他人再行控告，也不予受理。"告者罪已行，它人有（又）袭其告之，亦不当听。"[3]如果经过官府审核，有证据证明是擅杀行为，则要对尊者治罪。《法律答问》有以下记载，"擅杀子，黥为城旦春。"[4]可见，非公室告，一方面严格规定了尊卑贵贱之间的等级界限，不得逾越，违者治罪；另一方面也反映了秦时对于亲权还不像汉以后那样依法维护，这是和早期封建社会的历史背景以及儒家思想尚未被奉为统治思想有着一定的联系。

然而，对于"公室告"，如系重大犯罪，则处以重刑，如明知而不举者处以刑罚，表现了秦时奖励告发的政策。

如果案件是和赡养、抚养等家庭内部关系相关的，官府倾向于用调处息讼，而不愿意轻易准许诉讼。秦朝明确规定了"非公室告""家罪"，尤以"三环"之制，最为典型。睡虎地秦简中"三环"之制如下：

"免老告人以为不孝，谒杀，当三环之不？不当环，亟执勿失。"[5]

---

[1] 睡虎地秦墓竹简整理小组编：《睡虎地秦墓竹简》，文物出版社1990年版，第118页。
[2] 睡虎地秦墓竹简整理小组编：《睡虎地秦墓竹简》，文物出版社1990年版，第118页。
[3] 睡虎地秦墓竹简整理小组编：《睡虎地秦墓竹简》，文物出版社1990年版，第118页。
[4] 睡虎地秦墓竹简整理小组编：《睡虎地秦墓竹简》，文物出版社1990年版，第109页。
[5] 睡虎地秦墓竹简整理小组编：《睡虎地秦墓竹简》，文物出版社1990年版，第117页。

对于"三环"的解释，或理解为"宽宥三次"，或理解为"返还"三次。从秦汉对于与家庭关系相关的诉讼行为的规定来看，"返还"说是比较合理的解释。就是说七十岁以上的老人（免老）如果告子女不孝，需要告三次，官府才予以受理。这是因为所告为"家罪"之故。或因一时供养有缺，或因一时言辞不逊，很有可能自行缓解，有鉴于此，官府不立即受理。如"三环"之后，仍不能解决，官府再为受理。由于官方对于民事纠纷还是倾向于"调处息争"的态度，"三环"说可以放在这样的背景下来理解。

起诉的另一条件，是"辞廷"，就是要向有管辖权的衙门起诉。如前所述，一般案件只要到县廷起诉即可，特别情况下可以向郡廷起诉。关于"辞廷"的"廷"，睡虎地秦简中有专门的解释，《法律答问》载："'辞者辞廷'，今郡守为廷不为？为殹（也）。'辞者不先辞官长、啬夫。'可（何）谓'官长'？可（何）谓'啬夫'？命都官曰'长'，县曰'啬夫'。"[1]意为：诉讼者向廷诉讼，即向郡守起诉。但要先向官长、都官和县主管官员啬夫起诉。

原告在书面起诉状中，首先需要列明自己的姓名、籍贯、身份、职业等相关自然信息，睡虎地秦简《封诊式》载：

"男子某有鞫，辞曰：'士五（伍），居某里'可定名事里……"[2]

其中"士五，居某里……"，很可能就是起诉书的固定格式，此处还要记载诉讼请求、事实和理由、证据等相关信息。《包山楚简》中的"集箸"文书，亦可证明此点：

"东周之客许緹致胙于载郢之岁夏尿之月甲戌之日，子左尹命漾陵邑大夫謹（察）郜室人某㦮之典之在漾陵之参𨻻……"[3]

"集箸"文书并非起诉书，而是接受诉讼的官府查验当事人名籍的案件记录，是要呈交给上级部门的。但是从其中对于人物、时间、地点等大概记录情形，我们可以推知起诉书中应该有这些自然信息。

县廷受理原告的起诉之后，对于可能犯有重罪的被告实行逮捕和羁押，

---

〔1〕 睡虎地秦墓竹简整理小组编：《睡虎地秦墓竹简》，文物出版社 1990 年版，第 115~116 页。
〔2〕 睡虎地秦墓竹简整理小组编：《睡虎地秦墓竹简》，文物出版社 1990 年版，第 148 页。
〔3〕 湖北省荆沙铁路考古队编：《包山楚简》，文物出版社 1991 年版，第 17 页。

而对于轻微的刑事案件或者田土争讼案件则不会逮捕和羁押。

（三）审理与判决

官府在接到起诉之后，就要决定是否受理，并制作相关文书。从《包山楚简》"受期"文书中，我们可以看到不予受理的情形。如：

"九月癸丑之日，倌暖之司败周惑受期，辛酉之日不将登扉以廷，阩门又败。"[1]

这组"受期"文书格式一致，都是以"××月××之日，××（地点）之司败××（人物）受期，××之日不将××（诉讼事由），阩门又败"的形式写成。里面涉及两个日期，一个是"受期"日，一个是宣布"阩门又败"日，关于这两个日期，学界聚讼纷纭。[2]

笔者以这种受期文书，同样是要呈送上级的，受期日，应该是接到词讼的日子。后一个日期，则是接到词讼，经过审查，决定不予受理的日子。这一推测，比较符合司法实际。如同我们后文将要看到的那样，当时官府，并不是对所有案件都予以受理，尤其是民事案件，更是主张调处息争。所以诉讼提交到官府，官府首先要进行审查，决定是否予以受理。

如果决定受理，那么诉讼就进入到审理程序，根据相关材料，我们知道战国在案件审理过程中，除讯问原被告外，最重要的是检查分析证据。

如睡虎地秦简《法律答问》：

"盗徙封，赎耐。可（何）如为'封'？'封'即田千佰。顷半（畔）'封'殹（也），且非是？而盗徙之，赎耐，可（何）重也？是，不重。"[3]

可见私自移动用来证明地产的界石的行为，被视为侵犯官私土地所有权，应当判处耐刑，发生此类诉讼，"封"即为重要的证据。

岳麓秦简中，同样显示了官员在司法过程中，必须凭证据听断：

[1]　湖北省荆沙铁路考古队编：《包山楚简》，文物出版社1991年版，第20页。
[2]　主要的观点参见陈伟等：《楚地出土战国简册（十四种）》，经济科学出版社2009年版，第19~20页。
[3]　睡虎地秦墓竹简整理小组编：《睡虎地秦墓竹简》，文物出版社1990年版，第108页。

"十三年六月辛丑以来，明告黔首：相贷资缯者，必券书，吏，其不券书而讼，乃勿听，如廷律。前此令不券书讼者，为治其缯，毋治其息。"〔1〕

券书也就是产权的凭证，如果当事人拿不出产权的凭证，则法官不能听断，这同样是秦一秉至公、一断以法司法思想在司法程序中的体现。

又如关于债权债务纠纷，秦时已有明确的法律规定，《法律答问》："'百姓有责（债），勿敢擅强质，擅强质及和受质者，皆赀二甲。'廷行事强质人者论，鼠（予）者不论；和受质者，鼠（予）者□论。"〔2〕可见秦时，凡属借贷关系都应以签订契券为前提。债务人虽违背契券规定，但债权人对债务人仍不得使用暴力，强制其为人质，违犯者，罚相当于二副铠甲的钱。即使债务人同意做人质也同样罚同等的钱。"廷行事"作为典型判例的汇集，也规定债权人若强制债务人为人质，应给予刑事处罚。但被迫做人质的债务人不应判罪处刑。如债权债务双方同意用人质作为抵押，都要论罪给予刑事处罚。

上述规定表明，在借贷契券中不得写有人质内容，债权人不得扣押债务人为人质，强迫还债，而应申请官府解决债务纠纷。

在婚姻关系上无论结婚、离婚都须以文书为凭，《法律答问》有：

"'弃妻不书，赀二甲'，其弃妻亦当论不当？赀二甲。"〔3〕

就是说丈夫随意抛弃妻子，不向官府报告，取得离婚证书，应当罚交相当于两副铠甲的钱，其休妻也罚同样多的钱。通过这样的法律规定，维护婚姻关系的稳定。官府审理此类案件时首先要取得结婚或离婚的文书，然后据法予以审决。

在审讯过程中，除了检验相关书证、物证外，司法官同样采取西周以来"以五声听狱讼"的讯问方式，在这个过程中被告的供述、原告的控诉，也都作为证据记录在案。《封诊式》《讯狱》篇强调凡审理案件，必须"各展其辞"，使原被告双方都发表意见，尤其是证人的证言对于案件的审决发挥着重要的作用。

---

〔1〕 陈松长主编：《岳麓书院藏秦简》（4），上海辞书出版社 2015 年版，第 250 页。

〔2〕 睡虎地秦墓竹简整理小组编：《睡虎地秦墓竹简》，文物出版社 1990 年版，第 127 页。

〔3〕 睡虎地秦墓竹简整理小组编：《睡虎地秦墓竹简》，文物出版社 1990 年版，第 133 页。

待到事实查清，审理结束，就进入到判决的环节。战国时期案件的判决情形。和此前一样，也要求遵循法律进行宣判，所谓"读书如法"。通常情形下，严格遵循法律的规定，这几乎是战国各国都强调的司法规则，所谓"一断以法"，严守既定的标准。这在战国鼎彝铭文中亦有显现，如战国时齐国"子禾子釜"铭文提到：

"□□立事岁，襖月冈（丙）午，子禾子□□内者御吶□□命諛陞（陈）旻：左關（关）釜节于粜（禀）釜，關（关）鋪节于粜（禀）斺，關（关）人築桿威釜，闭粖，又□外盬釜，而爾（车）人剎（制）之，而台（以）□□退。如關（关）人不用命，籺寅□□，关人□□六（其）事，中刑勹逃（惩）。赎台（以）图半鎦（钧）。□□六（其）盂（贿），乒辟□逃（惩），赎台（以）□肝。□命者，于六（其）事区夫。丘关之……肌。"〔1〕

子禾子即田和，《战国策·魏策四》和《吕氏春秋·顺氏》都有记载，由此可知子禾子釜是田和未立为诸侯前所铸之器，其年代在公元前 404 年～前 385 年间年之间。该铭文大意是子禾子命令某往告陈旻，左关使用之釜以官府廪仓之釜为准，左关使用的鋪应以廪斺以为准。如关吏舞弊，减少或加大其量，都当制止，不从命者则论其事之轻重，施以刑罚。所施刑罚中，还带有赎刑，金半钧，疑从《周礼》"钧金"而来。从中显示了战国时期对标准的重视。

同样 1977 年出土的战国时期中山国"兆域图版"中铭文载有：

"王命賵为逃（兆）乏（法），阔狭小大之□川。有事者官罳之。逮（进）退这乏者，死亡若（赦）。不行王命者，快（殃）邀（咎）子孙。"〔2〕

这也说明了法律标准的严肃性，这也从一个侧面体现，战国时期各国都是在"法治主义"的框架下行事的，审判也不例外。当然，如果诉讼当事人的行为有明显的社会危害性，但是法律并无明确的定罪条文，或者虽有定罪，但没有明确的量刑标准。此时，判决时，还可以适用类推定罪，比附量刑。

---

〔1〕　铭文选自马承源主编：《商周青铜器铭文选》（第 4 卷），文物出版社 1990 年版，第 554 页。
〔2〕　铭文选自马承源主编：《商周青铜器铭文选》（第 4 卷），文物出版社 1990 年版，第 582 页。

类推定罪，即荀子所说：

> "有法者以法行，无法者以类举。以其本知其末，以其左知其右。"[1]

所谓以类举，实际上即《唐律疏议》"举重明轻，举轻明重"的做法，参考已有的标准，核查具体案件的危害程度，来决定罪刑的轻重。

除此之外秦国还规定，若法律无量刑明文，还可以参考典型判例，即"廷行事"来裁判。睡虎地秦简《法律答问》载：

> "臣强与主奸，何论？比殴主。斗折脊项骨，何论？比折肢。"[2]

至于比照廷行事（判例）断案，秦简中也有诸多规定，在此不赘。

（四）执行程序

判决完毕之后，司法官员照例要制作文书，从《包山楚简》"疋狱"一编，可以看出一些端倪，如：

> "冬栾之月甲辰之日，少臧之州人信土石佢讼其州人信土石䌈，言谓伤其弟石……既发引，执勿游，泥具识之，秀夏为李。"[3]

"疋狱"一编，同样都是格式化的文书。其格式为"××月××之日，××讼××，以（谓）其××（原因或事由）故，××识之，××为李"。对此司法文书的性质，学界有的解释为为审案记录，有的解释为受理后等待审理的记录，还有的解释为诉讼内容的分类记录等，并无确论。[4]笔者以为这应该是审判完结之后的归档文书。"××月××之日"，是审判的时间，"××讼××"，乃原告和被告，"以（谓）其××（原因或事由）故"，则是说明讼争的事实和理由，至于"××识之"和"××为李"，"识"亦称"志"，"李"则训为"理"，则可理解为记录人和审判人分别是谁之义。因为"疋狱"文书也极为简略，我们无法据此得出更多信息，作为一个案卷的归档材料，可能比较接近事实的真

---

〔1〕《荀子·大略》。

〔2〕睡虎地秦墓竹简整理小组编：《睡虎地秦墓竹简》，文物出版社1990年版，第111页。

〔3〕湖北省荆沙铁路考古队：《包山楚简》，文物出版社1991年版，第22页。

〔4〕参见陈伟等：《楚地出土战国简册（十四种）》，经济科学出版社2009年版，第38页。

相，也符合法家司法的"文牍主义"特点。

而凡未在规定期限内上诉，判决即生效，进入判决执行环节。

先来看刑事案件的执行，主要是对罪犯施行刑罚。从相关材料中，我们可以知道，主要有这么几类：

1. 死刑

由于战国各国都趋向于法家式司法模式，所以战国时期的死刑较之此前，种类多，执行起来也更为残酷，除延续此前的枭首、腰斩、弃市之外，尚有：

（1）族诛

秦在商鞅变法之前，已有族诛。《史记》云：

"（秦文公）二十年，法初有三族之罪……（武公）三年，诛三父等而夷三族，以其杀出子也。"[1]

至商鞅变法后，扩大了族刑的范围，商鞅改革中有一项重要的内容，就是发明了"连坐法"，连坐亦称"相坐"，意味古代一人犯罪株连自己家庭、家族、乡邻和其他人的刑罚制度，源起于上古的孥戮、劓殄等制，商鞅将其大大发展，形成一整套连坐体系，其种类有四：一为邻伍连坐，"令民为什伍而相牧司连坐。不告奸者腰斩，告奸者与斩敌首同赏，匿奸者与降敌同罚。"；二为军事连坐，一人逃则"到其四人"；三为家庭连坐，"一人有罪，并坐其家室"；四为职务连坐，下级逃亡则要连带处罚上级。[2]至此，族刑已经不仅仅等同于灭自己亲族之族，还殃及周围。族刑和其他以残酷方式致人死亡的死刑，都是法家"重刑主义"的极端化。

（2）车裂

亦称"轘"，即将犯罪人杀死后，然后用将四肢和头部各套在车五辆车上，然后将尸体撕裂，即俗称的"五马分尸"，这种情形各国都可看到：

"秦惠王车裂商君"[3]（秦国）
"齐王大怒，车裂苏秦于市。"[4]（齐国）

---

〔1〕《史记·秦本纪》。
〔2〕参见《史记·商君列传》。
〔3〕《史记·商君列传》。
〔4〕《战国策·楚策一》。

（3）磔

即肢解，亦是杀人碎尸的酷刑。秦、楚两国皆有：

"甲谋遣乙盗杀人，受分十钱，问乙高未盈六尺，甲何论，当磔。"〔1〕（秦国）

"荆南之地，丽水中生金，人多窃采金，采金之禁，得而辄辜磔于市。"〔2〕（楚国）

（4）其他

此外，还有其他林林总总的死刑，如定杀（又称沈，指将人淹死）、凿颠（凿人头部致人死亡）、抽肋（抽骨致人死亡）、囊扑（将人装袋内扑打致人死亡）、烹（烧杀）、剖腹等，〔3〕各国皆有。但此类刑罚，与其将之看作是法律规定，不如说是法外酷刑。

2. 肉刑

战国时期，各国大都继续沿用此前的肉刑，主要仍是墨、劓、刖、宫等，如：

（1）墨刑（黥刑）

"（秦）太子犯法，卫鞅……黥其师公孙贾。"〔4〕（秦国）

"庞涓恐其贤于己，疾之，则以法刑断其两足而黥之。"〔5〕（魏国）

（2）劓刑

商君既变法，"行之四年，公子虔复犯约，劓之。"〔6〕（秦国）

"王（楚王）曰：'悍哉'，令劓之。"〔7〕（楚国）

---

〔1〕 睡虎地秦墓竹简整理小组编：《睡虎地秦墓竹简》，文物出版社 1990 年版，第 136 页。

〔2〕 《韩非子·内储说上七术》。

〔3〕 参见《睡虎地秦墓竹简》《汉书·刑法志》《晋书·刑法志》《竹书纪年》《新论》《说苑》等简牍与文献记载。

〔4〕 《史记·商君列传》。

〔5〕 《史记·孙子吴起列传》。

〔6〕 《史记·商君列传》。

〔7〕 《战国策·楚策四》，另见《韩非子·内储说下六微》。

"田单宣言曰：吾惟惧燕军之劓所得齐卒……"[1]（燕国）

（3）刖刑（剕刑、膑刑）

"五人盗，赃一钱以上，斩左止。"[2]（秦国）

"齐中大夫有夷射者……门者刖跪请曰……"[3]（齐国）

"……车遂刖其足，赵成侯以为不兹……"[4]（赵国）

"庞涓恐其贤于己，疾之，则以法刑断其两足而黥之。"[5]（魏国）

（4）宫刑

"臣邦真戎君长……其有腐罪，（赎）宫。"[6]（秦国）

3. 徒刑（劳役刑）

从睡虎地秦简中，我们可以发现大量的因犯罪而定为城旦舂、鬼薪、白粲、隶臣妾、司寇、作如司寇、侯等刑罚，这等刑罚为徒刑已经为学术界承认。徒刑名称最初是以其服刑期间所附劳役为名的。

（1）城旦舂

城旦为男刑徒，服刑期间修建城垣，舂为女刑徒，服舂米之役。一般认为是五年徒刑，可能为防止逃跑，或者为表对犯人的刑辱，往往在徒刑之外，还会加上其他刑罚，睡虎地秦简中，可以看到大量附加了刖刑、墨刑、劓刑、髡（剃发）、耐（剃鬓须）、完（头发和鬓须皆剔除）再服城旦舂的例子。此外，有时还得戴上械具再服刑，比如枷号等。

（2）鬼薪、白粲

鬼薪，乃是祠祀鬼神用的柴火，而白粲，则是祠祀鬼神用的精米。鬼薪为男刑徒，要承担为祠祀砍柴的劳役；白粲为女刑徒，则要承担捡择精米的劳役。一般认为是四年徒刑。

[1] 《资治通鉴·周纪四》"赧王三十六年"。

[2] 睡虎地秦墓竹简整理小组编：《睡虎地秦墓竹简》，文物出版社 1990 年版，第 93 页。

[3] 《韩非子·内储说下六微》。

[4] 《韩非子·外储说左下》。

[5] 《史记·孙子吴起列传》。

[6] 睡虎地秦墓竹简整理小组编：《睡虎地秦墓竹简》，文物出版社 1990 年版，第 120 页。

（3）隶臣妾

隶臣为男刑徒，隶妾为女刑徒。隶臣妾含义比较丰富。[1]不仅限于徒刑当中，身份刑中没为官奴婢者，也可称臣妾。而秦简中的隶臣妾，则多指徒刑犯人，其服役范围较广。

（4）司寇、作如司寇

秦简中的司寇，与传世文献中的西周至战国的"司寇"，含义根本不同。此处的"司"，有侦查之义，负责监视敌人。同样男刑徒称司寇，女刑徒称作如司寇。高恒先生认为："秦刑徒司寇所服的劳役，是监督、带领服城旦舂劳役的刑徒。"[2]从秦简中固然可以看出司寇有监工的意味，但这些刑徒同样有服兵役的意味。司寇刑通常被认为是两年。

（5）候

候即"斥候"，即侦查敌情。很难说是限制自由的徒刑，秦简中显示这是对有罪官僚的惩罚，有点类似于"戴罪立功"性质，一般被认为是一年的徒刑。

当然，以上徒刑的服刑时间究竟如何，始终存在争议。实际上，战国时期是否形成了这种 1 年~5 年刑期严明的徒刑，是否如学者所认为的城旦舂、鬼薪白粲、隶臣隶妾是终身服刑那样，[3]目前仍无法得到确证。传世文献中也没有材料可以印证。

但所有以上徒刑名，除云梦秦简之外，都可以在近年流行的岳麓秦简中找得到，这就意味着云梦秦简展示的徒刑体系并非孤证。[4]

4. 身份刑

身份刑又称为"收孥"刑、"收"、"没"等，即将罪犯没为奴婢之刑，前述隶臣妾亦有作为奴婢的情形。除此之外，还有本人虽未犯罪，但是因亲属

---

〔1〕 详尽的研究参见李力：《"隶臣妾"身份再研究》，中国法制出版社 2007 年版。

〔2〕 高恒："秦律中的刑徒及其刑期问题"，载高恒：《秦汉简牍中的法制文书辑考》，社会科学文献出版社 2008 年版，第 88 页。

〔3〕 参见高恒："秦律中的刑徒及其刑期问题"，载高恒：《秦汉简牍中的法制文书辑考》，社会科学文献出版社 2008 年版，第 87 页。

〔4〕 岳麓简第 2041 简有"人奴婢，黥为城旦舂"，第 2011 简有"当黥城旦舂以及上命者亡城旦舂、鬼薪白粲舍人"，简 1965 有"主匿亡收，隶臣妾"，简 1975 有"私官隶臣，免为士五（伍）、隐官及隶妾"，简 1976 有"其狱未出鞫而自出也，笞五十，复为司寇"等，此可印证睡虎地秦简中的徒刑体系，参见陈松长主编：《岳麓书院藏秦简》（4），上海辞书出版社 2015 年版，第 235~238 页。

犯罪受牵连而被没为官奴婢的例子，这些在史籍中亦有反映，比如：

"事末利及怠而贫者，举以为收孥。"[1]（秦国）

"赵之法，以城叛者，身死家收。"[2]（赵国）

5. 流刑

战国时期并没有形成如后世"流刑"那样严格的概念，但是流放的形式确早不鲜见，流刑，在战国时有时称"流"，有时称"放"，还有称"逐"，称"迁"者，都大同小异。且流之远方之后，并未交代是否要在"配所"中服役，但从屈原《离骚》等篇章看来，流刑似乎并不限制流人的自由，只是将之逐出一定的地方即可。

"卫鞅曰：'此皆乱化之民也'，尽迁之于边城。"[3]（秦国）

"屈平既嫉之，虽放流，眷顾楚国，系心怀王，不忘欲反。"[4]（楚国）

"魏之令，不孝弟者流之东荒。"[5]（魏国）

至于流刑的执行，岳麓秦简给我们提供了一些信息，第1419与1425二简中提到：

"迁者，迁者包及诸罪当输，□及会狱治它县官当传者，县官皆言狱断及行年日月及会狱治行年日月，其迁，输……"[6]

第1928简和0167简提到：

"法，耐罪以下迁之，妻欲去许之。"[7]

前一条因缺乏上下文语境，要得确解比较困难，但大体而言，就是执行流刑，需要造册，将迁徙的时间和地点告知相关方面。而后一条则很明确，

[1]《史记·商君列传》。

[2]（西汉）刘向：《列女传》"卷四"。

[3]《史记·商君列传》。

[4]《史记·屈原贾生列传》。

[5] 桓谭：《新书》，转引自（明）董说原著，缪文远订补：《七国考订补》（下），上海古籍出版社1987年版，第705页。

[6] 参见陈松长主编：《岳麓书院藏秦简》(4)，上海辞书出版社2015年版，第245页。

[7] 参见陈松长主编：《岳麓书院藏秦简》(4)，上海辞书出版社2015年版，第239页。

就是如果犯人迁流，其妻子愿意相陪者，可以陪同犯人共流远方。这和后世流刑的规定，有很大相似之处。

此外，刑罚执行见于传世文献和简牍者，尚有"笞""鞭""罚金""赎罪"等，皆是承春秋故事而有所发展。

下面再来看民事判决的执行情形。从睡虎地秦简《封诊式》所载爰书，可略知，在民事财产查封的执行中，将查封的物证与之关系密切的人证、书证等紧密衔接，充分发挥在查封财产中的证据运用，原文如下：

> "乡某爰书：以某县丞某书，封有鞫者某里士五（伍）甲家室、妻、子、臣妾、衣器、畜产。甲室、人：一宇二内，各有户，内室皆瓦盖，木大具，门桑十木。妻曰某，亡，不会封。子大女子某，未有夫。子小男子某，高六尺五寸。臣某，妾小女子某。牡犬一。几讯典某某、甲伍公士某某："甲党（倘）有它当封守而某等脱弗占书，且有罪。"某等皆言曰："甲封具此，毋（无）它当封者。"即以甲封付某等，与里人更守之，侍（待）令。"

爰书大意是，根据某县县丞某的文书，查封被告人某里士伍甲的房屋，妻子，奴婢，衣物，牲畜。共计：堂屋一间，卧室二间，都有门，房屋都用瓦盖，木枸齐备，门前有桑树十株。妻名某，已逃亡，查封时不在场。女儿大女子某，没有丈夫。儿子小男子某，身高六尺五寸。奴某，奴婢小女子某，及公狗一只。查问里典某某，甲的邻居公士某某："甲是否还有其他应加查封而脱漏未加登记的财产，如果有，将是有罪的。"某等都说："甲应查封的都在这里，没有其他应查封的了。"当即将封交付某等，要求他们和同里人轮流看守，等候命令。

上述案件的民事执行，首先，要求该乡负责人上交查封实录与书面检证报告，以便官府进一步查对；其次，要求里典某某、邻居公士某某作证，并强调作伪证应承担的法律责任。同时要求乡负责人正式办理移交手续，协同里人某等轮流看守封存物品，等候官府下达执行命令。

从秦简中，可知民事判决的执行，大体可以得出以下结论：

其一，民事执行一般不伴随人身强制，民事责任多以损害赔偿为主。正是由于秦汉不以人质作为履行债务的担保，起诉后，一般不控制债务人的人身自由。执行时，一般也不对人身加以执行，而只对财产执行。

其二，债权人如执行判决不便，可以请人代为执行。

其三，民事执行要以权威的文书为凭据。前已述及，官府判决书自然是权威的执行凭据。其他如相关"爰书""验问书"均可作为执行的依据。

当然，前已述及秦汉时期，对于民事纠纷，官方一般不鼓励诉讼。即便是"以法为教""一断以法"的秦朝，也不主张百姓动辄进行民事诉讼。法家集大成者韩非就曾经提到：

"狱讼繁，则田荒；田荒，则府仓虚，府仓虚则国贫，国贫而民俗淫侈，民俗淫侈则衣食之业绝，衣食之业绝则民不得无饰巧诈，饰巧诈则知采文，知采文之谓'服文采'。狱讼繁，仓廪虚，而有以淫侈为俗，则国之伤也若以利剑刺之。"[1]

显然，韩非认为诉讼繁多会导致百姓不事生产，田地荒芜，会使国家粮食不足，甚至还会沾染上奢靡淫侈的习俗，会给国家带来极大的危害，所以不鼓励诉讼。秦朝以法家思想立国，对于韩非这样的认识自然是认同的。睡虎地秦简中"三环"之制，都是对民事告诉的限制。这也反映了战国时各国一般的民事判决执行情形。

（五）司法责任

最后再来看法官的司法责任问题。战国时选官以能力为首要考量，所谓"审民能，以任吏"[2]，"因能而授官，循名而责实"[3]，"明主听其言必责其用，观其行必求其功"[4]。睡虎地秦简《为吏之道》中记载了秦官员应该遵守的一般准则，颇具史鉴价值。

"凡为吏之道，必精洁正直，慎谨坚固，审悉毋私，微密纤察，安静毋苛，审当赏罚。严刚毋暴，廉而毋刖，毋复期胜，毋以忿怒决。宽容忠信，和平毋怨，悔过勿重。慈下勿陵，敬上勿犯，听谏勿塞。审知民能，善度民力，劳以率之，正以矫之。反赦其身，止欲去愿。中不方，名不章；外不圆。尊贤养孽，原野如廷。断割不刖。怒能喜，乐能哀，智能愚，壮能衰，勇能

---

〔1〕《韩非子·解老》。

〔2〕《为吏之道》。

〔3〕《韩非子·定法》。

〔4〕《韩非子·六反》。

屈，刚能柔，仁能忍，强良不得。审耳目口，十耳当一目。安乐必戒，毋行可悔。以忠为干，慎前虑后。君子不病也，以其病病也。同能而异。毋穷穷，毋岑岑，毋衰衰。临财见利，不取苟富；临难见死，不取苟免。欲富太甚，贫不可得；欲贵太甚，贱不可得。毋喜富，毋恶贫，正行修身，过（祸）去福存。"〔1〕

此外，还对官吏的劝民、理政诸多方面提出了具体的要求：

"戒之戒之，财不可归；谨之谨之，谋不可遗；慎之慎之，言不可追；綦之綦【之】，食不可偿。怵惕之心，不可【不】长。以此为人君则鬼，为人臣则忠；为人父则慈；为人子则孝；能审行此，无官不治，无志不彻，为人上则明，为人下则圣。君鬼臣忠，父慈子孝，政之本也；志彻官治，上明下圣，治之纪也。除害兴利，慈爱万姓。毋罪毋罪，毋罪可赦。孤寡穷困，老弱独传，均徭赏罚，傲悍袤暴……"〔2〕

当然，对司法官员最大的要求，还是在"明法令"一端，尤其是秦国，官员最重要的素质就是通晓法令，并严格执法。这点在《商君书》中表现得至为明白：

"各主法令之民，敢忘行主法令之所谓之名，各以其所忘之法令名罪之。主法令之吏有迁徙物故，辄使学读法令所谓，为之程式，使日数而知法令之所谓；不中程，为法令以罪之。有敢剟定法令、损益一字以上，罪死不赦。诸官吏及民有问法令之所谓也于主法令之吏，皆各以其故所欲问之法令明告之。各为尺六寸之符，明书年、月、日、时、所问法令之名，以告吏民。主法令之吏不告，及之罪，而法令之所谓也，皆以吏民之所问法令之罪，各罪主法令之吏。"〔3〕

战国时期，对于司法官的选任，既重视法律素养，又严定失职的惩罚。秦国以明法律令作为区分良吏恶吏的标准，所谓"良吏"明法律令，"恶吏"

---

〔1〕 睡虎地秦墓竹简整理小组编：《睡虎地秦墓竹简》，文物出版社 1990 年版，第 167~168 页。
〔2〕 睡虎地秦墓竹简整理小组编：《睡虎地秦墓竹简》，文物出版社 1990 年版，第 169~170 页。
〔3〕 《商君书·定分》。

不明法律令。秦律确立了"不直""纵囚""失刑"等罪名,用以惩治司法官或故意或过失的失职行为。据睡虎地秦简《法律答问》:

> "论狱何谓'不直'?何谓'纵囚'?罪当重而端轻之,当轻而端重之,是谓'不直'。当论而端弗论,及易其狱,端令不致,论出之,是谓'纵囚'。"[1]

凡是罪重而故意轻判,应轻判而故意重判,为"不直";应论罪而故意不论,以及故意从轻认定案情,使其达不到判罪标准,称为"纵囚";至于失刑,则是因过失而处刑偏于从轻。犯此三种皆要"治以律",即依法判罪。

为了使官吏准确地援法断案,秦统治者要求官吏熟悉法律,尤其要熟悉奉职范围内的法律。每年要向中央主管法律的官吏核对法律,所谓"岁仇辟律于御史"。已经废除的律令不得再执行,否则治罪。因此,在战国时期,对于司法官的责任,显然较之以前不仅更为强化,且更加的制度化了。

本章小结

春秋战国时期,是一个大转折、大变革时期。在这个时期中,西周的礼乐文明进一步崩溃,表现出来的社会情形即是"礼崩乐坏";而同时,新型的"法治文明"逐步兴起,表现在立法上,即是春秋时公布成文法,战国时变革旧贵族法;表现在司法上,则是春秋时突破西周旧礼制,而战国时厉行精神偏"严"的新"法制"。当然这个过程本身没有绝对的分界线,从礼崩乐坏到一断以法,这个转型用了将近500年。

尽管关于春秋战国的材料不少,但是对于我们全面理解这个时期的司法文明而言,依旧是文献不足征。表现在传世的史料,多集中于社会上层人士和时代风云人物的活动上,对于司法情形,只有寥寥几笔。而新出土的简牍文献,即便排除文字释读上的困难,所展现的司法内容,仍是零零碎碎。春秋战国时期,因为西周礼制的衰弱,象征"礼"制传统的青铜鼎彝,逐渐式微,鼎彝铭文,越来越简,到最后甚至只有"物勒工名"的趋势,即不在鼎

---

〔1〕 睡虎地秦墓竹简整理小组编:《睡虎地秦墓竹简》,文物出版社 1990 年版,第 115 页。

彝上铭刻史事，而只留器主名字及时间，因此，其反映的司法信息甚为微小。而简牍，虽然相对丰富，但所涵地域，并不广泛。这一切都注定了它们反映的司法信息，都是相对片面的。虽然笔者将文献和文物结合起来研究，但限于材料本身以及笔者的释读水平，我们所展示的春秋战国司法文明，依旧是一个粗浅的探索。但笔者深信，随着材料的进一步丰富，以及学术界研究水平的深化，春秋战国乃至整个先秦司法文明的图景，必将会得到越来越清晰的展示。

结 论

诚如德国法学家卡尔·恩吉施所论：

"法律史学家有责任通过他的研究，从法律渊源的直接的意义内容，推进到制定法和习惯的动机（动机理解），还可能要介绍在创制法律作品中的个性特征和精神力量，但最后，要揭示法律从中产生的整个历史情势。"[1]

本书在研究过程中，一定程度上贯彻了这样的法律思维，以时间为轴，对于先秦时期的司法文明发展和演变过程做了梳理，在每一个历史阶段中，探讨了司法的观念、形态、程序、制度、思想、人物等，强调司法的个性之余，不忘重点交代此一时期司法文明产生的历史情势，以便能更好地把握其间的诸因果关系。

我们首先将夏朝之前的时代统称为初民时代，这个时代如此漫长且材料如此稀少，以至于我们很难追溯到中国法律和司法产生的确切源头，最终的研究，依旧停留在"假设"或"假说"的状态。如我们在绪论中提到的，对事物源头的惊奇和追问，乃人类与生俱来的一种本能。而事物的源头，又恰恰影响、制约乃至决定了其之后的发展轨迹。所以古往今来，对于中国法律和司法起源的追问，从来就没有停止过，随之产生了各种各样的假说，如"天意说""圣人制刑说""自然或天理说""军事征伐说""治水说"等。如果不将司法视为待国家成立之后才有的解决纠纷的活动的话，那么我们可以说，只要人类当中出现某种权威人物或权威力量时，司法就能产生。联系到

---

〔1〕 ［德］卡尔·恩吉施：《法律思维导论》，郑永流译，法律出版社2014年版，第104页。

古代典籍的记载，那么"垂裳而治"和"象以典刑"，或许算是我国司法活动的雏形，这更多是原始部族内部的司法行为，本质上实际上是道德的规训。而对于外部，则伴随着部落战争的展开，产生了刑罚。刑罚最初可看作是对外族的司法方式，随着部落的扩大和事务的繁多，逐渐由外而内，也开始适用于本部落者。但是不管部落内外，在司法过程中加以道德训诫，始终是不曾停止的。残酷的刑罚与谆谆的道德训诫，构成初民时代的司法特征。这一特征对后世影响巨大，"明刑弼教"本质上可视为初民时代规训与惩罚的延续，只是在初民时代这样的做法或许是无意识的，至后世则将两者紧密地联系在一起并发扬光大。

初民时代的司法，无论其依据还是行为方式，都极为粗陋。但是我们却不能简单地以"随心所欲"这个词来概括，虽然我们无法发现确定的规则，但是此一时期初民在司法活动中，"规则意识"始终是存在的。诚如马林诺夫斯基所论：

"确有一组有约束力的规则支配着部落生活的基本方面，它规范了亲属、氏族成员和部落成员之间的个人关系，明确了经济规模，规定了权力的行使和巫术的实施，确定了夫妻及各自家庭的地位。"[1]

正因为有规则意识的存在，所以我们才能说初民的规训与惩罚，体现了司法的原始形态。必得有规则且将规则适用于现实情形中，才能称之为司法，不管这规则以何种形式体现出来。

接着，我们探讨了夏商时期的天罚与神判。"天罚"与"神判"，实际上是将"天"和"神"作为法律的渊源与司法的依据，"天罚"和"神判"的解释权掌握在统治者手中，在夏朝时，王直承天，而商朝时，则构建了相对严密且复杂的祖宗神系统。王通过"巫"一类的媒介沟通天人，而在巫与天之间，还有一位负责传达天意的祖宗神。王最终根据"天"的意见来进行司法。当然，需要运用专门占卜仪式来进行司法者，一定是特别重大的事件。普通司法所采用的神判方式，可能不必经甲骨卜筮，而直接用带有赌博性质的做法来体现，比如"捞汤""炮格"之法等。这个时期虽然已经出现了文

---

〔1〕［英］马林诺夫斯基：《原始社会的犯罪与习俗》（修订译本），原江译，法律出版社2007年版，第44页。

字记载，且甲骨文已经被认定为比较成熟的文字形态。然而目前已经出土的甲骨文献中，能够反映司法情形的寥寥无几。而传世文献中对于夏商的记载，都是后人对此一时期的追忆。所以要想清晰地复原夏商情形，同样是一项不可能完成的任务。不过有一点可以确信，即夏商时期，构成后来西周礼乐文明的"礼"，已经在发育并成长的过程中。所谓"礼起于祀"，不必等到夏商，但是这一时期对巫觋仪式的热衷，无疑大大推进了形式化的礼的发展，乃至后来成为法律和司法的重要渊源。如李泽厚先生即认为：

> "'礼'由'巫'而来，结合日常生活，建构了一整套行为规范和社会秩序（包括官制）。"〔1〕

故而虽然很难找到夏商明确的司法规则和确切的司法案例，但是在司法形式和司法观念上，夏商深刻地影响了西周。西周继承了夏商礼的形式，又充实了礼的内涵，从而开创出一种具有高度人文精神的司法文明。

于是我们进入到西周时期的司法文明，总的来看是灿烂大备的。这一时期关于司法文明的材料陡然增多，一方面是历史和文明演进的结果，经过人类许多个世纪的积累，到此时无论是文字还是思想，都展示出成熟和深刻的特点；另一方面还在于西周加上此后的东周，享国长久，所谓"八百载，最长久"（《三字经》），各类资料和档案积累得相对丰富，再加上孔子对于"从周"的宣传，于是不少文献，冠以"周"的名义传世。不过也因为如此，使得关于西周的文献，十分驳杂，真伪参半。需要结合出土文物及时代背景，加以详细考辨。综合各种材料，我们可以确知"远神近人""理性司法"，是西周司法文明最大的特征。西周对夏商之礼加以损益，注入了大量的人文精神，展示了人类的崇高"德性"。中华法系及其司法文明中的礼教中心、义务本位、家族主义、民本对待等基本特征，都在西周这个阶段得到了充分展示。在司法思想上，西周强调"敬明乃罚，哀矜折狱""义刑义杀，刑兹无赦""非佞折狱，惟良折狱"等；而在司法制度上，则机构完备，程序规范，充分贯彻了"公正""合理"诸种理念。尽管传世文献中关于西周的记载，很多只是后世的一种理想投射，将西周"塑造"成那种高度文明的图景，但从青

---

〔1〕 李泽厚：《由巫到礼 释礼归仁》，生活·读书·新知三联书店 2015 年版，第 51 页。

铜彝器的铭文及图像中，可以证明，文献记载的并非全是理想，很大部分确为西周的现实。

最后我们进入到先秦最后的阶段东周乱世——春秋和战国，这个阶段，无论是传世文献还是出土文物，较之此前的阶段，更为丰富。特别是因为简牍的发现，使我们对战国中后期的法律制度，有了直接而确切的认识。只有到这个时候，我们对于规范的法律条款，不需要借助各类资料的拼接，而可以直接"拿来"，尽管简牍也并非完全，但是至少我们不用靠证据去推断法律条款或者法律规范究竟是如何规定的。凭借着这样的便利条件，我们可以相对完整地勾勒司法制度，往上追溯，这实质上是春秋公布成文法带来的福音。而世守的"王官学"之一的司法制度或思想，得以进入到更多人的视野，恰恰要拜东周礼崩乐坏之赐。特别是在思想方面，如果没有西周到春秋这样历史巨变的刺激，很难想象春秋战国会出现"百家争鸣"的思想解放或者思想启蒙运动。而思想家在这样的历史环境中，对于如何拯救世界和如何安身立命的思考，超越了时代，成为后世诸多思想或者制度的渊源。他们的思考是如此深刻，远远不止于描述或者批判现象的层面，而是进入到了追问本体或者本质的层面。即便他们所用的是旧材料，讨论的是逝去的历史，如念兹在兹梦回周制、"克己复礼"的孔子，考虑的其实并非复原西周那套制度。以孔子之智，且享"圣之时者"之誉，岂不知将西周礼乐强用于变化了的当世，无疑是胶柱鼓瑟之举。他考虑的"礼"，与其说是礼之节文，毋宁说是"礼之根据"，一个更为深入的原理性追问。如劳思光先生所评价的那样：

> "礼取'秩序义'者，主要自是指制度而言；此固已与仪文有本末之分，但再进一步看，则以秩序或制度释'礼'时，秩序制度之根据何在？始是基本问题。此点在孔子前，殊无人能作明切说明。"[1]

也就是说节度秩序之礼，世俗礼生皆能论，而理论意义之礼，至孔子始正式阐明此意义。节度秩序恰恰是历史性的，而理论意义，则超越一时一地，我们至今仍受其赐。先秦司法文明的历程，也就是人类思想逐渐进化的历程。待到能够从纷繁复杂的万千现象和支离破碎的观念情绪中，抽象出一套清晰

---

〔1〕 劳思光：《新编中国哲学史》(1)，生活·读书·新知三联书店 2014 年版，第 85 页。

且极具解释力量的普遍原理时，这就实现了一个质的飞跃。雅斯贝斯所认为的人类文明的"轴心时代"，并不以制度发达为标志，而是精神上的彻底提升，这一提升，影响或者左右了人类命运数千年。

纵观先秦时代司法文明发展历程，我们可以对其特点或者规律性做出这么几点概括：

1. 因文献不足征故，这一时期的司法文明，带有浓郁的传说色彩。我们今天所知道的不少司法人物和司法活动，并非当时实录，而是后世人们司法心理的投射。比如被奉为"狱神"的皋陶，其人虽出现在可信度较高的今文《尚书》之中，其司法活动往往伴随着神迹，亦体现出被后代长期尊奉的主流道德的色彩。这种情形，不惟初民时代如此，一直到先秦末期，都夹杂着想象或传说的成分。

2. 先秦的绝大多数时期，法律并不以成文法的方式呈现，即或有，也是藏于秘府而不公开。故而不唯我们，即便是先秦时代的人们，亦只有极少数的人知悉法律条款。且因年代久远之故，迄今没有任何一部先秦的法典完整地流传下来。所以我们对于先秦法律和司法制度，不是通过法典，而是凭借"拼接"诸种材料的方式去获知的。先秦的大量法律制度，通过诗歌、公文档案、礼节秩序、卜筮词汇、史籍记录等形式载体表现出来。故而所谓"六经"，实是我们进入先秦司法文明之域的主要津梁。

3. 古人所理解的法律制度和司法文明，与我们今天不同。若拘滞于今天一般法学理论中的术语或概念去对待先秦司法文明，则必不能得其要。我们应该从秩序的形成和社会的治理两个方面来理解，先秦司法是秩序形成和保障的重要举措，主要服务于社会的治理而非当事人权利的维护。苟能平息纷争，强化裁判者的权威，则无论是司法依据的渊源还是所采用的程序，都有灵活适用的余地。所以先秦司法，常常逸出今天我们所理解的司法本身，而进入到政治或道德等其他的领域。

4. 根据种种材料来看，即便先秦法律和司法的成文化、法典化水平低，不代表没有系统的法律和司法制度，只不过现在作为一个整体已经失传，所以呈现出零碎化或分散化的表象，甚至有时只是作为思想家论证观点所用的不怎么可靠的"背景"，但是其中诸多的命题为后代立法者作为思想源泉，加以深化，并逐渐体系化。

5. 记载先秦司法文明的材料，真伪参半，很多公认的先秦伪书，如"尚书伪孔传""孔子家语",或者成书较晚的经书,如古文《尚书》《周礼》《仪礼》等,仍然有其巨大的价值。且随着考古发掘的日进,人们逐渐发觉"伪书"所载制度或事迹,未必尽伪,为真者亦不少。更关键的是,即便确系伪造,却表达了伪造者真实的思想,其中包含了对先秦时代的敬仰,对理想秩序的期待,对美好生活的向往。这种理念,使得"先秦"被塑造成文明的典范,言必称三代或者动辄引六经诸子来为自己的行为或思想寻求理据,是之后政治法律诸家常用的做法,是以先秦时期的司法文明,即便很多都停留在理念的层次上,也往往在后世变成了现实。

关于先秦时代的司法文明对后世的影响,前书中已屡屡论及,不做具体重述。仅再强调一点,因为先秦司法文明已经成为中华文明的典范,故而终传统之世,主流社会始终希望实现或者保持这样的典范。可能我们身在此山,所以体认未必深刻。但是比较法学家在刚刚接触到中华法系时,往往惊讶于其保守性及由此带来的象征色彩。马若斐(Geoffrey MacCormack)先生即认为:

"中国法典与法律程序中的许多特征源于对古代人文道德传统的保留和守护以及对祖先智慧的深深敬意。同时它们反映了维护社会稳定、拒绝混乱局面的'秩序'观念。传统中国的'保守精神'对法律影响之深刻,在西方人看来是不可思议的……不仅如此,许多规则即使已经与社会脱节,依旧能够在法典中长期保留。"[1]

马若斐这段话,可以充分诠释先秦司法文明对中华法律传统的影响。因为先秦司法文明,就是古代人文道德传统和祖先智慧的代表,对先秦制度的坚持,与其说是胶柱鼓瑟,不如说是对制度背后渗透出的理想的坚持。是以即便规则因为时代的流逝成为具文,但依旧保留在法典当中而仅具有象征的意义,但绝不能说没有价值。因为它们的存在就表明了立法者对超越性的道德价值的追求,即"止于至善"。[2]

---

〔1〕 [英]马若斐:《传统中国法的精神》,陈煜译,中国政法大学出版社2013年版,第27页。

〔2〕 举例言之,北宋法律中有"刺配沙门岛"之条,沙门岛地处于我国山东省蓬莱岛的西北海上,即今天的庙岛群岛之中。至南宋,此地为金国所有,南宋因徒自然无法刺配该地。然而此条法律并没有被南宋政权所废除,其中所蕴含的意味,不在于法律是否能被执行,而在于表达南宋立法者"恢复中原"的理想信念。同样"同姓不婚"作为一条法律,可能从未被真正执行过,但是传统法典中始终保留着这一条,也是象征性高于实用性,表达立法者对于婚姻关系的纯正性的维护。

表面看来，这是以牺牲法律的实用性为代价的。但是如果从文明传递来看，这种保守主义，又何尝不是"何以中国"的原因呢？所以从这个意义上来说，我们研究先秦司法文明，绝不只是知识的发掘，即先秦司法文明是什么或有什么，而还要"述往事，思来者"，寻求先秦司法文明中蕴含的永恒的"道"，给今天乃至将来的法律生活以启示。如熊十力先生在《读经示要》中所云：

"故经为常道，不可不读。人生一方面固须从事知识之学，以通万变。一方尤须从事超知之学（经学不限于知识之域，而给人以参造化，究天人之广大智慧，故是超知的学问），以于万变中而见常道。人生如不闻常道，则其生活纯为流转，绝无可据之实。其行事恒随利害易向，而不以公正为权衡。"[1]

如此而言，先秦司法文明绝非陈迹，而是生动活泼的现实，其潜德幽光，必大兴于后世。

---

〔1〕　熊十力：《读经示要》，中国人民大学出版社 2006 年版，第 97~98 页。

参考文献 *

古籍类

《春秋公羊传》，黄铭、曾亦译注，中华书局 2016 年版。

《管子》，（唐）房玄龄注，（明）刘绩补注，刘晓艺校点，上海古籍出版社 2015 年版。

《国语》，陈桐生译注，中华书局 2013 年版。

《韩非子》，高华平、王齐洲、张三夕译注，中华书局 2015 年版。

《孔子家语》，王国轩、王秀梅译注，中华书局 2014 年版。

《老子》，汤漳平、王朝华译注，中华书局 2014 年版。

《礼记》，（元）陈澔注，金晓东校点，上海古籍出版社 2016 年版。

《列子》，（晋）张湛注，（唐）卢重玄解，（唐）殷敬顺、（宋）陈景元释文，陈明校，上海古籍出版社 2014 年版。

《吕氏春秋》，陆玖译注，中华书局 2011 年版。

《孟子》，方勇译注，中华书局 2017 年版。

《墨子》，方勇译注，中华书局 2015 年版。

《难经》，科学技术文献出版社 1996 年版。

《山海经》，方韬译注，中华书局 2011 年版。

《商君书》，石磊注，中华书局 2018 年版。

《尚书》，王世舜、王翠叶译注，中华书局 2012 年版。

《诗经》，王秀梅译注，中华书局 2015 年版。

《荀子》，（唐）杨倞注，耿芸标校，上海古籍出版社 2014 年版。

《仪礼》，彭林译注，中华书局 2012 年版。

---

* 本书目所列依编撰者姓氏拼音排序。

《庄子》，方勇译注，中华书局 2015 年版。

《周礼》，徐正英、常佩雨译注，中华书局 2014 年版。

《周易》，杨天才、张善文译注，中华书局 2011 年版。

《左传》，郭丹、程小青、李彬源译注，中华书局 2016 年版。

（汉）班固：《汉书》，中华书局 2016 年版。

（明）董说原著，缪文远订补：《七国考订补》，上海古籍出版社 1987 年版。

（宋）范晔：《后汉书》，中华书局 2012 年版。

（宋）方勺：《泊宅编》，许沛藻、杨立扬校，中华书局 2000 年版。

（清）方玉润：《诗经原始》，中华书局 2014 年版。

（唐）房玄龄：《晋书》，中华书局 2015 年版。

（汉）伏胜：《尚书大传》，（东汉）郑玄注，（清）陈寿祺辑校，上海书店出版社 2012 年版。

（晋）傅玄：《傅子》，上海古籍出版社 1990 年版。

（清）顾炎武著，（清）黄汝成集释：《日知录集释》，栾保群、吕宗力校点，花山文艺出版社 1990 年版。

（唐）韩愈：《韩昌黎文集校注》，马其昶校注，上海古籍出版社 1986 年版。

（晋）皇甫谧：《逸周书》，（清）宋翔凤、（清）钱宝塘辑，刘晓东校点，辽宁教育出版社 1997 年版。

（明）黄宗羲：《明夷待访录》，中华书局 2011 年版。

（清）黄遵宪：《日本国志》，吴振清等整理，天津人民出版社 2005 年版。

（汉）孔安国撰，（唐）孔颖达疏：《十三经注疏·尚书正义》，廖名春、陈明整理，吕绍刚审定，北京大学出版社 1999 年版。

（北魏）郦道元：《水经注校证》，陈桥驿校证，中华书局 2013 年版。

（唐）李吉甫：《元和郡县图志》，贺次君点校，中华书局 1983 年版。

（宋）黎靖德编：《朱子语类》，崇文书局 2018 年版。

（南朝·梁）僧祐编撰：《弘明集》，刘立夫、胡勇泽注，中华书局 2011 年版。

（唐）令狐德棻等著：《周书》，中华书局 1971 年版。

（南朝·梁）刘勰：《文心雕龙》，王志彬译注，中华书局 2012 年版。

（汉）刘向编：《战国策》，缪文远、缪伟、罗永莲译注，中华书局 2012 年版。

（汉）刘向：《列女传》，文物出版社 2019 年版。

（汉）刘向编：《说苑》，王天海、杨秀岚译注，中华书局 2019 年版。

（汉）史游：《急就篇》，曾仲珊校点，岳麓书社 1989 年版。

（宋）司马光：《资治通鉴》，沈志华、张宏儒主编，中华书局 2019 年版。

（汉）司马迁：《史记》，韩兆琦评注，岳麓书社 2012 年版。

（清）孙星衍：《尚书今古文注疏》，陈抗、盛冬铃点校，中华书局 1986 年版。

（清）孙诒让：《周礼正义》，王文锦、陈玉霞点校，中华书局 1987 年版。

（元）脱脱等：《辽史》，中华书局 2016 年版。

（北宋）王安石：《王文公文集》，唐武标校，上海人民出版社 1974 年版。

（东汉）王充：《论衡校注》，张宗祥校注，上海古籍出版社 2010 年版。

（明）王守仁著，吴光等编校：《王阳明全集》，上海古籍出版社 2006 年版。

（清）王锡祺：《小方壶斋舆地丛钞》，杭州古籍书店 1985 年版。

（清）王先谦撰：《诗三家义集疏》，吴格点校，中华书局 1987 年版。

（宋）王应麟：《困学纪闻》，栾保群、田松青校点，上海古籍出版社 2015 年版。

（清）魏源：《魏源全集　诗古微》，魏源全集编辑委员会编，何慎怡点校，岳麓书社 1989 年版。

（宋）袁文：《瓮牖闲评》，李伟国点校，中华书局 2007 年版。

（清）章学诚：《校雠通义通解》，王重民通解，傅杰导读，田映曦补注，上海世纪出版集团 2009 年版。

（清）章学诚：《文史通义》，上海世纪出版集团 2011 年版。

（南宋）朱熹：《四书章句集注》，中华书局 2003 年版。

（南宋）朱熹：《朱子大全》，江苏广陵书社 2018 年版。

论著类

（战国）荀况著，北京大学《荀子》注释组注释：《荀子新注》，中华书局 1979 年版。

［美］本杰明·史华兹：《古代中国的思想世界》，程钢译，江苏人民出版社 2004 年版。

［美］D·布迪、C·莫里斯：《中华帝国的法律》，朱勇译，江苏人民出版社 1995 年版。

陈顾远：《中国法制史概要》，商务印书馆 2011 年版。

陈松长主编：《岳麓书院藏秦简》，上海辞书出版社 2015 年版。

陈伟等：《楚地出土战国简册（十四种）》，经济科学出版社 2009 年版。

陈新宇：《帝制中国的法源与适用——以比附问题为中心的展开》，上海人民出版社 2015 年版。

陈寅恪：《金明馆丛稿二编》，上海古籍出版社 1980 年版。

董作宾：《董作宾先生全集》，艺文印书馆 1977 年版。

范祥雍：《古本竹书纪年辑校订补》，上海古籍出版社 2018 年版。

傅斯年：《民族与中国古代史》，河北教育出版社 2002 年版。

傅斯年：《〈诗经〉讲义稿》，上海古籍出版社 2011 年版。

高恒：《秦汉简牍中的法制文书辑考》，社会科学文献出版社 2008 年版。

［日］宫本一夫：《从神化到历史：神化时代·夏王朝》，吴菲译，广西师范大学出版社

2014 年版。

[日] 沟口雄三:《作为方法的中国》, 孙军悦译, 生活·读书·新知三联书店 2011 年版。

顾颉刚:《顾颉刚古史论文集》, 中华书局 1988 年版。

顾颉刚:《史林杂识 初编》, 中华书局 2005 年版。

顾颉刚、刘起釪:《尚书校释译论》, 中华书局 2005 年版。

郭沫若:《青铜时代》, 中国人民大学出版社 2005 年版。

胡厚宣主编:《甲骨文合集释文》, 中国社会科学出版社 1999 年版。

胡留元、冯卓慧:《夏商西周法制史》, 商务印书馆 2006 年版。

胡朴安:《周易古史观》, 上海古籍出版社 2006 年版。

胡适:《中国哲学史大纲》, 商务印书馆 1919 年版。

[美] 霍贝尔:《原始人的法》, 严存生译, 法律出版社 2006 年版。

[美] 霍尔等:《荣格心理学入门》, 冯川译, 生活·读书·新知三联书店 1987 年版。

江竹虚:《五经源流变迁考·孔子事迹考》, 上海古籍出版社 2008 年版。

蒋伯潜:《十三经概论》, 上海古籍出版社 1983 年版。

金观涛、刘青峰:《中国思想史十讲》, 法律出版社 2015 年版。

[德] 卡尔·恩吉施:《法律思维导论》, 郑永流译, 法律出版社 2014 年版。

[瑞士] 卡尔·古斯塔夫·荣格:《未发现的自我 寻求灵魂的现代人》, 张敦福、赵蕾译, 国际文化出版公司 2001 年版。

[德] 卡尔·雅斯贝斯:《历史的起源与目标》, 魏楚雄、俞新天译, 华夏出版社 1989 年版。

劳思光:《新编中国哲学史》, 生活·读书·新知三联书店 2015 年版。

聂石樵编:《诗经新注》, 雒三桂、李山注, 齐鲁书社 2000 年版。

李白凤:《东夷杂考》, 河南大学出版社 2008 年版。

李峰:《西周的灭亡:中国早期国家的地理和政治危机》, 徐峰译, 汤惠生校, 上海古籍出版社 2007 年版。

李峰:《西周的政体:中国早期的官僚制度和国家》, 吴敏娜等译, 生活·读书·新知三联书店 2010 年版。

李力:《"隶臣妾"身份再研究》, 中国法制出版社 2007 年版。

李石岑:《中国哲学十讲》, 江苏教育出版社 2005 年版。

李行健主编:《现代汉语规范字典》, 语文出版社 2004 年版。

李学勤:《〈史记·五帝本纪〉讲稿》, 生活·读书·新知三联书店 2012 年版。

李泽厚:《由巫到礼 释礼归仁》, 生活·读书·新知三联书店 2015 年版。

梁启超:《先秦政治思想史》, 岳麓书社 2010 年版。

梁启超:《读书指南》, 中华书局 2012 年版。

梁启超：《古书真伪常识》，中华书局 2012 年版。

梁治平：《为政：古代中国的致治理念》，生活·读书·新知三联书店 2020 年版。

刘梦溪主编：《中国现代学术经典·董作宾卷》，河北教育出版社 1996 年版。

刘信芳：《包山楚简解诂》，艺文印书馆 2003 年版。

刘毓庆、李蹊译注：《诗经——雅·颂》，中华书局 2011 年版。

柳诒徵：《中国文化史》，中华书局 2015 年版。

罗振玉：《殷墟书契考释》，中华书局 2006 年版。

马承源主编：《商周青铜器铭文选》，文物出版社 1988 年版。

［德］马克思：《〈政治经济学批判〉序言·导言》，中共中央马克思、恩格斯、列宁、斯大林著作编译局译，人民出版社 1971 年版。

［德］马克思、恩格斯：《马克思恩格斯全集》，中共中央马克思、恩格斯、列宁、斯大林著作编译局译，人民出版社 1983 年版。

［德］马克思、恩格斯：《马克思恩格斯选集》，中共中央马克思、恩格斯、列宁、斯大林著作编译局译，人民出版社 1995 年版。

［德］马克斯·韦伯：《儒教与道教》，洪天富译，江苏人民出版社 1995 年版。

［英］马林诺夫斯基：《原始社会的犯罪与习俗》，原江译，法律出版社 2007 年版。

［英］马若斐：《传统中国法的精神》，陈煜译，中国政法大学出版社 2013 年版。

［美］倪德卫：《儒家之道——中国哲学之探讨》，［美］万白安编，周炽成译，凤凰出版传媒集团、江苏人民出版社 2006 年版。

齐思和：《中国史探研》，中华书局 1981 年版。

钱大群：《唐律疏义新注》，南京师范大学出版社 2007 年版。

钱穆：《古史地理论丛》，东大图书股份有限公司 1982 年版。

钱穆：《中国文化史导论》，商务印书馆 1994 年版。

钱穆：《国史新论》，九州出版社 2011 年版。

钱穆：《中国思想史》，九州出版社 2011 年版。

钱玄等注译：《周礼》，岳麓书社 2001 年版。

屈守元笺疏：《韩诗外传笺疏》，巴蜀书社 1996 年版。

瞿同祖：《中国法律与中国社会》，中华书局 2003 年版。

瞿同祖：《中国封建社会》，上海人民出版社 2003 年版。

舒大刚主编：《儒藏论坛》（第 5 辑），四川文艺出版社 2010 年版。

睡虎地秦墓竹简整理小组编：《睡虎地秦墓竹简》，文物出版社 1990 年版。

童书业：《春秋史》，中华书局 2006 年版。

童书业著，董教英增订：《先秦七子思想研究》（增订本），中华书局 2006 年版。

王国维：《观堂集林》，中华书局 1959 年版。

王捷：《包山楚司法简考论》，上海人民出版社 2015 年版。

王孺童：《道德经讲义》，中华书局 2013 年版。

王亚南：《中国官僚政治研究》，中国社会科学出版社 1981 年版。

韦政通：《中国思想史》，吉林出版集团有限责任公司 2009 年版。

闻一多：《神话与诗》，上海人民出版社 2006 年版。

熊十力：《读经示要》，中国人民大学出版社 2006 年版。

徐鸿修：《先秦史研究》，山东大学出版社 2002 年版。

徐世虹主编：《中国古代法律文献研究》，社会科学文献出版社 2013 年版。

许富宏编：《慎子集校集注》，中华书局 2013 年版。

谢维扬：《中国早期国家》，浙江人民出版社 1995 年版。

徐旭生：《中国古史的传说时代》，广西师范大学出版社 2003 年版。

许顺湛：《五帝时代研究》，中州古籍出版社 2005 年版。

许倬云：《西周史》，生活·读书·新知三联书店 1994 年版。

许倬云：《求古编》，新星出版社 2006 年版。

严耕望：《严耕望史学论文集》，中华书局 2006 年版。

杨伯峻编著：《春秋左传注》（修订本），中华书局 1990 年版。

杨伯峻译注：《论语译注》，中华书局 2009 年版。

杨伯峻译注：《孟子译注》，中华书局 2012 年版。

杨鸿烈：《中国法律思想史》，中国政法大学出版社 2004 年版。

杨鸿烈：《中国法律思想史》，商务印书馆 2017 年版。

杨宽：《西周史》，上海人民出版社 2003 年版。

杨一凡主编：《中国法制史考证》，中国社会科学出版社 2003 年版。

袁庭栋：《周易初阶》，巴蜀书社 1991 年版。

[美] 约翰·梅西·赞恩：《法律简史》，孙运申译，中国友谊出版公司 2005 年版。

张纯明：《中国政治二千年》，当代中国出版社 2014 年版。

张光直：《中国考古学论文集》，生活·读书·新知三联书店 1999 年版。

张光直：《商文明》，张良仁等译，辽宁教育出版社 2002 年版。

张光直等：《中国文明的形成》，新世界出版社 2004 年版。

张晋藩、陈煜：《辉煌的中华法制文明》，江苏人民出版社、江苏凤凰美术出版社 2015 年版。

张之恒：《中国新石器时代文化》，南京大学出版社 1988 年版。

张政烺：《古史讲义》，中华书局 2012 年版。

张中秋：《中西法律文化比较研究》，法律出版社 2009 年版。

张中秋：《原理及其意义——探索中国法律文化之道》，中国政法大学出版社 2010 年版。

张中秋：《中西法律文化比较研究》，法律出版社 2019 年版。

赵善诒疏证：《说苑疏证》，华东师范大学出版社 1985 年版。

中国社会科学院考古研究所编：《殷周金文集成》，徐中舒主编，中华书局 2007 年版。

中华书局编辑部编：《文史》（第 24 辑），中华书局 1985 年版。

朱东润：《诗三百探故》，云南人民出版社 2007 年版。

朱汉民、陈松长主编：《岳麓书院藏秦简》，上海辞书出版社 2013 年版。

［日］滋贺秀三：《中国家族法原理》，张建国、李力译，法律出版社 2003 年版。

论文类

包振宇："《尚书》'祥刑'思想中的司法理性"，载《扬州大学学报（人文社会科学版）》2016 年第 5 期。

陈新宇："比附与类推之辨——从'比引律条'出发"，载《政法论坛》2011 年第 2 期。

陈煜："从'古微'到'师夷'——魏源的思想转型与近代思潮的开端"，载《扬州大学学报（人文社会科学版）》2016 年第 5 期。

甘肃居延考古队简册整理小组："'建武三年候粟君所责寇恩事'释文"，载《文物》1978 年第 1 期。

侯仰军："考古发现与大禹治水真相"，载《古籍整理研究学刊》2008 年第 2 期。

黄海："曶鼎铭文法律问题研究"，华东政法大学 2016 年硕士学位论文。

黄海："曶鼎铭'寇禾'案所见西周诉讼程序及其启示"，载《山东科技大学学报（社会科学版）》2017 年第 4 期。

黄茂琳："新郑出土战国兵器中的一些问题"，载《考古》1973 年第 6 期。

姜广辉、邱梦艳："齐诗'四始五际'说的政治哲学揭秘"，载《哲学研究》2013 年第 12 期。

蒋集耀："象刑考辩"，载《法学杂志》1982 年第 9 期。

李衡梅："'象刑'辩——兼与唐兰、程武同志商榷"，载《社会科学战线》1985 年第 1 期。

李力："寻找商代法律的遗迹——从传世文献到殷墟甲骨文"，载《兰州大学学报（社会科学版）》2010 年第 4 期。

李岩："大禹治水与中国国家起源"，载《学术论坛》2011 年第 10 期。

梁韦弦："郭店简、上博简中的禅让学说与中国古史上的禅让制"，载《史学集刊》2006 年第 3 期。

刘毓庆："黄帝族的起源迁徙及炎黄之战的研究"，载《山西大学学报（哲学社会科学版）》2008 年第 5 期。

马世之："登封王城岗城址与禹都阳城"，载《中原文物》2008 年第 2 期。

盛劲松、丁银莲："析'象以典刑'"，载《兰台世界》2013 年第 32 期。

唐冶泽："略论禅让制的性质"，载《史学月刊》1998 年第 6 期。

王定璋："象以典刑——论《尚书》中的刑罚观"，载《中华文化论坛》1999 年第 4 期。

王汉昌："禅让制研究——兼论原始政治的一些问题"，载《北京大学学报（哲学社会科学版）》1987 年第 6 期。

肖洪、魏东："'象以典刑'论考"，载《重庆理工大学学报（社会科学）》2011 年第 1 期。

徐晓光："狩猎采集活动中早期习惯法渊源探析——以黔桂边界瑶族的几个支系为视点的研究"，载《贵州民族研究》2015 年第 2 期。

杨善群："大禹治水地域与作用探论"，载《学术月刊》2002 年第 10 期。

杨新改、韩建业："禹征三苗探索"，载《中原文物》1995 年第 2 期。

张晋藩："综论独树一帜的中华法文化"，载《法商研究》2005 年第 1 期。

张晋藩："解读中华法系的本土性"，载《政法论坛》2010 年第 5 期。

张晋藩："论治法与治人——中国古代的治国方略"，载《法律科学（西北政法大学学报）》2011 年第 4 期。

张中秋："传统中国法特征新论"，载《政法论坛》2015 年第 5 期。

中国社会科学院考古研究所二里头工作队："河南偃师市二里头遗址中心区的考古新发现"，载《考古》2005 年第 7 期。

朱小丰："论禅让制度"，载《社会科学研究》2003 年第 3 期。

邹衡："偃师商城即太甲桐宫说"，载《北京大学学报（哲学社会科学版）》1984 年第 4 期。

跋

　　这本小书主要内容，原为笔者承担的由张晋藩先生主持之国家社科课题写作的一部分，以"先秦时期的司法文明"为题，收录于张先生主编的四卷本《中国古代司法文明史》（第1卷）中。没有张先生这个课题的要求，我绝对不会写这本书，至少不会在这个时候将本书呈现出来。先秦学问博大精深，不是靠博闻强识就能自抒机杼，自成一家的。即便受过专业的学术训练，如果没有深厚的阅历和人生体悟，所做出的研究依旧免不了皮相之谈。关于先秦司法知识介绍的已复不少，又何必再予重复呢！但是既然老师相召，自当勉力去做。所以促成本书发表的，首先是张先生，在此要表深切的感谢！

　　自打从硕士阶段开始法律史学专业学习以来，所读之书大部分是在清代和近代领域的，工作以后，也主要致力于这个领域的研究。对先秦的相关材料，虽很有兴趣，但更多是作为基本知识在了解，没有什么研究。不过从2012年起，情况有所变化。从那年开始，我开始讲研究生的课程。有两门必修课，一门是"中国法制史"，一门是"中国法律思想史"，都是由数位老师接力讲授的课程，当时给我分配的任务，就是先秦部分。我想研究生讲课，是不能照着本科教材，稍加改头换面就夸夸其谈的，总得在材料、方法或者思想观念上有点自己的心得，于是在每一年的讲课中，我都注意加入一点新的东西。要想比较顺利地讲课，得有知识上的积累，我就开始更为系统地阅读和研究关于先秦的材料，这些年都没有中断过。当时邀我讲这个课程的，是崔林林、姜晓敏两位老师。两位老师学养丰厚、个性谦和、为人热情，这许多年，与我相关的研究生开课、开题、考试、答辩等各种教学活动，都是在两位老师的照顾和提携下得以顺利进行。如果没有两位老师多年的帮助，这个课程既上不成，这本小书也是写不成的，所以在此衷心地感谢两位老师！

促使我直接进行司法文明方面的研究的，则是张中秋老师。二十年来，张老师一直关心我的成长，始终给我以热情的鼓舞和耐心的指点。他常与人言说他和我亦师亦友，即所谓"平生风义兼师友"，实则老师就是老师，他的为学与为人，是永远值得我学习的。因为老师同时还是"司法文明协同创新中心"的导师，近年承担该中心的课题——多卷本"司法文明大百科全书"的编纂。他负责"司法文化"这一卷，担任主编。蒙老师的信任，我有幸担任副主编之一。因了这一机缘，接触了很多司法史方面的材料，正好可与我的先秦法律史教学相结合。从司法文明角度来看先秦法律史，也许更能理解先秦的法律状况。所以本书的出版，张老师同样为直接促成者。对于老师，同样不是一句"感谢"能够表达我对他的敬爱之情的。

此外，尚要感谢中央民族大学"铸牢中华民族共同体意识"研究基地给予本书提供的资助。我有幸参加这个富有意义的学术项目且能借此机会思考法律史与铸牢民族共同体意识的联系，无疑对我进一步成长具有重要的作用。

中国政法大学出版社的编辑柴云吉先生为本书的出版费心费力，没有他认真细致的工作，本书的谬误还将更多，在此谨致谢忱。

以上即是本书的缘起。当然在写作和出版过程中，尚有不少师友提供了无私的帮助，请恕我无法在此一一表示我的谢意。本书是我在这个领域的一个尝试，可以作为一个先秦司法文明概论来读，亦可用于研究生中国法律史先秦部分的教学参考。另外需要说明的是，虽然作者写作态度尚属端正，但限于学力，所作论述，必定会贻笑大方。但我将这本小书看作学问上的又一个起点，苟能进一步钻研，谁说就没有完善的一天呢？

流年笑掷，未来可期。

陈 煜

2020 年 8 月 1 日